U0903246

百年甘南实录

3

中国人民政治协商会议甘南藏族自治州委员会 编

民族出版社

《百年甘南实录》编委会

目录

红色记忆

农民起义

甘南大事

甘南人物

历史珍档

红色记忆

甘南大地上的红色印记

吴春岗[①]

甘南历史悠久，文化灿烂。

在漫长的历史演进过程中，以藏民族文化为主、各民族共同创造的多元文化在高原大地薪火相传，交相辉映，构成多姿多彩的历史文化长廊。

进入新时期以来，甘南红色文化以其鲜明的时代特色，成为甘南文化建设的重要组成部分。

一、党支持甘南藏族群众反抗封建军阀压迫的斗争

中国共产党自成立以来，就十分重视少数民族地区革命工作，并在实践中进行了积极的探索。

中国共产党在藏族地区的革命活动是从甘南开始的。

1925 年 9 月，甘肃政局动荡，冯玉祥的国民军第一军第二师进驻兰州。

在此之前，中国共产党的创始人李大钊委派一大批共产党员深入国民军，开展政治宣传工作。共产党员、国民军党务特派员

① 吴春岗，中共甘南州委党史研究室原主任。

宣侠父、钱崝泉等抓住有利时机，与甘肃籍共产党员张一悟取得联系。1925 年 12 月，中国共产党甘肃特别支部成立。

1916 年 2 月，拉卜楞寺四世嘉木样活佛圆寂，寺院内部出现矛盾。驻守青海的军阀马麒趁机进驻拉卜楞地区。1920 年 9 月，五世嘉木样坐床，亲属和寺院提出马麒从拉卜楞撤军。1924 年，马家军与地方藏兵发生大规模流血冲突，双方矛盾加剧，五世嘉木样被迫流落到甘川交界的玛曲欧拉草原。1925 年至 1926 年，拉卜楞寺多次上告北洋政府，都毫无结果。

中共甘肃特别支部认真研究了拉卜楞事件，分析矛盾的性质和斗争的前途，决定从宣传党的民族平等政策、提高少数民族群众的政治觉悟和文化水平入手，支持甘南藏族群众反抗封建军阀压迫的斗争。

在中共甘肃特别支部的建议和宣侠父等共产党人的帮助下，黄正清等人在兰州成立了藏民文化促进会，藏、汉会员们学文化，了解政局，参加大革命时期的反帝反封建活动。藏民文化促进会是全藏区最早的革命进步组织。

1926 年 7 月，宣侠父离开兰州前往玛曲草原，向五世嘉木样活佛和藏族同胞宣传民族平等和团结自救，对他们进行革命启蒙教育。在玛曲欧拉草原，宣侠父组织方圆 400 里范围内的 230 多个部落头人，成立了甘青藏民大同盟。

1926 年 9 月，宣侠父回到兰州后，采用各种宣传手段和斗争策略，广泛争取社会舆论的同情和支持。1926 年 11 月，宣侠父离开兰州后，在西安面见国民军联军驻陕总司令于右任，于右任电令甘肃督军刘玉芬解决。1927 年春，在中共甘肃特别支部成员贾宗周的主持下，马麒被迫于 1927 年 3 月 1 日从拉卜楞地区撤军，五世嘉木样回到拉卜楞寺。长达十年之久的拉卜楞事件终于得到合理解决。

中共甘肃特别支部领导甘南僧俗群众反抗马家军阀残暴统治

斗争的胜利，使党的民族平等、民族团结的思想深入基层，深入人心，促进了民族团结和民族进步，产生了广泛而深远的历史影响。这次胜利是党的早期民族工作的一次光辉实践，开创了党的民族工作的先河，使甘肃少数民族的革命斗争进入了中国共产党直接领导的反帝反封建的历史新时期，在党的民族工作史和中国革命史上写下了光辉的一页。

二、红军长征在甘南

1935 年 8 月至 1936 年 8 月，红军长征曾两次经过今甘南州境内，途经迭部、临潭、卓尼、玛曲的广大地区，进行了召开俄界会议、突破天险腊子口、建立临潭新城苏维埃政权、召开中共西北局洮州会议等重大活动，遗留下了许多重要的革命遗址和革命文物。长征把红色革命种子撒在甘南大地，对甘南各族人民产生了深远的影响。

1935 年 8 月下旬的一天，红四方面军一支百余人的侦察部队由四川阿坝县进入甘肃省玛曲县齐哈玛境内，在齐哈玛寺院做短暂的停留和活动后，返回四川。这是工农红军首次进入甘肃。

（一）党中央和红一方面军在迭部

1935 年 9 月 4 日，中央红军红一军团的先头部队进入甘肃省迭部县达拉沟俄界。

根据两河口会议精神，中革军委制定了《松潘战役计划》，准备乘国民党胡宗南部尚未完成集结和部署就绪的时机，红一、红四方面军协同作战，占领松潘，打开北出甘南的通道。但是，由于红军总政委张国焘故意拖延红四方面军主力北上的行动，致使松潘战役计划因敌情变化而搁浅。

1935年8月下旬，党中央和毛泽东发动了著名的包座战役，为红军北出甘肃南部地区创造了一个极好时机。但张国焘拒不执行中央要左路军迅速过草地，出班佑，朝右路军靠拢，全力向甘肃洮河以东发展的指示，在四川省的阿坝地区按兵不动，并于9月8日向右路军前敌总指挥部政委发来“彻底开展党内斗争”的密电。当晚，毛泽东在巴西[①]阿西村召集举行了中央政治局紧急会议，为贯彻党的北上战略方针，避免红军内部可能发生的武装冲突，决定迅速脱离巴西一带的危险区，向甘肃境内运动。

1935年9月10日，党中央、毛泽东率领红一、三军团和中央军委纵队8000余人，离开川北大草原，沿包座河（流入甘肃境内后当地群众称其为达拉河）向东北方向的迭山中麓挺进。途中发出《共产党中央为执行北上方针告同志书》，对张国焘坚持错误主张的行为进行了严肃批评，重申党中央北上的战略方针是唯一正确的方针，同时致电张国焘，指出“北上方针绝对不应改变，左路军应速即北上”。

11日傍晚5时左右，毛泽东等中央领导安全到达俄界，与早已等候在那里的红一军会合。

1. 中共中央政治局俄界会议

1935年9月12日，中共中央政治局扩大会议在俄界召开。俄界会议是继遵义会议后又一次具有转折意义的重要会议。

会议由张闻天主持，毛泽东做了《关于与红四方面军领导者的争论及之后战略方针的报告》。

与会同志对毛泽东的报告进行了认真讨论。

会议决定成立由毛泽东、周恩来、王稼祥、彭德怀、林彪组成“五人团”，作为全军最高领导核心。

会议第一次系统地揭露和批判了张国焘“右倾”分裂主义的错误，对张国焘采取了教育、争取和挽救的方针，为党和红军最

① 巴西，中共中央驻地。

后战胜张国焘的分裂和破坏奠定了基础。会议对张国焘错误的处理，是在党内路线斗争中原则性和灵活性结合的典范。俄界会议坚持了党中央北上抗日的正确路线，实事求是地估量了北上红军的力量，做出了改变战略方针的决定，会议加强了党对红军的领导，提高了部队的战斗力和机动性，为党中央和红军顺利走出困境，北上抗日，创建陕甘革命根据地，开创中国革命的新局面打下了坚实基础。

2. 杨土司援助红军过甘南

1935 年 9 月初，红一方面军长征到达甘南藏区前，蒋介石紧急电令洮岷路保安司令杨积庆出动全部藏兵，开赴岷县和迭部腊子口一带，与鲁大昌的国民党军队联合设防，堵截、阻击红军。

卓尼第十九代土司杨积庆是一位思想进步的藏族上层开明人士，素来对蒋介石和地方军阀的吞并图谋心存戒备，对红军北上抗日的主张表示同情，共产党的民族政策对他有所触动。因此，对国民党电令，他虚于应付，行动上不予配合，对红军则暗中支持。

杨积庆不仅没有向岷县、腊子口一带和迭部藏区派遣一兵一卒，还密令下迭崔古仓粮仓的仓官把粮仓门全部开锁，并回避。

1935 年 9 月 16 日，红一方面军大部队从迭部县旺藏乡出发后，经麻牙寺进入然尕沟，来到崔古仓村（红军称其为谷卡）。由于卓尼土司杨积庆深明大义，开仓放粮，红军顺利得到 20 多万公斤历年陈粮。这对于行军途中面临饥饿困扰的红军将士来说，无疑是雪中送炭。红军将士的体力及时得到补充，精神振奋，战斗力大为增强，为攻打腊子口和走出千里岷山奠定了坚实的物质基础。崔古仓成为红军长征路上名副其实的加油站。

迭部的藏族群众还为红军修路架桥，引路当向导，提供多方帮助。杨积庆和迭部藏族人民为红军北上、为中国革命做出了特殊贡献。

3. 腊子口战役

腊子口位于迭部县东北部，是川西进入甘肃内地的唯一通道，其地势险峻，是个“一夫当关，万夫莫开”的隘口，蒋介石电令新编第十四师鲁大昌部扼守岷县和腊子口，企图凭借天险将红军阻于藏区。

能否突破天险腊子口，关系到红军是否能实现北上抗日方针，是关系到红军生死存亡的大问题。中共中央对这场战役非常重视，毛泽东亲随红一军团前进，直接指挥战役。

1935 年 9 月 16 日，红一军团二师四团遵照毛泽东下达的夺取天险腊子口的命令，发起进攻腊子口的战斗。9 月 17 日清晨，红四团接连突破了鲁大昌部精心设置的两道防线，顺利夺取了天险腊子口。

腊子口战役的胜利，打开了红军北上的通道，粉碎了国民党军队企图利用天险腊子口将红军困死在雪山草地的阴谋，红军从此摆脱了恶劣的自然环境，进入新的发展局面。

4. 红军长征为迭部留下了宝贵的革命财富

红军两次过境迭部，给迭部各族人民留下了深刻的印象。红军每到一处，总是大力宣传民族政策，宣传北上抗日的革命道理，在沿途留下了极为珍贵的革命遗迹。他们在今迭部县达拉沟的石崖上写下了“北上抗日，夺回失地”的钢铁誓言。在门板和巨石上写下了许多如“对回番民族不压迫”“红军主张番人信教自由”等标语。在一些地方，红军遗留下了公文包、军号、铁桶、手榴弹、印章、纸币、布告、记录等，都是极为珍贵的长征文物。

红军经过迭部时，处于重病昏迷状态的周恩来得到当地藏医的有效救治，重新投身工作。

在俄界，有一位生病的藏族老阿婆被红军发现并送到卫生部治好了病。在腊子口朱立村，红军在打麦场打了粮食，付了银元。一位红军战士背水时打破了水罐，给藏族老阿妈赔偿一件毛衣。

旺藏寺的一位老僧人，直到中华人民共和国成立后，都还保存着当年与红军互赠的一个银边花碗。在腊子口达拉村，红军住在露天草坡上，不打扰群众。红二、四方面军大部队经过时，许多村庄的群众都主动向红军出售粮食、酥油等食材，交换物品，盛情款待红军，相处和睦，临别都依依不舍。红军走后，许多地方的群众掩护红军掉队人员，给他们送食物，当向导，送出外乡逃避鲁大昌军队的搜捕和屠杀。到解放初，迭部境内有200多名流落红军幸存，这与杨土司和迭部藏族群众的掩护是分不开的。

（二）红二、四方面军长征在甘南

1936年8月，红四方面军长征沿着红一方面军上年的行军路线进入甘南，发动了岷洮西固战役，占领了临潭县城新城，在新城建立了甘南第一个县级苏维埃政权，开辟了甘南临时革命根据地，在新城召开了著名的洮州会议。红军在临潭广泛发动群众，建立基层组织，宣传抗日主张，击退敌兵进犯，活动达40余天。红军的活动对临潭各族人民影响广泛，临潭人民对红军也给予了大力支持。

1. 攻占临潭，开辟了甘南临时根据地

1936年8月5日，已走出草地的红四方面军率先向甘南前进。9日，前锋红八十八师攻占天险腊子口，打开了进入甘南的通道。接着，红四方面军在前，红二方面军跟进，6万大军挺进甘南大地，实施《岷洮西（固）战役计划》。

8月12日，红四方面军第二纵队四军及妇女先锋团在军长陈再道、政委王宏坤的带领下，由岷县向临潭新城进军。14日占领临潭县府新城。由于上一年红一方面军过甘南时，给当地群众留下了良好印象，全城汉、回百姓夹道欢迎红军。红军当天接管了国民党县政府，新城是红四方面军进入甘肃解放的第一座县城。

红四军占领新城后，深入周围各乡村发动群众，建党建政，扩红支前，筹集粮财，大力开展创建甘南临时根据地的活动。

红军进入甘南后，中共中央西北局做出了《关于甘肃省红军新占地区党的组织的决定》，为加强各县工作的领导，开辟建立正在发展的新区的工作，决定在甘肃省工委之下，组建西、北两路工作委员会。西路工作委员会以黄火青为书记，其任务是指导洮州县委工作，开展在回、番民族中的工作，以洮州为中心，向临洮、河州、夏河及杨土司属地发展。

1936 年 8 月 19 日，红军在新城召开有各阶层代表参加的千人大会，宣布成立临潭县苏维埃政府，推举常云亭为县长，赵金玉、牛长青为副县长，选举赵明轩为苏维埃主席。县苏维埃政府成立后，红军向临潭的 14 个乡派出工作人员，在新堡、王家坟、冶力关 3 个乡成立了人民委员会，选举了乡主席，还帮助这些乡的部分乡村建立了理事委员会。红军在各地召开抗日募捐大会，开展捐款、捐物和“扩红”活动。数日之内，广大群众捐助了许多银元、布匹、衣物、粮食、鞋袜等，有五六百名青壮年参加了红军队伍。临潭成为当时甘南临时革命根据地的重要组成部分。

2. 中共西北局洮州会议

毛泽东等中央领导根据敌情变化和共产国际来电，决定红四方面军迅速北上，提前实现红军三大主力会师，以便集中力量在静宁、会宁地区全力阻止胡宗南前进，打乱蒋介石的部署。

9 月 16 日至 18 日，中央西北局在岷州附近的三十里铺召开会议，讨论红四方面军的行动方向问题。朱德、陈昌浩等参加会议的多数人拥护中央的指示，主张立刻北上，否定了张国焘的西进计划。但张国焘出于个人野心，拒不北上，擅自命令部队继续执行西进计划。

9 月 22 日，中央西北局在漳县再次开会，由于张国焘一意孤行，加之部队西进既成事实，会议未能纠正张国焘的错误。

9月27日，中央西北局在洮州举行会议，会议在新城城隍庙内举行，会上讨论了中央指示，研究了红四方面军的行进方向。会上，朱德、徐向前、陈昌浩等西北局成员纷纷表示拥护中央的意见，反对西渡黄河进军青海，力主按中央方针北上夹击胡宗南，实现三个方面军会师。张国焘不得不表示同意北上。

洮州会议是扭转局势的会议，会议否定了张国焘西进青海的错误路线，保证了红四方面军长征的胜利，为红军三个方面军大会师创造了条件，促成了红军长征的最后完成。

3. 红军精神永存

红军在临潭期间向群众进行广泛的政治宣传，纪律严明，不拿群众一针一线，与国民党军队形成鲜明的对比，树立了人民军队的崭新形象。红军经常帮助老百姓收割庄稼，打场碾粮，劈柴担水，有时还向回、汉群众演出各种文艺节目，增进了军民鱼水之情。

红军在临潭积极宣传和执行党的民族平等和宗教信仰自由政策，尊重少数民族的风俗习惯。红军以实际行动表明了自己的主张，感动了临潭少数民族群众，受到临潭各族民众和民族宗教人士的热烈拥护和支持。如新城、旧城的一些知名人士马良俊、苏鸿发、马世荣、魏世选等，积极帮助红军张贴宣传品，规劝回族群众与红军携手合作，专门为红军设了粮台，筹办军需，给予红军大力支持。卓尼杨土司在红一方面军过迭部时开仓放粮，给红军以很大的帮助，红二、四方面军到甘南后，一直暗中帮助支持红军。当红军占领临潭县新城后，杨土司连夜派人赶到新城，向红军呈送书信和馈赠马、羊以示友好，与红军达成互不侵扰的默契。

三、肋巴活佛与甘南农民起义

1943年春，甘肃南部广大地区的汉、回、藏、东乡、土等民族10万群众，因不满国民党的残暴统治，纷纷发动武装起义。

3月中旬，卓尼县水磨川一带汉、藏群众100多人，在藏族活佛肋巴活佛的领导下，举起“饥民团”的旗帜，在临潭县冶力关揭竿起义。起义军攻破临潭县城，杀死县长和国民党县党部书记，起义队伍迅速壮大到8000多人。

1943年4月19日，肋巴活佛在皋兰县参加了甘南农民暴动各路义军首领军事会议，会上成立了“甘南农民抗日自卫军”，肋巴活佛任洮岷藏兵司令。

在国民党的重兵围剿和血腥镇压面前，肋巴活佛顽强战斗，坚定地领导临卓义军转入地下，继续开展隐蔽斗争。在追求真理和探索革命的过程中，肋巴活佛逐渐成为一名出色的革命战士。1947年初，肋巴活佛光荣地加入了中国共产党，成为甘南藏区第一位藏族共产党员。1947年6月，肋巴活佛在赴延安学习途中，因车祸不幸遇难。

肋巴活佛是封建制度的叛逆者，他由入世到出世，由出世到以宗教领袖的身份投身革命，最终成为一名坚定的共产主义战士，他富有传奇色彩的一生，在中国革命史上是极为罕见的。

1949年，卓尼、夏河等地藏族上层人士审时度势，率众起义，迎接曙光，甘南大地欢庆解放。

1953年10月1日，甘南藏族自治州成立。在中国共产党的领导下，甘南各族人民彻底推翻封建剥削制度，完成民主改革，进入社会主义时期。

四、红色文化建设在甘南

在中国共产党的领导下，各民族共同团结奋斗，共同繁荣发展，成为中华民族共同的愿望和追求。

新时期以来，红色文化成为引领甘南先进文化发展的主旋律。

在国家和甘肃省委、省政府的关心和支持下，甘南州委、州政府高度重视红色文化的开发和建设，在不少方面走在了省内各市州的前列。

2003年，甘南州委党史研究室率先在全省完成地方党史《中国共产党甘南历史》的编写出版工作。

特别是近几年来，甘南州的红色文化建设取得了突破性的进展。迭部县克服困难，创造条件，超前谋划，多方争取，建成腊子口战役纪念馆，走在了全州乃至全省的前列，为甘南州的红色文化建设带了个好头，提供了参考和借鉴。

截至2013年12月，全州7县1市已有和在建的红色纪念场馆已达6处，分别是迭部腊子口战役纪念馆、卓尼杨积庆烈士纪念馆、舟曲特大山洪泥石流灾害抢险救援纪念馆、玛曲宣侠父烈士纪念馆、临潭中共西北局洮州会议纪念馆、夏河黄正清将军纪念馆。这些纪念场馆以其鲜明的时代特色、民族特色、地域特色，构成了文化甘南建设中的重要板块，成为照耀甘南大地的一片最壮美的风景。

本文原载《甘南调研与决策》，2013（4）。

红军在川西北和甘南执行的民族政策

赵瀚豪[①]

从1935年6月红一、四方面军在川西懋功（小金县）会合，到1936年10月红军三大主力于甘肃会宁县会师，由于红军正确地贯彻执行了党的一系列民族政策，才较为顺利地通过了羌、藏、彝、回等广大少数民族地区。

长征之前，中国共产党对中国少数民族问题已有不少论述，但直接和少数民族接触不多，因而缺乏少数民族工作的经验，还未形成全面、系统的少数民族政策。长征开始以后，红军不断地经过少数民族地区，从越来越多的实际接触中，逐步加深了对各少数民族的了解和认识，使我党对解决民族问题的理论、方针、政策有了更多的实践研究和发展内容。红军在经过川西北和甘南广大少数民族地区时，主要采取了以下几方面的措施。

一、充分认识民族工作的重要意义，把做好民族工作列入各级党委和红军的重要议事日程

1935年6月初，红一方面军开始向川西北进军时，发布了十

① 赵瀚豪，中共甘南州委党史研究室原主任，已故。

多条对苗、藏、羌、回等少数民族的标语口号，作为党和红军在少数民族地区的宣传大纲和行为准则。红一、四方面军会师后，党中央发布了《中国共产党中央委员会告康藏西番[①]民众书——进行西藏民族革命运动的斗争纲领》，作为党对康藏等地区少数民族的政策方针，同时也是红军开展民族工作的行动指南。是年6月间，中央红军总政治部出版的《前进报》第一、二期上，先后刊登了凯丰同志写的《关于夷民中的工作》和《番民工作中的几个问题》两篇重要文章，详细阐述和总结了中央红军通过凉山彝族地区时的工作经验和少数民族工作的具体方针、方法与口号，并结合国民党政府和英帝国主义对藏族人民的统治及压榨，分析藏族地区的政治、经济、文化状况、社会结构和宗教影响，提出红军对川西北少数民族应采取的政策。指出："我们中央红军正在一个民族比较复杂的地域活动，要求我们对各少数民族须有正确的策略与工作，争取他们在红军的周围，积极地帮助红军，这完全依靠于每个党员、红色战士将党的正确的策略努力地在少数民族中工作。"[②]1935年8月9日，中共中央在发布的《关于一、四方面军会合后的政治形势与任务的决议》，更进一步强调民族工作的重要意义，指出："一、四方面军的会合正在少数民族番夷民占多数的区域，红军今后在中国的西北部活动也到处不能同少数民族脱离关系。因此，争取少数民族在中国共产党与中国苏维埃政府领导之下，对于中国革命胜利前途有决定意义。"同时，还要求红军总政治部"采集各地番民工作的经验与教训，以教育自己的干部"。党的各级干部和红军广大指战员，都充分认识到了民族工作的重要性，认识到了做好民族工作对中国革命的重要意义。

在认识到民族工作重要性和紧迫性的基础上，红军普遍采用了以下办法：一是发文告，公开宣传党对少数民族的政策，以安

---

① 当时通称川、康、甘、青等地的藏、羌民族为"番民""西番"或"番人"。

② 凯丰：《关于夷民中的工作》，载《前进报》（第一期），1935年6月。

定民心。如红四方面军在所到之处，首先公布申明《红军对番民十大约法》："一、消灭贼娃子邓锡侯[①]；二、红军不杀一个番民；三、取消一切捐税款子；四、一不拉夫二不抽丁；五、开仓分粮分给穷人；六、增加工钱改良待遇；七、番民自己武装自己；八、番民自己组织政府；九、买卖自由公买公卖；十、番民自己信教自由。"[②]同时，还发布《告回番民众书》《共产党红军对番人主张》《回民斗争纲领》等文告。1936年6月底，红二方面军进入甘孜藏区后，贺龙同志以中华苏维埃共和国中央军事委员会湘鄂川滇康分会主席名义发布《公告》，明确指出红军的宗旨是："本军以扶助藏民，解除藏民的痛苦，兴藏灭蒋，为藏民谋利之目的，将取道稻城、理化进康川，军行所至，纪律严明，秋毫无犯，幸望沿途藏民群众以及喇嘛僧侣，其各安居乐道，勿得惊慌逃散，尤望各尽其力，与本军代买粮草，本军当一律以现金按价照付，决不强制。"[③]

二是在党内和全军广泛进行民族政策教育，提高红军指战员执行民族政策的自觉性。红四方面军进入川西北后，在1935年5月5日出版的《干部必读》西北特刊第二期上，登载了《关于少数民族工作须知》，分别对"西北概况及其对中国革命的意义""回、番、藏民族的分布和情形""少数民族政纲""回、番民族工作要点""对回番民族中心口号"五个问题做了详细说明。指出，回、番民族是中华民族之一，他们具有丰富的革命力量，是我们反对帝国主义、国民党的民族革命战争中一个有力的支柱。将他们组织起来、领导起来参加革命战争，是我们每一个布尔什维克党员和苏维埃红军干部主要的任务之一。要反对过去的一种落后意识，即认为自己是大汉族，回、番为蛮夷之人，不愿接近他们，忽视

① 邓锡侯，四川省军阀头子。

② 《红军对番民十大约法》，见《四川省阿坝州党史资料》（第五期），95页，1983。

③ 《甘孜藏族自治州史话》，269页，成都，四川民族出版社，1984。

了一个少数民族在中国革命中的重要性的错误观点。1935 年 6 月 5 日，红四方面军又以西北特区委员会的名义做出了《西北特区委员会关于党在番人中的工作决议》，具体说明了“党对番人的中心口号和斗争的领导”“民族解放斗争和阶级斗争的联系”“联合战线的策略”“番人斗争的基本力量是奴隶、牧民、工人、贫农、中农”“番族解放斗争中的政权形式”“武装番族劳苦群众”“加紧番地经济建设”“番人中共产党和共产青年团的工作”八个问题。要求各级党委、团委、各级政治部，“接到此文件后，都要立即讨论，并具体进行”。在向部队介绍民族地区的情况，解释民族工作重要性的同时，红军政治领导机关还要求干部战士做好调查研究工作。“要仔细地的了解番人里边的政治经济状况，人口分布情形，生产情形，剥削关系与统治制度，阶级划分、文化、宗教、风俗习惯、生产、地形、道路……过去国民党汉官对他们压迫和剥削的事实，番人生活痛苦情形，以及他们的迫切要求。”① 收集研究所得的材料，既要向上级政治机关报告，还要交给全体指战员去讨论，并根据所得的材料和红军的中心口号，向羌、藏、回、汉群众进行宣传，使之深入民心。

三是设立民族工作机构，及时研究处理民族工作中的问题。红军进入川西北后，总司令部要求“军、师政治部之下立刻成立少数民族委员会，以七人组织之，由主任、宣传科长、组织科长、党委书记、地方工作队的一人共同组织，再要吸收当地先进的回、番民参加。政治处之下成立少数民族组，以三人至五人组成之，要有主任、宣传科长、组织科长参加。少数民族委员会，主要是研究少数民族间的政权、土地关系及他们的痛苦、要求、经济、出产、商业及一地风俗习惯、语言文字等问题”②。1935 年 11 月 12 日，红四方面军在绥靖（金川县）地区成立的“格勒耶尔考克鲁

① 1935 年 6 月 5 日《西北特区委员会关于党在番人中的工作决议》。

② 1935 年 5 月 23 日《西北军区政治部给各级政治部处的一封指示信》。

蒙革命政府”[①]（即川康边革命政府）所设9个部门中，专门设有“少数民族部”，张然和任部长，负责处理民族工作事务，定期研究、检查和解决民族工作中出现的政策性问题。

二、大力宣传党对少数民族的各项政策，执行严明的纪律，以实际行动粉碎国民党反动派的造谣诬蔑阴谋

红军进入川西北和甘南之前，由于川、甘军阀长期在民族地区推行“置边遏戎狄”“震慑番夷，俾沫汉化”“化夷为汉”“以夷攻夷”[②]的反动政策，肆意掠夺和镇压各少数民族，因此，这些地区的各族人民十分仇恨“汉官”“官军”的统治和压榨。红军初进这些少数民族地区时，国民党反动派利用各少数民族的这一“仇汉”心理，印发大量的宣传品，造谣惑众，挑拨离间，并胁迫少数民族群众上山隐蔽、坚壁清野，不准与红军接触，不准卖粮给红军，不准给红军带路和当“通司”（翻译）。同时，国民党还煽动一些不明真相的少数民族群众进行武装抵抗。所以，红军在进入这些地方时，老百姓都跑到深山老林里躲避了起来，村寨里人畜皆空，找不到一个人，寻不到一粒粮食。对此，红军第一是运用多种形式，大力宣传各民族平等，宣传党的政治主张和革命宗旨。声明共产党和红军是反对民族压迫和民族歧视、主张各民族一律平等的。红军把羌、藏、回各族民众看做是一家人。第二，大量印制和张贴传单、标语，讲明许多通俗易懂的革命道理，指出“共产党是为回番民族找饭吃、找衣穿的政党”“共产党是消除回番民族痛苦的政党”“红军是保护回番人民的军队”“红军是各族穷苦人民的军队，是解放弱小民族的！”“红军是保护回番民

① 《一封珍贵的历史资料》，载甘肃省《党史资料通讯》，1988（2）。

② 见《四川省阿坝州党史资料》（第五期），26页，1983。

族工农穷人的军队”。号召“回番穷苦群众与汉族工农联合起来，打倒帝国主义！”只有“推翻屠杀压迫回番民族的国民党军阀统治，回、番、羌、夷民族才能得到自己的翻身解放”。[①]第三，根据不同民族和不同政治、经济地区的特殊情况，有区别、有针对性地开展宣传工作。在多民族杂居区，由于国民党政府早已实行了“改土归流”，建立了地方“保甲制度”，阶级分化明显，已经形成地主经济。红军在这里主要宣传反对民族压迫和阶级压迫，号召各族穷苦民众团结起来，与红军一起“推翻屠杀压迫回番民族的国民党军阀统治！”“消灭蒋介石，穷人才不再受发财人整害！”“取消高利贷，穷人不还富人债！”“实行土地革命！”“穷人分田地，拥护苏维埃！”[②]等。在那些社会形态还处于封建农奴制阶段的农区，红军则着重宣传党和红军反对民族压迫、歧视，消除民族隔阂，主张民族自决自治和平等团结。明确宣布：“红军是来帮助夷回打邓家军的！”“番民与汉人一律平等！”主张“回番汉联合起来打倒国民党帝国主义！”“实行民族自治权，番民自己成立自己的人民政府！”号召“各族民众团结起来，反对蒋介石用飞机来屠杀回番藏人！”[③]在这类地区，红军一般不宣传实行土地革命的主张。在牧区或半农半牧的部落地区，红军则主要宣传反对民族压迫，提倡宗教信仰自由，尊重当地的民族风俗习惯，号召“番人加入红军，拥护红军！”“打倒屠杀回番民的汉官军阀！”“保护番民，打倒汉官！”“保护喇嘛，信教自由！”“番人成立苏维埃！”[④]第四，为了扩大宣传影响，有效地争取广大少数民族群众，红军还注意消除在宣传中存在的语言、文字等方面的障碍，采用聘请“通司”的办法，来宣传发动少数民族群众。红军中的各级政治部门，每到一地，都首先挑选一批能充任“通司”的当地、本民

① 见《四川省阿坝州党史资料》（第五期），135页，1983。

② 四川省汶川县文化馆珍藏红军木板标语。

③ 四川省汶川县文化馆珍藏红军木板标语。

④ 四川省汶川县文化馆珍藏红军木板标语。

族中通晓汉语或汉文的人，也有少数外地久住民族地区、通晓藏语、羌语的汉人，让他们协助部队进行宣传动员与组织群众工作。这些人不但熟悉当地的自然、地理、人心等各方面的情况，而且可以担任翻译和向导，在协助红军进行宣传和动员群众等工作中，发挥重要的作用。中共川陕省委进入川西北后，选聘了一位藏族僧人当藏语翻译，一名回族阿訇当阿文翻译，帮助翻译我党和红军的布告、传单、标语等，使更多的藏、回族群众了解我们党的政治主张和政策，红军指战员也从他们身上学到了一些有关西北少数民族的知识。

与此同时，指战员们自觉执行铁的纪律，红军还注意把卓有成效的宣传工作同揭露国民党反动派的造谣诬蔑行径结合起来，各部队每到一处，除了张贴“红军不拿回藏人民的一针一线”“反对伤害回族群众的风俗习惯和宗教感情”[①]等有关纪律方面的标语外，更重要的是坚决执行“三大纪律、八项注意”，以身作则，秋毫无犯。1936年7月，红二方面军六军进入川西北壤塘县藏民区后，群众逃避一空，粮食、物品都坚壁隐藏，给部队寻找给养和筹备粮畜带来了很大困难，全军断粮五六天。但六军指战员面对饥饿和死亡的威胁，靠采集野菜充饥，绝不违犯群众纪律，夜晚概不住宿寺院，断炊从未拿过群众一粒粮食。红四方面军第五军军长董振堂在率部即将进入藏区时，特别强调加强纪律性，给全军指战员规定“三不准”：一是不准打红嘴乌鸦（藏俗称之为神鸟）；二是不准进藏传佛教寺院；三是不准拿藏传佛教寺院旗杆上的经幡。[②]红二方面军领导人贺龙经过川西北藏区时，为了消除藏族人民心头的疑惧，亲自跋山涉水，到一些藏传佛教寺院会见僧侣，向他们宣传红军的民族政策和宗教政策，并给一位喇嘛题了“振兴藏族”的红布横匾。有一次，三位僧侣给红军送来了一批

① 甘南州博物馆存红军门板标语。

② 四川省汶川县文化馆珍藏红军木板标语。

茶叶、大米、盐、糖和猪肉等食物，贺龙同志感动地说："我们是为人民服务的，不能白得别人的东西！"于是，他拿出笔记本，把所有的东西登记下来，照价付了款。红军在经过川西北和甘南广大少数民族地区时，恪守军纪，不随便进入民房，不在老百姓家里睡觉；买卖公平，待人和气；不拿群众一针一线，遇到老百姓不肯收钱时，总要把钱放在群众家里的桌子上或门槛下面，坚持付款；对待老弱病残人家，红军战士主动帮助砍柴、背水、做饭、看病、种地；贫苦人没有盐吃，红军就把自己有限的食盐分给他们；穷人没有衣穿，就把自己的衣裳送给他们；红军所过之地，从不损坏土地和庄稼。红四方面军总部经过一村庄时，一匹黑马把农民的一片庄稼吃了。徐向前总指挥就下令把黑马拴在地边上，作为赔偿庄稼的损失费。在红军指战员和苏维埃干部中，如有违犯群众纪律者，立即进行严厉惩罚。正由于红军坚决执行了严明的纪律，国民党反动派的造谣诬蔑行径很快被红军以实际行动戳穿了。许多原先躲避在外的少数民族群众，都陆续返回村寨，热情欢迎和拥护红军，积极投身于支援红军北上抗日的民族解放斗争行列。如甘南迭部尼傲村的藏族群众，在红军民族政策和群众纪律的感召下，回村后主动为红军搭桥修路，使红军安全通过了尼傲峡栈道。

三、尊重各少数民族的风俗习惯，坚决贯彻执行党的宗教信仰自由政策

川西北和甘南有许多地方是多民族杂居区，藏传佛教和伊斯兰教在这里有根深蒂固的社会基础。红军经过时，十分注意尊重不同民族的风俗习惯，提倡信教自由。首先，反复向少数民族群众宣布"番人信教自由，念经当喇嘛听其自愿"；"回人信教自

由！反对侮辱回教！清真寺财产由教民选人管理”。[①] 其次，在部队内三令五申：“不要毁坏喇嘛寺和经书，不要毁坏神像，不要伤害番人的宗教感情”[②]；“对回民清真寺应遵守他们的规矩，不准随便进行东摸西搞，一切要切实遵守他们的风俗习惯”[③]；等等。因此，红军在经过信仰伊斯兰教的回民区时，宁可住在房檐、大树下，也不住回民家里，既不借用回民的生活用具，更不随便进入清真寺。红一方面军在即将进入甘南回民区时，及时制订了关于《回民区域的政治工作原则》[④]，教育部队严格遵守执行。主要内容有四条：第一，进入回民区域，应先派代表同阿訇接洽，说明红军北上的意义，得到回民同意后，才准进入回民村庄宿营，否则应露营；第二，保护回民信教自由，不得擅入清真寺，不得损坏回民的教义经典；第三，不准借用回民器皿用具，在回民地区不得吃猪肉、猪油；第四，宣传红军民族平等的主张，反对汉官压迫回民。红军以实际行动说明了自己的主张，受到甘南各族民众的热烈拥护和支持。红军在经过信仰藏传佛教的藏区时，坚持不进驻寺院，不干扰僧人们的宗教活动，也不触动寺庙内的菩萨、供品、壁画和“嘛尼旗”（经幡）等。1936 年 3 月，红四方面军经过道孚县时，几万人在住房十分紧张的情况下，坚持不随便进入寺庙，更不乱翻或毁坏寺庙里的陈设用具。徐向前总指挥带头不进驻建筑精美的藏传佛教寺庙，而是食宿在寺庙旁的一幢简陋厢房里，指挥红军与国民党军队作战。红一方面军四团在黑水筹粮时，战士们偶然发现一寺庙的“泥塑”中装有面粉，搬回来准备吃时，筹粮委员会来了命令，说要保护藏传佛教寺庙，就是国民党反动派砸烂的“泥塑”也不能动。于是，战士们便原封不动地把“泥塑”送给了原寺庙。1935 年 7 月，红一方面军先头部队到达黑

① 1935 年 8 月，红军总司令部文告《共产党、红军对番人主张》《回民斗争纲领》。

② 1935 年 5 月，《川康省委关于赤化川陕甘与通过草地时地方党的工作指示》。

③ 西北特刊第二期《关于少数民族工作须知》《干部必读》。

④ 宕昌县哈达铺纪念馆珍藏的红军布告。

曲时，反动分子扼守在寺庙里阻击红军。战斗中，红军仅在寺庙外驻扎和修筑工事，既不冲进寺庙，也不动用重武器轰击，仍对寺院和僧侣进行保护。1936 年 8 月，红二方面军经过壤塘县的西穷、鱼托两个寺院时，在迫不得已的情况下指战员们虽在寺内逗留了数日，但秋毫无犯，寺庙完好无损，直至解放后，这两座寺庙窗户上的玻璃仍完整地保留着。但凡红军停留时间较长的地区，返寺的僧人们照常念经、祈祷，进行宗教活动。在绥靖地区的几所清真寺里，教民们做礼拜，过大开斋和小开斋等节日，红军从未干涉或制止过。

四、提倡民族平等和民族解放，帮助少数民族建立当家做主的自治政权

红军进入川西北和甘南以后，把实现民族解放、建立各少数民族的政权，作为执行党的民族政策的重要环节，也是广大指战员在民族工作和地方工作中的重要任务。1935 年 6 月下旬，党中央率领红军抵达懋功后，就立即发出了《中共中央告康藏西番民众书——进行西藏民族革命运动的斗争纲领》，明确宣告：中国共产党的民族政策是主张解放各被压迫民族，因此主张彻底的民族自决，建立自由的选举的革命政府，并积极帮助一切革命的民族运动。1935 年 8 月 6 日，中共中央在沙窝召开政治局会议，做出《关于一、四方面军会合后的政治形势与任务的决议》，决议指出：“中国共产党与中国苏维埃政府在少数民族中的基本方针是无条件地承认他们有民族自决权，即在政治上有随意脱离压迫民族即汉族而独立的自由权，中国共产党与中国苏维埃政府，应实际上帮助他们的民族独立与解放运动，反对帝国主义国民党，反对他们的内奸卖国贼、土司、喇嘛与他们自己的剥削阶级。”按照党和红军颁布的民族政策，广大干部、指战员大力宣传“番、夷、

羌、回各自成立自己的政府，由番、夷、羌、回各民族中的劳苦大众掌握政权，不受汉族发财人的压迫”，强调“少数民族人民自己当家做主”，提出“番人治番”“回人治回”“番民自己组织政府！”“回番民族自动起来成立自己的‘联合会’‘自治区及苏维埃政府’”。[①]向各族人民宣传，要改变长期受压迫、受歧视的地位，要得到彻底的民族解放，就必须建立和掌握自己政权的思想。红四方面军于1935年6月上旬在茂县提出：共产党对领导番族解放运动的基本路线是主张番人独立，实行彻底的无条件的民族自决权，实行番人自觉领导和组织番族广大民众起来推翻帝国主义国民党汉官统治阶级的统治，建立番人自己的苏维埃和人民革命政府。[②]

对于人民政府的组成，红军提出：“占主要地位的应当是番族中的穷苦群众、奴隶、牧民、工人、贫农、中农和热心革命的知识分子，但知识分子和一部分革命的小喇嘛、小土官，赞助独立解放运动的也可参加政府工作。”[③]由于川西北和甘南各少数民族地区与内地在政治、经济、文化等方面的差异很大，所以红军特别注意区分不同地区的政治、经济情况，建立不同形式的政权。主要有三种：一是劳动苏维埃。主要是在川西北的藏族聚居区，帮助他们建立独立的番民革命政府。红四方面军在大小金川流域和在丹巴、道孚、炉霍、甘孜等县，普遍成立了“波巴依得瓦”（藏族人民政府）。其主要成员从当地少数民族中的穷苦百姓（农奴）中产生。二是工农苏维埃政府。主要是在国民党早已实行“改土归流”、推行“保甲制度”或“屯守备制度”的多民族杂居区。主要在川西北的茂县、汶川、理番、松潘和甘南的岷县、临潭等地，由红军代表和农民、手工业工人代表组成，由工农兵代表大

① 四川省汶川、茂县文化馆保存的红军錾刻标语照片。
② 《中国工农红军第四方面军战史资料选编》，33页。
③ 《中国工农红军第四方面军战史资料选编》，36页。

会选举产生。三是人民革命政府。它的主要成员包括当地拥护反蒋抗日的土司、头人、喇嘛等各界、各阶层人士在内，有着抗日反蒋统一民族战线的因素。这类政权主要建立在甘南的哈达铺和文县等地。它是由劳动苏维埃演变而来的。为了保证苏维埃政权的纯洁性，在筹建县、区、乡、村苏维埃政权的过程中，红军每驻一地，一方面宣传成立苏维埃的目的、意义、发动工农穷苦群众，另一方面深入调查了解情况，物色人选，培养积极分子。然后由红军提出苏维埃主席、委员的候选人名单，在群众大会上选举产生区、乡、村苏维埃，在全县工农兵代表大会上选举产生县苏维埃。

五、争取团结民族宗教上层人士，广泛建立民族统一战线

当时，川西北和甘南少数民族地区，普遍实行土官、土司制度和藏传佛教寺院政教合一的政治体制。所以，红军执行党的民族政策，在一定意义上也包含着首先争取、团结民族宗教上层人士的工作，尽可能地取得他们的信任和支持。1935 年 8 月，中共中央政治局举行沙窝会议，在分析了少数民族中阶级分化程度与社会经济发展的条件后指出：在有些民族中，在斗争开始阶段上除少数上层分子外，还有民族统一战线的可能。随后红军又提出："在民族运动上有革命意义的土司、头人、喇嘛，我们仍然不放弃与之联合或使之中立。"[①]"番族穷苦民众，为了要使民族解放斗争能够迅速扩大到广大的范围，就必须和反对民族压迫以及赞成民族独立解放的小资产阶级知识分子、小喇嘛和一小部分土司土官建立联合战线，来反对汉官统治阶级。"[②] 要求红军"政治机关应

① 1935 年 8 月《中共中央关于少数民族工作的指示》。

② 《中国工农红军第四方面军战史资料选编》，35 页。

注意收容投诚土司、通司及一切活动分子等，委以相当名义。这些人在号召群众的方面，常能起很大作用”①。1935 年 12 月 25 日，中共金川省委根据中共中央政治局决议案的精神，提出了“一切为自己民族独立自由平等，坚决反卖国汉官军阀国民党统治，及坚决反日英反帝国主义分子，不论阶级，不论部落，不论土司、头人、活佛、喇嘛，不论夷马模（巫师）、阿訇，不论什么军队，不论什么派别，不论什么宗教民族，都可以联合共同奋斗”②。正是由于红军对民族宗教上层人士采取了团结的政策，极大地感召了一部分上层民族宗教人士，使他们有的保守中立，不和红军对抗，有的热情支援红军，有的投身到革命队伍中来，对长征起了很大的援助作用。1936 年 8 月，红四方面军长征到甘南时，积极向卓尼土司杨积庆做工作，使其率领藏兵“保土自守”，持中立态度。在红军民族政策的感召下，杨土司秘密派人夤夜赶到红四方面军驻地，呈送书信，馈赠了两匹马、七只羊，表示友好和慰问。红军也只在临潭县境内开展“反富打霸”斗争，未涉及杨土司的卓尼辖区。1935 年 6 月，红四方面军左路军进入茂县后，黑水一带的苏永和等几位上层人士，亲自到红四方面军政治部与副主任曾传六进行过境谈判，双方互赠礼品，表示友好。1936 年 8 月，红四方面军在甘南临潭县开展“抗日募捐”活动时，在红军民族政策的教育下，新城回族头面人物马良俊，主动张贴宣传品，规劝回族教民与红军携手合作。1935 年 1 月，红四方面军在攻打川军“土门封锁线”前，驻守在片口、白什一线的羌族土司安登榜，毅然率部起义，为红军当向导，配合先遣人员向羌族民众宣传党的民族政策，使红军顺利地进驻到羌族地区，并很快建立了苏维埃政权，安登榜被任命为游击队队长。之后，他率领这支羌族地方武装力量参加了长征。1935 年 8 月，安登榜奉命率部到毛儿盖地区

① 1935 年 8 月《中共中央关于少数民族工作的指示》。

② 《中共金川省委第一次全省代表大会关于目前政治形势和金川党的任务的决议》。

筹粮时，途中与一股反动武装遭遇，作战中不幸壮烈牺牲。他由一个羌族上层土司成长为红军战士，最后为各族人民的革命事业献出自己的生命，这是红军正确执行党的民族统战政策，争取团结上层进步人士的一个成功典范。

然而，红军在初进川西北时，也由于张国焘的错误和干扰，致使红军在以后的民族工作中遇到了极大的困难。1935 年 6 月上旬，红四方面军总部初进理县藏区后，鉴于历史上遗留下来的民族隔阂和国民党反动派在少数民族地区的造谣、欺骗、诬蔑之事实，一些民族宗教人士和群众对党和红军的主张、政策、宗旨等还不甚了解，存在着很深的恐惧和对抗的心理。对此，张国焘拒绝和反对红三十三军军长王维舟关于认真处理好民族关系、做好民族上层人士工作的建议，不顾后果，一意孤行，下令枪毙了一位在藏区有较大影响的保商队长和一名在藏传佛教寺庙学经、曾当过国民党特务的僧侣，由此招致反动分子乘机煽动和造谣，蒙蔽一些不明真相的僧侣和部分屯兵及当地少数民族群众，起来阻击红军，给红军以后的民族工作造成了很大障碍，也使红军从中吸取了深刻的教训。

本文选自中共甘南州委党史资料征集办公室：《甘南党史资料》，第二辑，1989 年 9 月。

我党我军史上的一份珍贵历史资料

——关于对在甘南州发现的红军记录考证

赵瀚豪

1948年4月，我们在中共甘南州委秘书处档案室发现一本记载有中共川陕省委常委会和红四方面军在川西的有关会议记录，经过三年多的调查考证，基本上核实了该记录的来源，搞清了“记录”中涉及的64个地名，以及参加各种会议的76位人员中部分人员的身份。经当事人和省内外的有关专业人员鉴定：这本“记录”是真实的，是我党我军史上的一份珍贵的历史资料。它对于研究中共川陕省委的历史和红四方面军的军史以及弄清红四方面军的部分长征史实，有着重要的价值和作用。

一、记录的形态与式样

这本“记录”是个字号为“复兴”——《黄金万两》的蓝布皮面账本，长27厘米，宽17厘米，厚2厘米，共88页，是红色十六竖格和三横格白纸。皮面有标写记录单位名称的两条紫红色贴纸，但已磨损殆尽，看不清字迹。里面从前后两头分别用蓝、黑色毛笔字和红、蓝色钢笔字记录了会议内容。虽有部分水湿的痕迹，但绝大多数字迹清晰可辨。全部记事文字有21000多字。

二、记录的征集来源

经调查核实，1963年5月的一天，甘南州档案处原副处长丁应华赴迭部县麻牙公社下乡时，住在当年红四方面军曾宿营、整休过的麻牙寺旁的一家小店里，店主杨老汉（已于1970年病逝）是位早年从白龙江下游流浪上来的老人。夜晚，在闲谈中丁应华得知杨老汉珍藏着一子弹匣红军的标语、传单等物，便说服动员杨老汉，以馈赠一条香烟为酬谢，征集了这本记录，带回州档案室保存起来。其余标语、传单和子弹匣，因当时交通不便，山道崎岖艰险，干部下乡都是步行或牵乘骡马，不便携带未征集。现经我们多方查找，已杳无下落。

又查，杨老汉的那个小店，是1959年春他带领麻牙村的藏族社员，拆除原麻牙寺院的僧侣住房之木料修盖而成。当时，群众在拆一幢僧侣住房中，从屋顶椽空里发现了子弹匣，便交给杨老汉收藏起来。而这麻牙寺是1936年8月红四方面军长征经过迭部县时，曾经先后住宿过二十多天的地方。当年红军将子弹匣遗落在该寺后，被僧人藏匿在屋顶椽隙中（寺院僧人对写有文字的纸张是比较爱惜的，一般不随意毁坏），直到1959年群众拆除此房时发现为止。这样，这本记录较为完整地保存了下来。

三、记录的主要内容

经鉴别，这本记录正面的15页，是川陕革命根据地中共川陕省委的常委会议记录，用黑色毛笔字记载了1935年1月至3月22日省委召开的五次常委会议情况。前面两次记录已残缺不全，现有的第三次中共川陕省委常委会议召开的时间是1935年1月20

日，参加会议的有周纯全（省委书记）、李维海、王定国（男）、郭纯德、刘端龙（川陕省委宣传部部长，原任国务院农业部副部长，现当顾问）、黄超。主要讨论了粮食工作和有关肃反、人事等问题。第四次中共川陕省委常委会召开的时间是 1935 年 3 月 5 日，到会者有熊国炳（川陕苏维埃主席，1937 年初在甘肃张掖南山与马家军作战中负伤流落，1961 年病逝于酒泉地区泉湖乡）、余洪远（川陕省委组织部部长，川陕苏维埃政府副主席，成都军区原副政委，现住南京富贵山十号楼休养）、曾传六（红四方面军总指挥部政治部副主任，国务院粮食部原副部长）、赵连三、郭纯德、吴永祥、维俊、祝义亭（川陕苏维埃政府副主席，现住武都，已离休）、马学先、炳润、丁武选（川陕省委保卫局局长，现任全国政协委员，住在郑州）、周纯全。主要研究讨论了没收工作、粮食和生产及各县工作等五个问题。第五次中共川陕省委常委会召开的时间是 1935 年 3 月 22 日，参加会议的有曾传六、吴永祥、赵连三、王定国、李维海、杨兴中（现在沈阳军区）、余洪远、刘端龙。主要讨论了节约粮食和成立经济委员会等三个问题。

这本记录背面的 70 页，是红四方面军于长征途中，在四川省马尔康、金川、丹巴、小金、卓斯甲、格勒得沙等地建立的名为“格勒耶尔考克鲁蒙革命政府”（即川康边革命政府）的会议记录，用蓝色毛笔字（中间有 19 页用蓝色钢笔字）记述了 1935 年 11 月至 1936 年 3 月底，该联邦政府的四次部长联席会议情况。首先在记录的第一页上写有联邦政府的机构和领导人名单，联邦政府主席：邵式平（江西省原省长，1965 年病逝）；副主席：刘伯承、熊国炳。下设九个部：1. 土地部：部长余洪远；2. 粮食部：部长郭纯德；3. 劳动部：部长罗大周（现在上海）；4. 内务部：部长祝义亭；5. 经济部：部长吴永康（即吴文康，曾任川陕省委秘书长，苏维埃政府经委主任，后任西路军地方工作部部长，1937 年 3 月在甘肃省河西黄番寺与敌激战中光荣牺牲）；6. 财政部：部长吴永康；7. 少数民族部：部长张然和；8. 裁判部：部长张然和；9. 教育部：部长康克清。

格勒耶尔考克鲁蒙革命政府召开第一次部长联席会的时间是1935年11月20日下午3时，于绥靖（现四川省金川县）城隍庙举行，参加会议的有邵式平、郭纯德、余洪远、张然和、罗大周、康克清。主要讨论决定了联邦政府成立和少数民族回民大会，番人代表大会等问题，选举第二次部长联席会议的时间是1935年11月28日，地址是四川省金川县八步里，出席会议的有邵式平、吴永康、张然和、马福寿、郭纯德、罗大周、庄南。主要讨论了粮食和劳动部的工作等四个问题。第三次部长联席会议召开的时间是1935年12月16日，参加会议的有张然和、罗大周、马福寿、张琴秋（红四方面军总医院政治部主任，中华人民共和国成立后任国务院纺织工业部副部长，1968年4月22被林彪、“四人帮”迫害致死）、祝义亭、赵起贵、吴永康、邵式平。主要讨论确定了联邦政府的机构编制、教育、土地和少数民族政策等问题。第四次召开的是联邦政府正副部长及下属乡级政府（该联邦政府未设县级政权）的主席、部长联席会议，时间是1936年3月30日，参加会议的有邵式平、亦胜、曾广兰（女）、梁镰生、孟兴发、财发、青山、克基（格勒得沙政府主席）、沙鲁、郎尔甲、色郎（马尔康木尔宗乡苏维埃主席）、克尔左、更甲（卓克基乡苏维埃主席）、额白、吴一山、罗少发、刘德富、王仲生。联席会议主要讨论了联邦政府的任务和春耕及召开格勒得沙大会等问题。这次会议的记录不全，只记到“……现在红军正在围芦城，向北发展……”就完了。

这个“记录”的最末一页上写着“阿笨潘得尔家”，而在第二次联邦政府部长联席会中曾讨论到对“阿笨潘得尔家详细审查是否可以”等问题。据查“阿笨潘得尔”家在金川城内，是联邦政府主要负责人的驻地房东。

四、当事人对“记录”的鉴定

老红军刘端龙同志看了这本“记录”后说：“这本记录很重要，是当时的记录，是真的，不会错。那时我在川陕根据地当宣传部长。长征后没参加他们的（指红四方面军）工作。”老红军吴瑞林同志看后说，他对这本“记录”中的事都有一定的印象，认定“记录”是真实的。

根据上述诸方面的佐证和调查，我们初步断定，这确实是一本有关红四方面军的会议记录，是一份珍贵的革命历史资料。目前，这本记录的原件已上交中央党史资料征集委员会并转中央档案馆珍藏。

本文选自中共甘南州委党史资料征集办公室：《甘南党史资料》，第一辑，1988年4月。

俄界会址考证

赵瀚豪

过去，不少党史著述把党中央在长征途中召开的政治局俄界会议会址误写在四川省境内或甘、川两省交界的地方，而具体指现今的何县、何乡、何村，也不明确。对此，笔者在20世纪70年代末，曾几次到四川省若尔盖县，和与其接壤的甘南州迭部县境内，沿红军长征路线进行实地考查，并查阅红军长征的有关资料，进行核对证实，得出的结论是：党中央政治局俄界会议，是1935年9月12日在甘南州迭部县达拉乡高吉村召开的。其理由为：

第一，以前，在四川省若尔盖县与毗连的甘南州迭部县境内，并没有标写“俄界”这两个字的村寨，而只在迭部县达拉乡内有近似“俄界”读音的有“三村”“一寺”，即高寨村、岗岭村、高吉村和勾吉寺。四者都是红军进入甘肃后的必经之地，和具备部队宿营条件的地方。高寨村位于包座河（流入甘肃境内后，当地群众改称其为达拉河）流入甘南达拉沟后约60里处右侧10里外的山沟里，当年仅是个拥有十来户藏族人的山腰小村。据该村年过古稀的老人们回忆：红一方面军长征经过达拉沟的时间是1935年9月初，红军没有来高寨村住宿，只是派人到村里来买过几次粮食。因此，党中央在该村开会之事不能成立。勾吉寺（红军称之为硗碛寺）虽然在达拉河畔的山道旁，但周围没有一个村庄适宜于大部队驻扎，且据该寺几位老僧人回忆说：1935 年 9 月长征过境的红军，只在该寺先后住过一宿，没有停留，第二天就开走了。又据红一军团长征里程表与有关资料的记载：“硗碛（勾吉）寺位于包座（达拉）河中游，是俄界会议后红一方面军北进到达的第一个宿营地。”岗岭（红军称为广利）村和高吉村位于达拉河中上游左侧约 6 里深的山沟里，从岗岭到高吉，两村相距不足 5 里，举目可见，都是依山傍水、坐北朝南，并住有 30 多户藏族人的村庄，适宜于大部队宿营休整。据当地藏族老人回忆：1935 年 9 月长征经过的红军都在这两村住宿过，前后历时 7 天，大概时间是 9 月 5 日至 13 日。而 1936 年 8 月长征经过的红二、四方面军，没有来过这两个村寨，全都宿营在达拉河边的勾吉寺里，历时 20 多天。因此，俄界会议在勾吉寺召开的可能也就全然排除了。

第二，经考证，“俄界”和“高吉”是音同字不同的藏语译音。红军当年是根据从川西北所带“通司”（翻译）的发音而标写成“俄界”的，“高吉”是解放后行政上根据汉族干部的藏语发音写定的。而较为准确的汉字音译应该是“郭结”，藏语是“八个山头”的意思，这是当地藏族人根据高吉村后面的八个锯齿形的山头而取名的。因此，“郭结”“俄界”“高吉”三者的发音是相似的，只是汉字的音译写法不同。又如红二方面军的长征行军途中，还把俄界标写为“鹅界”，这也是音同字不同的写法。又经核对，高吉村所处的地理位置与红一方面军长征的有关资料记载是一致的。据《红一军团长征史》一书记述：“一九三五年巴西会议后，毛主席、周副主席率领一、三军团和军委纵队，沿包座河向甘肃境内移动。九月五日晨，红一方面军先头部队离开毛弄，沿包座河上游向甘肃前进。下午六时，先头部队急行八十多里，离开河岸又西行六七里，经过广利村。再走五六里就到了俄界。”由此可以看出，毛龙（今四川省若尔盖县红旗乡牙弄村）是红军离开四川省所经过的最后一个村子，因此俄界无疑是在甘肃境内。俄界会议也就不可能在四川境内召开了。而由毛龙到达俄界，必须经过“广利”村。而这个“广利”村正是现今甘南迭部县达拉乡人民政府所在地——岗岭村。“广利”和“岗岭”的藏语发音也是近同的，仅是标写为不同的汉字译音而已。再如老红军杨定华在《雪山草地行军记》一文中写道：“次晨六时（指 1935 年 9 月 10 日）又继续移动，当天宿营目的地是俄界。由驻地毛龙到俄界约八十里，离开驻地及小村庄到包座河边约十里，以后则沿包座河而走。先头梯队到达俄界时，已经下午六时了，直到晚上十二时还是五个一群十个一队地陆续向俄界集中。当时据说中国共产党中央政治局召集了紧急会议，并邀请各军团首长出席参加。……休息两天之后，沿着白龙江向莫牙寺前进，行程约一百二十五里。”这段记述，是与高吉村所处的地理位置相符的，也证明了俄界会议确实是在高吉村召开的。

第三，高吉村几位老年藏族人的回忆也是与红军长征的有关资料记载相吻合的。据笔者访问的高吉、岗岭两村许多老年藏族人回忆：红一方面军是在 1935 年 9 月 5 日晚到达高吉村的，当时由于受反动派的宣传影响，藏族人们都躲进了村对面和村后面的高山密林。他们每天远远观察，发现高吉和岗岭虽然都住满了红军，但两村的警戒大不一样。岗岭村住的红军最多，但白天没设岗哨，红军出入也很自由，后两天个别藏族人还有回村去拿食物的。而高吉村的四周，白天黑夜都站着许多岗哨，特别是村子最东面的三幢木楼警戒得非常严密，设了几道岗哨，闲杂人不准随便出入。据高吉村 80 多岁的藏族老人周曼和两位流落老红军（其中一位曾在红一方面军中央警卫团担任过警卫，后在腊子口一带负伤掉队，解放后在该村定居）讲述：毛泽东同志和司令部就住在村东头的三幢房屋里（现有两家是阿巴家和周吾草家，另一户已毁于火灾）。红军走后，在高吉村留下了许多革命文物，至今还流传不少有关红军的传说。9 月 13 日，当骑白马的三位红军最后鸣枪离开高吉村后，藏族人们都纷纷跑下山来，一进庄就看见村街上挂满了羊皮，旁边放着白洋和纸条。许多人家的门板上写着宣传标语，如“红军不拉夫”“红军不杀番民”等。在村东头阿巴家的南角楼里（现已拆），留下一副抬人的滑竿（后遗失），并有许多废弃的纸屑和油印传单残片。在原塞浪家里还留下有医用带孔的镊子、药物瓶、纱布条和酒精、棉球之类的东西，像是住了卫生部门。所有这些，都为俄界会议在高吉村召开提供了可靠的佐证。

本文选自中共甘南州委党史资料征集办公室：《甘南党史资料》，第二辑，1989年9月。

腊子口战役回忆

张觉僧

1935年秋，红军长征经过四川松潘、毛儿盖入甘南藏区北进。陆军新编第十四师师长鲁大昌奉命截击，其第一旅旅长梁应奎担任腊子口方面的指挥，当时我正担任该旅参谋长，也参与此次战斗。现就见闻所及，叙述如下。但因时经28年，仅凭回忆，或有未尽详确之处，希望有关人士予以纠正。

是年9月上旬的某日，鲁大昌接到驻天水第三军军长王均的通报和驻甘绥靖公署主任朱绍良的电令，大意是：据空军侦察报告，红军先头部队已由松潘以北毛儿盖进入草地，有经甘南藏区向洮（临潭）岷（县）北上企图。除着夏河、洮岷地区部队严密警戒外，由贵师速调集兵力进驻腊子口附近构筑工事固守，并相机截击。另派唐淮源第十二师前来岷县支援。鲁接电后，对红军做如下判断：第一，经草地至夏河，入青海转出河西，与新疆联络；第二，经草地进入西固、武都，据守阶、成山区休整后，向汉南或陇南发展；第三，红军万余人经草地，因无粮弹，被藏族人歼灭。并即做如下部署：

第二团由武都两水镇调临潭新堡、杨花桥之线；第二旅由陇西调岷县西大寨（县西20公里）至新堡之线；第五团由西礼调岷县西南30里之三岔门，将王世惠第三营分驻于腊子口；调第六团驻康朵，派中校团副赵国武率赵秀峰第一营和十二师的一个张营，占领刀札山（康朵西南之左），少校团副王枢五率王桢第三营和十二师一个和营占领黑札山（康朵西南之右），第二营驻康朵为团预备队；骑兵团调临潭旧城一带，特务团随师部驻岷县，第一旅旅部和第一团仍驻武都待命。

大约9月9日左右，梁应奎接鲁大昌电令："红军已由包座向我前进，该旅长将第一团留一营暂驻武都，速率其余两个营到腊子口附近，指挥朱显荣第六团固守腊子口要隘，并相机进击。"梁接电后，即留孙铁峰第三营驻武都，其余一、二两营及旅直属部队经西固沿白龙江西上。唯当时秋雨连绵，江水暴涨，沿江小路，被水淹没，机枪、迫击炮驮骡不能通过，但师部连电催促，不得迟延，遂决定将机炮由人扛抬，随步兵找坡路前进，并留一部俟水落率同驮骡随后赶来。

17日下午3时左右，梁应奎到达康朵，与第六团团长朱显荣见面，据该团防守黑札的第三营报告："16日下午红军先头前哨与我派出之侦察部队在黑札山阵地前方约数里之外遭遇，经互击后，各自退回。本日再未接到报告，情况不明。但西山背后，隐约有枪声可闻。已派出联络部队，尚未见回报。"梁即指示朱显荣迅速再派人去联络，弄明情况，严密戒备。随即继续向腊子口前进，我同梁应奎走在部队前头，刚出康朵约3里之处，闻西山背后枪声甚急，旋又发现由山顶上溃退下来了约一连部队，争先恐后往山下乱跑，丢甲撂盔，状甚狼狈。经询问后，始知系朱团派出的联络部队，因红军已由黑札右侧绕到后面，把守黑札前线的部队与团部隔断，前方情况不明，红军又在后边追击，遂向侧面落荒而逃。梁遂收集这批溃兵，跟在后边，继续沿腊子沟前进。

由康朵到腊子口，是一条长约20里的深沟，中间流着腊子河，向南归入白龙江，为白龙江之主要支流。河两边夹着高耸入云的大山，两山长满树林，疏密相间。沿河仅有一条逼窄小路，蜿蜒崖际，行人不能成列。红军在后面追击，梁应奎和旅部人员惊慌失措地向前奔跑，自相拥挤，行进很慢，及到腊子口时，已日落西山。

腊子口真是一夫当关、万人莫开的天堑，沿腊子沟两边向北延伸的山头，在此仿佛合拢起来的样子。由沟底仰望上去，山口只有 30 多米宽，两边绝壁峭立，腊子河即从沟底流出，流速湍急，至此激荡而成旋涡，水深不能徒涉。在腊子口前沿两山之间横架着一座东西向的木桥，把两山连接起来。要经过腊子口，除通过此桥再无别路。桥东山脚林缘有鲁军预筑工事，口里当中突出一块石堡，高宽约三四米，上面筑有碉堡。口子后边有三角形的一片谷地，利用山坡亦筑有工事。我们察看形势后，配备兵力如次：第一团赵国华营占领桥东沿山脚工事，四架重机枪排列在桥头堡内，封锁向木桥进攻的道路；原驻在此的第五团王世惠营，仍占领三角形谷地的阵地，并做好战斗准备。

此时已近黄昏，忽见第六团团长朱显荣只带两名传达兵退了回来，据他说："红军从右侧绕到后边，将团部和预备队冲散，团部人员和电台已不知去向，刀札、黑札情况不明。附近树林子里，到处都有红军出现。"梁即指责他说："你指挥五营兵力，没有见仗，自己就跑回来，这样如何向师长交代？"并即令其率领该团退下来的数十名士兵，占领左侧山腰，掩护我左侧背。朱听了命令之后，即率着残部走了。谁知到夜 12 时，旅部派人去看，他已不知去向。以后才知道他一直跑到渭源潜藏起来，战事结束后，才把他找回来了。梁应奎率旅部人员当天到距腊子口后面约 5 里的竹立旗地方，扎好旅指挥部。将腊子口部署及朱显荣溃败情况电报师部。12 时左右即接师部复电，指示梁应奎，指挥现有部队，必须固守腊子口要隘，并派王咸一率特务团前来应援，约拂晓即可到达。

当晚 9 时左右，红军即向腊子口鲁军阵地开始攻击，先用机枪不断地轮番扫射，步兵在密集的火力掩护下猛攻，鲁军在掩蔽部内一枪未发，俟红军攻到桥头时，开始以机炮、手榴弹集中火力封锁住木桥的入口。虽经数次冲锋，但红军因地势不利，大部兵力限于地区狭窄，无法展开。鲁军依天然要隘和坚强工事，都没有被攻过桥来。中间曾停止不多时间，接着红军又发起猛攻，这次火力较前更为激烈，鲁军阵地后面的石崖上，被子弹打得火星乱冒。接连数次冲锋，都未得手。但鲁军已惴惴不安，不断向旅部报告，恐难支撑，请增派援兵。这时旅部只控制一个特务连，因无兵可派，只得把后边第五团的王世惠营调到前方，换下赵国华营，到后边休息。

18日2时前后，红军停止了攻击。梁和我的判断，一定在拂晓前要来一次更加猛烈的进攻，遂令王营做好准备，并令必须坚守，以待特务团来援，绝不得随便撤退。一面又给师部报告情况，并催特务团迅速来援。但师部一直未复电。至5时许，红军果然又开始了攻击，一面仍用少数部队从正面猛攻，一面用较大兵力，潜入鲁部左翼的树林中攀登险绝的石山，以袭鲁部侧背。我们发现情况后，虽知那边是断崖悬壁，不可能绕过去，但侧背已受到极大威胁，军心动摇。天刚亮时，战斗越来越激烈，有一次，英勇果敢的红军攻过桥来夺机枪，将一座机枪架都扯坏了，终因人少，没有夺去。战斗至此，鲁部一个连长受伤，士兵受伤者亦有十余名。守备营长亲来旅部报告，如不及早退却，天大亮就撤不下来了。这时还未见援兵到来，遂决定先撤到达拉山，再待援兵。当鲁部转移至达拉山时，师部派副官押送的迫击炮弹到来，当时以为特务团也快来到，但据该副官谈，师部在岷县方面现只有一个特务团，不能开动。鲁大昌曾要求十二师派兵来援，唐淮源师长不答应，并对鲁施加压力，大有要把鲁部从岷县赶走的样子。梁应奎了解了这种情况后，乃命将迫击炮排列在山顶上，向追击的红军猛轰，把几箱炮弹打完之后，留一班步兵作为掩护，其余部队一直向岷县撤退。抵岷县南关时，已至深夜，十二师在此放哨，不让通过，遂住到南关。次日早晨撤到城西南的张家坪，师部已奉令开始向临潭后撤。梁应奎也于19日晚后撤，岷县交由十二师完全负责。同日清早，红军大队已抵哈达铺，在该处休息两天后，继续向漳县、通渭之线北进。没有向岷县进击，十二师亦龟缩未出。当时岷县有一种传说，十二师与红军有密约，互不侵犯。后我到岷县碰到十二师朱旅长与之闲谈，他说："蒋介石用火烧葫芦峪的阴谋，消灭杂牌部队。我们不愿意打红军，因为红军消灭了，我们也就没饭吃了。"当时我和他都有同感。可见反动派军队内部矛盾的一斑了。

关于朱显荣的第六团和十二师两个营在刀札、黑札失败的情况，直到后来了解是这样的：9月17日下午，朱部派出的前哨侦察兵与红军前哨部队遭遇，互相放了几枪后各自退回。当晚没有动静。次日早晨，发现红军驻地到处火起，旋即向鲁部右翼黑札山阵地发起猛烈攻击，接着又发现红军已由右侧绕到通往团部的后方康朵山口，有直捣团部模样。此时前后已被截断，腹背受敌，于是军心动摇，全线混乱，自动向左翼黄家路、黄家大山东南方面溃退。及至次日到洛大集中时，连第一团留在后面第二营合计，共有残破不全的六个营，经营长们协商同意后，决定从宕昌退回岷县。到宕昌后，听说红军已到达哈达铺，师部已撤临潭，乃绕闾井镇返回临潭师部。

本文选自甘肃省政协文史资料和学习委员会：《甘肃文史资料文库》，第二卷，2001年。

甘南州发现的红军布告

李振翼[①]

1982年7月末，甘南藏族自治州概况编写办公室工作人员在夏河县美武公社只合代村闹日家中发现了原公社党委书记完代才让老人精心保存下来的一张红军长征时期的布告。这张布告为白土纸，仿宋体，油印，残长40厘米，宽20厘米左右，这件革命文物原件现存甘南州文化馆。

1936年夏，中国工农红军第四方面军为了北上抗日，历尽艰辛，三过雪山草地，战胜了张国焘“右倾”机会主义的阻挠破坏，胜利地通过天险腊子口，发起了岷县二郎山战役，包围了甘肃军阀鲁大昌的老巢岷县城，占领了进入甘肃后的第一个县城——临潭新城（即洮州），连克临潭旧城。汉、回、藏各族人民纷纷牵羊提酒争相迎接和慰问人民的军队。在工农红军的直接帮助下，以新城为中心，建立了部分各级苏维埃政权。甘南地区的部分藏、回、汉上层开明人士闻讯也给红军送来糌粑、酥油、肉食乃至马匹，表示友好和慰问。完代才让因受美武千户杨步云的派遣，去临潭旧城送慰问品与红军接触，并带回来大量的红军宣传印刷品，在马步芳部队的驻防区黑错（今合作）张贴、散发。红军离开甘南北上后，完代才让把保存下来的一些宣传品珍藏起来，以作留念。

① 李振翼，甘南州博物馆原馆长，已故。

历经国民党反动派多次洗劫，直到1949年，迎来了甘南各族人民的解放。每当谈到当年的红军时，他总要将多年珍藏品拿出来供人们鉴赏。十年浩劫时，身为美武公社书记的完代才让，在被揪出批斗的情况下，还将这珍贵的革命文物辗转藏匿，最后将它裱糊在家中面柜里。谁知房屋被没收，致使面柜里的革命文物也遭到损坏。现在，完代才让同志已经去世了，但这张珍贵的布告却被保存了下来。

这张红四方面军在临潭驻扎期间所发布的布告，虽已残破，但经冲洗揭裱之后，依然可以看出，红四方面军在甘南休整期间是以“中国抗日救国军第一路军”的名义向全军和人民群众发布命令的。朱德同志当时任“中华人民苏维埃共和国中央军事委员会主席兼中国抗日救国军总司令”。

红四方面军在临潭休整期间，大力宣传动员群众参军抗日，因而有大批的各族贫苦农牧民青壮年纷纷加入革命队伍里来，并在此基础上成立了“甘肃第一路”支队。1936年8月19日在临潭新城千人大会上，宣布成立县苏维埃政府，临潭人李中方（即李和义）为“甘肃第一路司令”。成立后的“甘肃第一路”军，统归“中国抗日救国军”领导。红军撤离甘南后，李中方虽然叛离了革命队伍（见黄火青同志“给甘南概况办公室的信”），但却并未阻碍甘肃人民革命事业的发展。1943年的甘南农民大起义中的许多领导人和中坚分子曾参加过“甘肃第一路”支队。甘南起义的重要领导人王仲甲就是其中的一个。

从布告残文中看到，甘肃第一路司令宣誓就职的日期是“本月十九日”，而布告发布日期，却已全泯。根据史料记载，红四方面军是1936年8月9日晚发起二郎山战役的（见《甘肃文史资料选辑》第十辑载《甘肃解放前五十年大事记》），随后取道岷县西川，进军临潭。另据南京国家第二历史档案馆现存《红军围攻甘肃岷县，国民党新编第十四师的作战详报》，8月30日下午6时，伪十四师侦察回报："李中方为中国抗日救国军甘肃第一路司令，于本月19日在临潭新城宣誓就职，有告示剥来。"可以与原布告两相印证，说明是8月19日无疑。

像这样具有重要历史价值的"布告"在甘南发现，尚属首次。它为我们今后研究中国工农红军第四方面军的战斗历程，特别是在甘南期间的具体活动，提供了新的珍贵文献资料。

附：布告残存文样

中国抗日救国军第一路军

为布告事案

中华人民苏维埃共和国中央军事委员会主席兼中国抗日救国军总司令朱委任中方□□中国抗日救国军甘肃第一路司令中方□于本月十九日□□□□□□□□等次宣誓就职除□□□□□

□□□□□□□□□□□

（红军布告复原稿）

本文选自甘南州政协文史资料研究会：《甘南文史资料选辑》，第三辑，1984年7月。

回顾岷洮西战役

杜义德[①]

1936年8月上旬，红二、四方面军走出草地，到达川西北的班佑、包座地区之时，全国形势发生了很大变化，抗日民族革命高潮正在兴起，党的抗日民族统一战线政策成效显著，陕北红军与一部分东北军、西北军已经处于停战状态。红一方面军遵照党中央的指示，于5月下旬从陕甘宁根据地开拔西征，策应红二、四方面军北进，铁戈横扫，连战皆捷，相继夺占了定边、盐池、环县、予旺、同心等城镇，开辟了纵横400余里的新区，扩大了红军的政治影响，壮大了队伍，征集了大批资财。在此期间，党中央多次电示红二、四方面军迅速出至甘南，待进至甘南适当地点时，即令一方面军配合南北夹击，消灭何柱国、毛炳文等部，取得三方面军的完全配合；并以一部速占腊子口天险；四方面军到包座略作休息，宜迅速北进；二方面军随后跟进到哈达铺后再大休息，以免敌人封锁岷西线，北出发生困难。党中央还电示红二、四方面军北出草地后应迅速攻战岷州。

蒋介石十分惧怕红军三大主力会合，一面急调其嫡系胡宗南部第一军由湖南兼程北上，抢占陕甘大道上的静宁、会宁、定西一线，企图割断我三个方面军会合的通路；一面在甘南仓促布防：

① 杜义德，中国人民解放军海军原副司令员。

令王均第三军由陕南向甘南前进，固守文县、武都、天水、西固（今舟曲）地区；毛炳文第三十七军西移陇西、定西地区设防；鲁大昌新编第十四师固守岷州（今岷县）、洮州（今临潭）、西固地区，企图构成西固至洮州、天水至兰州两道封锁线，并以城市为防守重点布置相当兵力，实行坚壁清野办法，竭力阻止我红二、四方面军北进，在青海方面，则由新编第二军马步芳部扼守循北至贵德和新城至湟源一线，防止红军西进。但敌人点多线长，兵力分散，部署尚未就绪，加之“两广事件”尚未解决，胡宗南部羁留长沙，一时不可能赶到。故甘南地区敌人兵力比较薄弱。

在这种有利于我二、四方面军北上的情况下，中共西北局根据中央关于速出甘南、抢占腊子口、攻占岷州的指示，于8月5日在求吉寺召开作战会议，研究分析了甘南敌情，决定乘敌主力尚未集中岷、洮之前，以迅雷之势先机夺取岷州、洮州、西固地区，冲破敌之封锁线，乘间北进与党中央和红一方面军会合。会上，制定并发布了《岷洮西战役计划》，集中主力于岷洮方向，采取钳形攻势、东西夹击，在运动中大量地各个歼灭敌人，实现战役的胜利。战斗编队是：以四方面军之三十军、九军、五军编为第一纵队，其主力由包座经俄界、旺藏寺出哈达铺攻岷州，一部取道白骨寺、爪咱之线，相机夺取西固并向武都方向佯动，以威胁武都之敌；以四军、三十一军编为第二纵队，首先夺取洮州旧城，得手后主力向临洮方向活动，一部向夏河、临夏发展，以保障我左翼安全；以红二方面军为第三纵队，出哈达铺，策应一、二纵队，其具体任务待四方面军夺取岷洮西后再定。此次战役的意义在于夺取岷洮西地区，保证与一方面军会合，开展西北抗日新局面。由于张国焘搞分裂，红二、四方面军的广大指战员吃够了远离中央和过雪山草地的苦头，急切盼望早日与党中央会合，实现党和军队的统一，走上抗日前线，因此对中央西北局北进之战役行动非常拥护。

8 月 5 日至 12 日，各纵队按计划先后由川西北的救济寺、包座地区出发，向甘南挺进。当时，我任红四方面军直属纵队司令员兼四局局长职务，率领所属部队随方面军指挥行动。广大指战员沿着崎岖的山路攀悬崖、过栈道、涉山涧、渡急流，风餐露宿，疾速前进。8 月 9 日，一纵队先头部队三十军八十八师抢占天险腊子口，全歼守敌一个营，为后续部队开辟了前进通道。接着，红三十军飞速前进，10 日下午一举攻占岷县旋窝、大草滩，哈达铺，击溃守敌，歼千余人，缴获各种枪千余支，首战告捷，为进军岷洮西立了头功。随后，三十军以一部兵力占哈达铺，主力八十八师、八十九师分路向岷州方向攻击前进，当晚进抵岷州敌之外围据点大沟寨、西川和南川，将鲁大昌部约三个团一举击溃，毙敌 400 余人，随即包围了岷州城。

此时，红军前敌总指挥徐向前派我去二纵队四军了解战斗准备情况，并指示我协助十师师长余家寿、政委叶道志指挥攻打洮州旧城。我非常高兴，便带上警卫员，满怀信心连夜赶到四军指挥部。

那时候，虽然食不能果腹，衣不能御寒，装备也很低劣，条件十分艰苦，但是英勇善战的四军指战员求战心切，情绪非常高涨。8 月 14 日，第四军在政委王宏坤率领下，从岷县野狐桥兵分两路向洮州进军，十一师沿洮河西行至羊化桥过河，由新堡顺河沟而上，向临洮方向挺进；十师、十二师及妇女先锋团顺三岔沟而进，击溃守敌一个营，十二师一举攻占洮州新城，并向渭源、临洮方向发展。十师和妇女先锋团乘胜沿山梁大道向洮州旧城疾进。8 月 20 日拂晓前，各部逼近了洮州旧城。

洮州旧城建于明朝洪武十二年（1379），周围 9 里，城墙高约 10 米，厚约 8 米，有东、西、南、北城门城楼四座。守敌约一个团，见我军大兵压境，情势危殆，惧怕被歼，即以一个营的兵力据城顽抗，掩护团部及主力仓皇向临洮方向溃逃。我获知情报后，即令部队在行进间发起攻击。十师指战员们忘却了一夜急行军的疲劳和饥饿，以迅雷不及掩耳之势扑向旧城。霎时间，枪声、爆炸声、喊杀声响成一片……在妇女先锋团一部配合下，一举攻占该城，全歼守敌一个营，缴获各种枪300余支，俘敌数十名。此次战斗，总共用了不到一个小时的时间。

部队进城后，指挥部及时组织营以上干部勘察地形，布设阵地，整修工事，防敌反扑。同时，各团广泛开展群众工作，组织工会、农会，帮助周围区、乡建立地方苏维埃政府和群众武装组织，积极宣传党和红军的政策，扩大红军影响。当地群众踊跃筹粮捐款，赶做军鞋，慰劳红军。

23日清晨，警戒小组发觉西北方向尘土飞扬，即向指挥部报告。“一定是敌骑兵袭击”，我当机立断，即令部队撤出城外，分别埋伏在西峰山、东山及城北的有利地形上伏击敌人。

敌人来势凶猛，排成“人”字队形，举刀驱马顺着北坡奔驰而来，足有七八百人马。我军一动也不动地等待着敌人接近。当敌钻进我伏击圈后，师长余家寿举起手枪，扣动扳机，“叭！叭！”两声枪响，几乎在同时，所有的机枪、步枪、驳壳枪一齐开火，子弹像雨点一样射向敌群，打得敌人人仰马翻，晕头乱窜了。此时，余师长采纳了我的建议，“迅速出击，围歼敌人！”

冲锋号、喊杀声响成一片，我十师部队如猛虎扑食，东西对进，南北夹击，锐不可当。敌人吓破了胆，官兵各不相顾，纷纷夺路逃命，或缴械投降。这一仗，共打死打伤敌200余名，俘敌34名，缴获战马近百匹，各种枪支、马刀30余件。经审讯俘虏得知，来犯之敌为马步芳所属警备第一骑兵旅马彪部的一个加强营。该敌企图夺回洮州旧城，恢复敌之防线。

犯敌第一个“浪头”惨遭失败后，不甘就此罢休，接连数日，轮番向我石岭山、西峰山阵地攻击，尤其是西峰山阵地，所处位置十分重要，成为敌我双方争夺的要点，这里战斗打得非常激烈。

马彪部多是些“要钱不要命”的土匪和亡命之徒，为了领取光洋、烟土，在猛烈炮火的掩护下，一个个气势汹汹地挥刀上阵，大喊大叫，猛打猛冲，相当厉害。我十师部队和妇女先锋团的指战员们，奋勇拼杀，抗击敌人。子弹打光了，刺刀捅弯了，石块也成了与敌相搏的武器，真是杀红了眼。敌我双方短兵相接，不断肉搏，前沿阵地得而复失，失而复得……25日中午时分，敌旅长马彪亲自提着马刀督战，一连突破我数道防线。敌人拼死命了，我们也拼了命，随即使用师预备队约一个团的兵力，配合一线部队对敌实施反冲击，不惜一切代价坚决夺回已失阵地。许多英勇的战士，抱起点燃的炸药包，拉响捆绑在一起的手榴弹束，冲入敌阵……真是惨烈啊！整个西峰山阵地，尸横遍野，血流满地，战斗异常残酷。经过两个多小时的激烈争夺，终于把敌人压下山去，夺回了失去的阵地。

为了更有效地保存自己，消灭敌人，在以后的几天里，我们采取了灵活多变的战术手段，有时利用既设阵地抗击敌人，有时设伏兜击敌人，有时诱敌深入，腹背合击敌人，有时把敌人放进城来，展开巷战。战士们打巷战很有一些发明创造，有的战斗班组在巷内设置绊马索，待敌骑接近时，突然拉起，在马绊绳索的同时，拉响了吊在房檐下的手榴弹群。顿时，手榴弹在敌人头顶上开了花，炸得敌人血肉横飞。有的连排在敌必经之巷内挖掘好陷马坑，上面伪装起来，当领先的敌马陷进去后，瞄准后尾的敌人猛打，同时手榴弹群在敌群中间开花。战士们风趣地叫它“堵蛇头、蛇尾、斩蛇腰”战术。还有的同志有意制造出近似枪炮声的音响筒来威慑敌人，乘敌惊慌之际，突然开火，打得敌人措手不及。并根据敌多在黎明及昼间发动进攻的特点，为及早查明敌人行动，做好击敌准备，我们还采取“白天渗出去，晚上收回来”的办法，令一部分部队白天前出至古战地区，监视敌人。经过一周艰苦鏖战，重创了敌军，使残敌溃退至黑错（今合作）地区，我十师攻打洮州旧城的任务遂告胜利结束。这一仗共歼敌 2500 余名，俘敌 700 余名，缴获各种武器 2000 余件，指战员们沉浸在胜利的欢乐之中。

从岷洮西战役的全局来看，攻打岷州是此役的主体战斗。

岷州位于洮河南岸，为陇南重镇，不仅是甘川交通的要道，也是陇南政治、经济的中心，在战略上占有十分重要的位置。岷城于明朝洪武年间重建，城墙高约 10 米，顶宽约 4.5 米，东临迭藏河，西接子城后所，北俯洮河，南仰二郎山。滚滚东去的洮河与滔滔北流的迭藏河，似张开的双臂抱着岷城，高耸兀立的二郎山，海拔 3000 余米，峭壁峥嵘，地形险要，山脚与城相连，如一扇天门翼护城区。这种两面临水，南面靠山的险要地形，构成了岷州易守难攻的局势。守敌鲁大昌自重岷州，拥兵自保，为了占据这块地盘，多年来苦心经营，除筑有坚固的城防工事外，还顺着二郎山山势的三个台阶，各修筑一个巨型碉堡和数道环形堑壕，同时以交通壕将三个巨型碉堡及二郎山主峰与城连为一体，构成了一个山、城互为依托的较为完备的防御体系。当红军抵达包座一带时，蒋介石就急电鲁大昌凭险据守，“远侦严防”。鲁大昌也感到形势不妙，只得弃窝保巢，一面急令驻武都、漳县、临潭、陇西之部队火速回防岷州，一面带领部下察看地形，增设阵地，督令全师万余名官兵及居民日夜抢修工事，加固城门城堡、急筹粮草，调集大量的枪支弹药，并令卒部在南川、小沟山、王家山、串家山、大沟寨、三十里铺等地占领前哨阵地，使其岷城老巢的防御体系更加完备。同时，还搜罗一大帮便衣侦探四处活动，窥测我军行动，把整个岷州地区搞得草木皆兵。因此，攻打岷城是摆在我一纵队面前一项十分艰巨的任务。

8 月 10 日凌晨，一纵队第三十军打响了清扫岷城外围据点的战斗。第八十九师在吴家大山与敌特务团第一营激战，歼敌 300 余名，残敌溃退至白土梁和二郎山，凭借工事顽抗。第八十九师攻打岷城西敌之麻布台、大沟寨等前哨阵地。经过一天的战斗，扫清了岷城外围的据点，占领了十多个阵地，从东、西、南三面包围了岷州城。当晚11时许，我军向白土梁、二郎山守敌发起攻击，经激烈争夺，于16时左右占领了白土梁。接着，三十军主力猛攻二郎山，曾四次突破敌之3号碉堡，击毁敌轻、重机枪11挺，迫击炮5门，重创敌机炮营。敌重兵增援，凭借有利地形，与我展开白刃格斗，夺回了已失阵地。翌日清晨，我军再次强攻二郎山，指战员们曾三次冲入敌阵，同敌人展开肉搏。敌特务团团长王咸一向鲁大昌求援，鲁急派第二旅旅长蒋汉城率两个营又一个连的兵力前往增援。4时30分左右，我军再次猛攻二郎山，给敌以重大杀伤，毙敌少校团副杨肇林、连长尹国祥，打伤旅长蒋汉城、团长王咸一，营长章士魁、杨伯达等，敌死伤千余人。鲁大昌极为惊慌，只得收缩防线，决定以二郎山及岷城为防守重点，布重兵于城墙及四个城楼处，由各团轮换防守二郎山阵地，并在南城门和二郎山之间部署一营兵力为预备队，以保持山、城之间的联系，企图依托坚固的城防工事和二郎山屏障，顽抗到底。

当夜8时许，三十军一部攻占岷城西子城区新区，便开始了直接攻打岷城的战斗。在火力掩护下，数百名红军战士抬着50余架云梯，冲向城墙，横扫猛射，强攻西南城。与此同时，三十军另一部涉过迭藏河，架云梯强攻东城。守敌惊恐万状，一面点燃木柴抛下城墙，一面拼命投掷手榴弹，敌炮兵也向我攻城部队猛烈射击，岷城周围一时火光冲天。红军战士冒着枪林弹雨，踏着云梯，冲上城头，同敌人展开了激烈搏斗。经三个多小时的殊死争夺，歼敌1400多名，但终因敌居高临下，城防工事坚固，我军猛攻数次均未破城，便主动撤退。8月12日中午时分，三十军主力从三个方向向二郎山守敌发起猛攻，曾先后三次攻占敌3号、2号碉堡。守敌凭借1号碉堡的猛烈火力及有利地形，进行反冲击，夺回了阵地。此后四天内，三十军曾集中全力向岷城和二郎山守敌发起了猛烈进攻，虽未克，但打乱了敌人部署，歼灭了大量敌人，伤敌旅长、团长数人。我军亦伤亡惨重。鲁大昌一面急电蒋介石、张学良、朱绍良等，要求增援，一面调整部署，抢修工事，死守岷城。

8月17日，敌毛炳文部由陇西驰援岷城，红三十军第八十八师奔漳县大草滩阻敌增援，第八十九师继续围攻岷城。同日，朱绍良致电鲁大昌，称："十日之内，各方援兵不来。"鲁大昌始知援军无望，只好放弃城外所有阵地，集残部死守二郎山及岷城。为了扫清射界，防止红军沿城外民宅接近城垣，鲁大昌命令部下连夜将城外居民全部迁入城内，把距城墙10米以内的房屋强行拆除。当日晚上，鲁大昌仍感不安，又命令将城南接近二郎山的民房，以及东关、南寺、洪家桥等处民房纵火烧毁，使城墙周围变成一片开阔地带。同时，还将城内所有官佐的家眷全部转移城外，随后捣坏焚烧了城北洮河渡口的船只，断绝城乡交通，企图孤注一掷。

8月18日，一纵队第九军到达岷州，接替了三十军，继续围攻岷城之敌。九军为攻打岷城，一面认真察看地形，组织火力，研究打法，一面赶制云梯，进行爬城攻坚演练，然后多次采取火力掩护、多路突击，多层次、多方向爬云梯勇猛作战和沿城墙下水道袭击敌人，给敌以重大杀伤。25日，一纵队五军改变原作战计划，也赶到岷州参加攻城战斗。9月初，第三纵队红二方面军一部到达岷州配合五军、九军继续攻打岷城，红二方面军炮兵营亦以猛烈火力支援步兵攻城，重创敌军。但因红军刚出草地，指战员们体力还未恢复，加之武器装备低劣，弹药不足，而二郎山地形险要，岷城城墙坚厚，城防工事完备，山城相连，互为支撑，易守难攻，鲁大昌部凭坚死守，我军久攻未下。

在我九军、五军围攻岷州十多天后的一天，红四方面军一局侦察参谋（名字记不清了）领着两个人来到陈昌浩的住处。当时，陈昌浩带着一个骑兵警卫连住在岷州附近的一大镇上，只有一条街道。陈的住处有两套院子，很宽敞。领来的这两个人，头戴宽边礼帽，身穿黑色便衣，脚穿大头皮鞋。一个是瘦高个，尖下巴，从脸部表情看起来倒也文雅。另一个中等身材，满脸横肉，大嘴巴，宽鼻梁，厚嘴唇，两只眼睛被挤成一条缝，肥厚的下巴上蓄着一撮胡须。见陈昌浩后，恭谨地递上一封书信，并讲明来意。原来，我军围攻岷州虽未破城，但已打死打伤敌3000余人，给敌以沉重打击，鲁大昌困守城池，孤立无援，已经到了粮尽弹绝的地步，唯恐我军发起更大攻势，克城后性命难保，便急忙连夜起草书信，请求停战谈判，特派身边两名亲信，带上鲁大昌的亲笔信，前来陈昌浩处求和了。来人说，井水不犯河水，只要我军再不攻城，不占他们的地盘，红军愿走哪条路就走哪条路，他们绝不放一枪。从这一点可以看出，国民党内部已经开始分崩离析了。谈话后，陈昌浩当即也写了一封信让来人代交鲁大昌，信的具体内容不清楚。此后，我军即以小部队围困监视敌人，大部队则在岷城周围进行休整，发动群众，扩红建政。在此期间，围城部队还经常向敌喊话，宣传我军政策，开展政治攻势，动摇、瓦解敌人。

此间，一纵队第三十军八十九师于8月19日经蒲麻进入漳县境内，而后兵分两路，左路军以石川、四族、马泉等地攻击前进，于当天下午占领漳县，歼敌千余人，缴获几十匹马；22日，又在漳县和陇西交界的越步山击溃敌三十七军第八师；24日，攻打陇西县城，外围的几十个碉堡打下后，敌退至城内，据城固守，我军即挥师一部向西，进逼渭源城；26日，第八十九师克渭源。右路军从漳县出南谷到新寺镇待命，23日，由新寺进入武山县活动。9月7日，二纵队第三十一军九十三师攻占通渭县城。至此，岷洮西战役即告结束，红二、四方面军先后攻占了洮州、漳县、渭源、通渭四座县城及岷州、陇西、临洮、武山等县的广大地区，杀伤了大量敌人，缴获了大批武器、弹药、物资及马匹，有力地粉碎了敌人阻止红军北进的企图，形成了与党中央和红一方面军会师的有利态势。

本文原载《纵横》，1988（6）；选自《岷县文史资料选辑》，第二辑。

红四方面军进军洮（州）岷（州）大事记（1936.7—1936.10）

王化国[①]

1936年6月，正当张国焘背离中共中央私自率领红四方面军南下川康，转战甘孜一带时，红二军团和红六军团也北渡金沙江，长征到达西康。6月3日，红六军团抵达理化以南的甲洼地区，同前来迎接的红四方面军第三十二师会师；6月30日，红二军团在绒坝岔同红四方面军第三十师会师；7月2日红二军团和红六军团齐集甘孜，同红四方面军主力胜利会师。同时，遵照中共中央的电令，红二军团和红六军团组成中国工农红军第二方面军，中共中央并连电张国焘，要红四方面军与红二方面军会合后，乘隙迅速北上甘南，同红一方面军一起创建西北抗日根据地，以进一步促进党的抗日民族统一战线的实现。

7月

1日　红四方面军总部和红二方面军总部及所属各军团都在积极准备北上。

---

① 王化国，中共甘南州委党史研究室原副主任，已退休。

朱德总司令电令徐向前“迅速向松潘进发，勿失时机”。

任弼时、贺龙、关向应等到达甘孜，接着召开了会议。由于朱德、刘伯承、任弼时、贺龙、关向应等人的坚持，确定了北上与中共中央会合的方针。在红二、四方面军三个纵队出发前，李先念于6月26日率八十九师和骑兵师组成先遣军，经西倾寺先进阿坝，为全军通过草地打开通路，并筹集粮食、牛羊，做好物资准备。

2日 徐向前率九军、四军第十二师和独立师、三十一军第九十三师及四方面军总部为中央纵队，由炉霍地区出发，经诺科、让倘、查理寺、毛尔盖向包座地区挺进。

3日 朱德率领四军第十师、第十一师、三十军第八十八师和二方面军为左路纵队，由甘孜地区出动，经东谷、西倾寺、阿坝向班佑、包座地区前进。

10日 董振堂率领第五军及第三十一军九十一师为右路纵队，从道孚、崇化地区开拔，经卓克基、马塘向毛尔盖、包座地区进发。

中旬，红军翻越鹧鸪山，声势浩大，所向披靡，长驱北上。

22日 党中央致电二、四方面军，热烈欢迎北上，并指出：“二、四方面军以迅速出甘南为有利。待你们进至甘南适当地点时，即令一方面军与你们配合南北夹击，消灭何柱国、毛炳文等部，取得三个方面军的完全会合，并开展西北的伟大局面。”

27日 四方面军先头部队到达包座地区。

中共中央批准成立西北局，任命张国焘为书记，任弼时为副书记。这是自6月6日张国焘被迫宣布取消第二“中央”后，大搞分裂主义的彻底破产。

28—31日 二、四方面军三路纵队陆续到达包座地区。

当月，蒋介石为阻止红军二、四方面军北上，在甘肃南部地区部署五个师的兵力，企图构成西固至洮州、天水至兰州两道封锁线。王均第三军之第七、第十二师在文县、武都、天水、西固防守；毛炳文三十七军之第八、第二十四师在陇西、定西布防；鲁大昌新编十四师在岷州、洮州固防。青海马步芳新编第二军也在西面防堵红军西进。

8月

1日　红四方面军总部经过近一个月的长途跋涉，克服重重困难，击退了沿途敌人的堵截，终于走出了数百里茫茫草地，到达包座地区，取得了北上与中共中央会合具有决定性意义的胜利。

毛泽东致电杨虎城将军："我四方面军先头部队现达松潘以南地区，准备向松潘、碧口、汉中前进。请问李毅兄甘南、陕南各县布防部队位置如何，并令各部勿加堵击，以利北上抗日。"

红四方面军电告中共中央："此次向巴西、包座前进颇称顺利。""俟兵力稍集结后即向洮、岷、西固行动"，"约八月中旬主力可出天水、兰州大道"。

2日　中央军委致电中央西北局，指出"岷州一带仅鲁大昌部"并要求西北局"以一部迅占腊子口天险"，以控制由川入甘的交通要道。

四方面军已走出草地，在巴西、包座一带休息。二方面军尚在草地途中。

3日　红二、四方面军总部向中共中央发电汇报后，中共中央又致电中央西北局："我们已将你们的来电通知全苏区红军，并号召他们以热烈的同志精神，准备一切条件欢迎你们，达到三个方面军的大会合。"与此同时，中共中央命令正在西进的一方面军，由司令员彭德怀、一军政委聂荣臻和代理军长左权率领部队西征，迎接二、四方面军北上。

5日　中共中央西北局在包座地区的救济寺（今求吉寺）召开

会议，根据中共中央的要求和甘南的敌情，讨论制订《岷洮西战役计划》，打算乘敌人兵力分散，主力尚未集中前，先机夺占岷州（今岷县）、洮州（今临潭）、西固（今舟曲）地区，以利继续北进，并于当日发布实施。具体部署，二、四方面军由包座分三路纵队向北挺进。

第一纵队：由红三十军、九军、五军组成，其主力由包座经俄界、旺藏寺出哈达铺攻击岷州。一部取道白骨寺、瓜咱之线相继夺取西固，并向武都佯动。

第二纵队：由红四军、三十一军组成，经岷州夺取洮州旧城，而后主力向临洮方向活动。一部向夏河、临夏发展，保障左侧安全。

第三纵队：为第二方面军，出哈达铺，策应第一、第二纵队行动。

《洮岷西战役计划》发布后，第一、第二纵队先行，第三纵队跟进。各路纵队在实施中均沿达拉沟、白龙江而下，经尼傲峡、旺藏寺、九龙峡、麻牙寺、花园、水泊沟到代古寺和洛大新寺，又沿腊子沟而上。

陈昌浩、程世才、李先念率三十军进入甘南蔡里公坝和俄界一带，沿途曾遭到反动分子袭击。孙玉清率九军主力进至甘川交界处救济寺，四方面军总指挥部和三十一军尚在下包座一带。

6日　徐向前发布《作战前的整理计划》，要求各部队加强政治和军事教育，加紧整理，做好战斗准备。

叶剑英致电刘伯承，详细介绍俄界至腊子口道路及沿途情况，为四方面军北上指明了路线。

7日　三十军从洛大新寺一带离开白龙江，经鹰鸽咀顺腊子沟逆河而上，准备夺取天险腊子口。

8日　三十军八十八师准备战斗。

二方面军走出草地，在包座一带休息，筹集军需物资。

9日　三十军八十八师在军长程世才、政委李先念的指挥下，抢占天险腊子口，打通了进入岷州的通道。

三十军八十九师继续前进，当日下午攻占大草滩，旋窝一带。

下午，三十军先头部队已逼近岷州城附近的南川。

10日　三十军一部占领哈达铺、麻子川一带，歼敌千余人，缴获长短枪千余支，机关枪六挺。

当日清晨，三十军向布防岷州的守敌发起进攻。防守岷州的是国民党陆军新编十四师师长鲁大昌率领的三个旅五个团。红军战士经过一天的英勇战斗，基本扫清了岷城守敌外围据点，占领了南川、白土梁、南小路、十里铺、刘家堡、王家山、麻布台、大沟寨、申家山、张家坪等阵地，从东、南、西三面包围了岷州城。

晚11时许，我军向岷州守敌最后一个外围据点二郎山发起攻击。红军战士英勇作战，曾四次突破敌阵，击毁敌轻重机枪十一挺，迫击炮五门，敌特务团长王咸一急向鲁大昌求援，鲁大昌派其旅长蒋汉城率兵增援。

同日，鲁大昌急忙电令驻守洮州的第五团团长李希发率部撤回岷州。临潭县县长龚谨携带家眷连夜潜逃。

11日　红军三十军由陈昌浩指挥开始攻城。拂晓前，三十军一部向二郎山再次发起攻击，战斗十分激烈，敌旅长蒋汉城、团长王咸一、营长张士魁均被打伤。鲁大昌急忙调整部署，缩短战线，以固守岷城和二郎山为主，和我军顽抗。

晚8时许，红军在火力掩护下强攻岷城。数百名战士扛着五十多架云梯，冒着枪林弹雨猛扑搭梯爬城。但因云梯长度不够，守敌死命顽抗，攻城未克。

12日　中共中央向西北局发出《关于今后战略方针及与国民党各派统战策略的建议》电，该电指出："一、二、四三个方面军有配合东北军打通苏联，巩固内部，出兵绥远，建立西北国防政府之任务"，这个任务的执行，是为了"配合并推动全国各派统一战线，达到大规模抗日战争之目的"。要求二、四方面军尽可能夺取岷州或附近作为临时根据地，控制岷州洮河两岸一带，然后出击向西，威胁兰州、青海，迫使马步芳敌与我讲和。在实现这一任务后，实现三个方面军的会合。

当日，鲁大昌缩短战线，严守岷城，由一旅一团防守西城，六团防守北城，二旅三团退守南城，四团退守东城，五团死守二郎山。

自凌晨1时至中午12时，我三十军向二郎山连续进攻，三次冲入敌阵，与敌白刃肉搏，因敌负隅顽抗，曾三破三失。

红四方面军第二纵队四军之十师、十二师及妇女先锋团在军长陈再道、政委王宏坤的率领下，由岷州西部向洮州（临潭）方向进军。

晚8时，三十军一部猛攻西南城，采用云梯爬城战术，曾猛攻爬上城垣两次，也未攻开。

13日　凌晨，红军再次向二郎山之敌发起攻击。下午3时又重新组织力量攻打二郎山。红军战士英勇无敌，数次冲入敌堡拼杀，二郎山2号、3号碉堡屡得屡失。但这天战斗，给敌人以很大的杀伤力，击毙敌少校团副杨肇林、敌连长严国祥，打伤敌团长李希发、营长方学义和王世虎等，打死敌兵215名，重伤54名，轻伤100多名，岷城守敌惊恐异常。

14日　红四方面军第二纵队的四军及妇女先锋团，沿洮河南面而上，过羊化桥，进新堡沟，翻越红山长驱直入，占领洮州新城。当时，国民党县政府公职人员逃避一空，少数警察和“民团”未敢露面。红四军十二师进城时，队伍浩荡，纪律严明，城乡百姓在街道两旁观看欢迎。新城占领后，红军接管了县政府，各部队分别驻扎在城隍庙、新城小学和端阳沟村一带。红军在街头和驻地墙壁上书写和张贴了“红军不欺压穷人”“红军是救中国人民的军队”“红军不拉夫、不派差、不派款”“汉回番民团结起来”的标语。十师和妇女先锋团也占领了扁都、王家坟、上寨等村。

十师一部向冶力关、临洮方向发展。

红四方面军总指挥部由腊子口到达旋窝，后驻岷州中堡。

围岷红军继续攻击二郎山和岷州县城。

15日 鲁大昌唯恐岷城失守，遂调其一团三营固守二郎山第一碉，命四团固守二、三碉，三团长令兵一营在二郎庙伺机增援，城上城外工事由其梁、蒋二旅长负责。红军战士向二郎山发起猛攻，第一碉得而复失，打死打伤敌人一百三十多名。

16日 驻守洮州的四军十二师，依靠人民群众，开始筹划组建苏维埃政权和建立抗日救国军的工作。

这天，围岷红军暂停攻城，在小沟山一带休整，总结连日攻城不克的教训，进一步进行战斗动员和部署。

17日 红军继续休整总结。我三十军与岷州守敌激战六昼夜，打死打伤敌人两千余名。但由于岷城坚固，且有主阵地二郎山为犄，加之红军战士经长途跋涉，体力虚弱，弹药不足，武器较差，因而岷城急切难克。于是，改变战术，以小股部队出击袭扰，消耗敌人，相机夺取岷城。

红三十军八十八师离开岷州前线，经梅川到漳县大草滩，阻击由陇西援岷之敌。八十九师继续围岷。

红九军制定《进攻岷州的战斗计划》，准备接替三十军攻打岷城。

岷县苏维埃政府成立，张明远任县苏维埃主席。

红二方面军先头部队六军进入甘南达拉沟，沿红四方面军走过的路线前进。红二军及三十二军在包座一带休息，然后跟进。

18日 一纵队九军抵岷，接替三十军八十九师围攻岷城。

三十军八十八师开往漳县、陇西一带。

九军一部分向二郎山及东城、北城、东北城角冒雨夜袭。

当天，鲁大昌谎报军情，给国民党南京政府发报请功说“伪先遣军军长陈天才、政委李先念在二郎山前线被我击毙”。

19日　中国抗日救国军甘肃第一路军在洮州新城成立，朱德总司令委李仲方为第一路军司令（李中方，又名李和义，原为鲁大昌部下一旅长，红军到达岷州西川后投机起义，后来跟随红军走到漳县新寺镇后，突然叛变革命，仍回冶力关，后被国民党擒获枪杀），派张先进为政治部主任。

同日，临潭县苏维埃政府于新城成立，常云亭为县长，赵明轩为县苏维埃主席，贾灵灵为县工会主席，范云山任民兵大队长。还成立了县农会。新堡、王家坟、冶力关三乡在红军的帮助下也建立了乡苏维埃政权。

当天凌晨围攻岷州的红九军开始攻城。同时向二郎山发起进攻。中午时分，鲁大昌强令将城外一百米以内民房全部烧毁。同时命令敌四团团长孙伯泉督同敌营长张子丰领兵四个连，出小南门潜行洪家桥，将红军一部围困于民房，红军战士奋勇迎战，我军营长张永福、连长曾长法、指导员杨满贵、排长张道忠等百余人被俘。

20日　中央西北局发布《关于扩红运动的指示》，要求各部队积极动员群众参加红军，广泛开展扩军运动，在扩军运动中，临潭县、乡苏维埃政府积极配合工作，全县参加红军的青壮年约有四百多人。

当天，红九军军长孙玉清给鲁大昌去信，提出以我军缴获的重机枪八挺，交换十九日被俘的百余名我军人员，信中指出交换地点是南川村，时间是21日上午8时。

是日，驻洮州上寨一带的我四军十师和妇女先锋团，经过几天休整，由师长余家寿、政委叶道志率领，经流顺、羊永，直取旧城，国民党旧城商团，不堪一击，红军很快占领了各山头工事。接着广泛宣传，安定民心。当地回、汉、藏各族群众从未见过这么好的队伍，纷纷牵羊送粮，慰劳红军。

这天，被国民党军队烧毁的交通要道野狐桥由红军修复架通。

21 日　鲁大昌对孙玉清军长的信中提出的交换条件，不但毫无诚意，反而秘密布置由营长章士魁领兵八十，各带短枪、大刀、炸弹，于 4 时潜入南川村，企图偷袭夺枪，红军发觉后激烈交战，被夺走机枪四挺。

红军总司令部由岷州中堡移驻三十里铺。

九军继续袭击岷城，并在后所、南小路、王家山、张家坪、北小路、小沟山等村抓紧制作云梯等攻城器材。

22 日　晚 11 时，九军攻城部队千余人，扛抬云梯近百架，在火力掩护下，冲向城垣。在西南城角、西北城角等处，红军战士多次将云梯搭上城墙，冲上城头，终因敌人火力太猛，死命反扑而未获成功。

当天，张国焘致电中央军委，提出要四方面军主力西进，由永靖渡黄河去青海，接通新疆和国际路线，二方面军在甘南、甘中配合。毛泽东接电后致电彭德怀并询问宁夏二马兵力、黄河结冰期等事项，研究张国焘建议的可行性。

23 日　第一纵队红五军，在军长董振堂、政委黄超的率领下，到达岷县，军部驻阿阳，部队驻南川各村，准备配合九军围攻岷城。

红四方面军九军一部去临潭，一部同五军攻打岷州。我军昼伏夜出，以小部队袭扰敌人。

红二方面军第六军经过腊子口，到达岷县旋窝一带宿营。第二军和第三十二师随后跟进。

24 日　红二十八军全体指战员致电二、四方面军全体指战员，热烈祝贺二、四方面军奋勇北上所取得的重大胜利，称“即将实现的三大主力会师是直接对日作战胜利的号炮，中华民族解放的先声”，表示“要全力发展新苏区，争取白军、民团，争取回民，发展游击战争等胜利，来欢迎你们北上，作为大会合的见面礼”。

红四军十二师到达康乐县景古区，一部在此休整，一部去临洮。

攻岷红军，采用夜袭战术，在龚家堡东端击退守敌，占领高地。同时，向二郎山阵地再次进行攻击。

25 日　凌晨，红军在机枪掩护下，向西城全面展开进攻，在西北城角及西城门左侧架云梯攀梯登城，城上守敌用滚木、炸弹还击死拼，激战四小时未克，我方损失云梯十四架。夜间，红军又派小股部队袭击二郎山。

26 日　彭德怀致电西北局，指出张国焘 22 日电提出的建议“欠全善”，表示完全同意中央一、二、四方面军战略行动意见中的关于四方面军的行动方针，希望西北局“冷静考虑”四方面军的行动。

夜间，红军从东、南、西三面攻击二郎山。

二方面军六军全部到达哈达铺。

27 日　中共中央致电朱德、张国焘并一、二、四方面军首长，明确指出，“四方面军应立即北上与一方面军会合，尔后向宁夏、甘西；二方面军应暂在外线钳制敌人，以利我主力之行动”。号召“一、二、四方面军首长应领导全体指战员发扬民族与阶级的英勇精神，一致团结于国际与中央的路线之下，为完成伟大的政治任务而斗争”，从而否定了张国焘西进青海的主张。

围攻岷城红军以小股不断佯攻。当晚红军战士和鲁大昌派出的五路游击组激战拼杀，双方均有伤亡。

28 日　围攻岷城红军昼伏夜袭，并在各处向敌军喊话，宣传抗日主张，劝其国民党官兵不要当日本的亡国奴。

当天，军委参谋部向共产国际发出《关于西北白军军事情报及陕甘宁苏区和西北红军组织活动情况材料》电，此电也概略地介绍了二、四方面军在甘南活动的情况。

29 日　红四方面军总部给红二十八军去电，介绍二、四方面军正在进行的岷洮西战役战况。

当天，围攻岷城红军印制了许多宣传品广为散发，其中有

“告国民军将士书”和各种标语。夜晚，继续出动人员向各处守敌喊话宣传，轮番演讲日本侵华，国难当头，停止内战，共同抗日的道理。守城敌军惶惶不可终日。

8月下旬，红四军十师和妇女先锋团进驻旧城不久，马步芳令其驻防黑错（今合作）一带的马彪骑兵旅之马得胜团，向旧城进犯。敌人以逃跑在外的旧城商团骨干为向导，占据卓洛一带，在古战杀戮无辜群众二十多人。接着向旧城高地西凤山等处红军布防的阵地发起进攻，红军战士给来犯之敌以迎头痛击。次日，敌人驱赶大批牦牛作掩护，向红军据守之碉堡进行疯狂反扑，西凤山大碉堡曾失落敌手。英勇的红军战士，经过七天鏖战，敌骑兵旅的主力不得不溃退黑错一带。

与此同时，驻洮州红军派军代表周干民前往石门口协助范云山开展工作。混入民兵大队的薛振华等人听说红军还未攻下二郎山和岷州城，遂起歹意。他们串联心腹，密谋哗变，在一夜晚闯入红军政工人员住地，五名红军政工人员惨遭杀害。接着匪徒围攻周干民和范云山住地，周、范二人冲杀突围，始得脱险。

30日　中共中央致电西北局，发布对《一、二、四方面军行动方针的意见》，指出我们的基本方针是：(1) 逼蒋抗日。(2) 同东北军及国民党各军谈判，共同抗日，造成西北局面。(3) 反对日本截断中苏关系的企图，准备冬季打通苏联。(4) 发展甘南，作为战略根据地之一，使之与陕北、甘北苏区相呼应。(5) 迫使胡宗南停止于甘肃以东。

为了实现上述计划，党中央要求二、四方面军兵分两路：四方面军占领临潭、岷县、漳县、渭源、武山、通渭地区，尽可能取得岷、武、通三城，岷县如无法攻克，则用少数兵力监视之；二方面军速向陕甘出动，占领成县、徽县、两当、康县、凤县和宝鸡地区，迫使胡宗南停止于甘肃以东，配合一、四方面军消灭毛炳文部。

31日 围岷红军，以政治攻势为主，利用夜晚时间，分头向守城敌军大张旗鼓地宣传抗日道理，力图劝敌投降。

红五军后续部队接连来岷，于南川、西川一带驻防。

9月

1日 中共中央发出《关于逼蒋抗日问题的指示》，明确指出："目前中国人民的主要敌人，是日本帝国主义，所以把日本帝国主义与蒋介石同等看待是错误的，'抗日反蒋'的口号也是不适当的。"中央指出："在日本帝国主义继续进攻，全国民族革命运动继续发展的条件下，国民党中央军全部或其大部有参加抗日的可能。我们总的方针是逼蒋抗日。"中央还指出："在逼蒋抗日的方针下，并不放弃同各派反蒋军阀进行抗日的联合。我们愈能组织南京以外各派军阀走向抗日，我们愈能实现这一方针。"

当夜11时，红军向岷州西城、南城及二郎山发起攻击，重创了敌人。

红二方面军抵达礼县，攻城未开。

2—3日 围岷红军继续昼伏夜出，袭扰敌人。

4日 中央军委致电西北局，介绍陕甘苏区的政治、地理、人口和军事等情况。

5日 围岷红军对二郎山进行炮击。

6日 红二方面军二军和三十二军全部到达哈达铺，休整后准备迎接新的战斗任务。

这天上午10时，三架敌机出现在岷城上空侦察示威，守城敌军派兵一营又两个连乘机出击，激战甚烈，双方均有伤亡。

甘肃省人民抗日革命委员会颁发《甘肃人民抗日革命委员会组织条例》（草案）。

7日 驻岷城周围红军在龚家堡、小沟山一带抗击出城骚扰之敌。

红二方面军总指挥部为了执行中共中央8月30日《对一、二、四方面军行动方针的意见》，配合一、四方面军作战，决定发动成、徽、两、康战役，在成县、徽县、两当、康县建立临时根据地。当时制订了作战计划，并将红二军团五师改编为红三十二军九十六师。红二方面军二军团六师开往宕昌。

8日　中共中央致电西北局，指出："中国最大的敌人是日本帝国主义，抗日反蒋并提是错误的。"要求西北局："不要提打倒中央军及任何中国军队的口号，向毛（炳文）、王（均）等部派出人员进行接洽"，仅必要时才与之作战，"但同时进行宣传与接洽"。该电指出"你们提出的出川、陕、豫、鄂方案，是一种向南京进攻的势态，只有在不能出西北和与南京谈判决裂之时，才是可行的与必需的"。委婉地批评了西北局提出的向东南进攻的方案。

9日　张国焘不顾中央一再劝告，擅自命令四方面军三十军为渡河先遣军，进行渡河准备工作。中共中央反对西渡黄河的行动，同时鉴于敌胡宗南军由陇海火速西调，企图阻止红军三大主力会合的严重情况，提出以三个方面军在静宁、会宁地区打击胡宗南部的《静会战役计划》。

红二方面军二军团六师在宕昌休整。

10日　中共中央西北局发布《关于甘肃省红军新占地区党的组织的决定》，对红军在甘南新占地区建立共产党的组织的工作做出若干规定。

下午围岷红军向二郎山发起进攻，战斗异常猛烈，因敌人死命固守未克。

11日　张国焘致电林育英（张浩）转共产国际及中央各负责同志，报告红四方面军组织成分，军事实力及活动区域、工作成绩。

红二方面军总指挥部移住荔川镇。成、徽、两、康战役计划开始实施，二军团六师为右纵队十二日由宕昌出发进攻康县；二军团主力及三十二军为中纵队，十一日由荔川出发，向两当、凤县前进；六军团为左纵队，十一日从礼县崖城一带出发，向两当、凤县前进。

12日　围岷红军之五军三十五团拂晓攻城，因城上炮火猛烈，遂转向猛攻二郎庙，重创敌人。

13日　陈昌浩从岷州前线赶回三十里铺，与朱德、张国焘、徐向前磋商作战计划，当天向中共中央致电："我军为先机打破敌之既成计划，争取抗日友军，造成西北新局面，一、四方面军乘胡（宗南）敌在西北公路上运动之时机，协同消灭其一部。二、四方面军尽力阻止和迟滞胡西进。"

14—15日　驻扎岷州城外乡村的红军，除少数人对守敌袭扰外，再未组织进攻。第九军开始向临潭方向转移。留五军围岷。

16日　红军女战士数十名在二郎山第一碉附近演唱宣传。同时，另一部红军战士猛攻山碉未克。

17日　夜间12时，红军小分队袭击二郎山，同时在城西对守敌进行袭扰。

18日　中共中央西北局在岷州三十里铺召开会议（即岷州会议），进一步研究作战方案，陈昌浩和张国焘发生争论，陈昌浩主张立即北上静、会地区，会合一方面军，与敌作战。张国焘则认为，既然一方面军主力不能南下，四方面军独立在西兰通道地区作战，十分不利，主张四方面军经洮州西进，从永靖、循化一带渡河到青海，然后翻越祁连山去甘肃北部，再夺取宁夏，实现冬季打通苏联的计划。朱德、任弼时等在会上对张国焘再次分裂党和红军的阴谋进行了严肃的批评，力主北上与中共中央会合。会议决定执行中共中央提出的《静会战役计划》，制订了《通（渭）庄（浪）静（宁）会（宁）战役计划》。

19日　四方面军发布了向通渭、庄浪、静宁、会宁进军的命令。但是张国焘又反其道而行之，拒不执行岷州会议制订的《通庄静会战役计划》。

是夜，我围岷红五军一部在岷城西北角方向组织佯攻，时而吹号，时而远射，但未接近城垣。

20日　朱德回到总司令部准备北上。张国焘却带着警卫部队跑到漳县前敌指挥部，立即召开干部会议，利用大家还不了解岷州会议精神的时机，欺骗前方部队干部，煽动部队西进，污蔑北上是“断送红军”，并制定了西进的具体行动部署。同时，张国焘电告朱德、陈昌浩立即赶赴漳县会商，而且向所有北上部队发出电报，命令部队停止北上，回头西进，准备从循化地区过河。

21日　朱德总司令在行军途中，收到了张国焘要红军部队停止北上，改向西进的电报。

围岷红军在岷州农村集结待命。

22日　凌晨，朱德总司令致电张国焘，明确表示坚决反对违背岷州会议精神而做出的错误决定。

朱德总司令发出电报后，又继续走了一天，行程一百四五十里，赶到漳县前敌指挥部。当晚连夜召开会议，朱德、陈昌浩（这天上午赶到漳县）等同志一致反对张国焘破坏岷州会议决定、企图西进青海的错误主张。但张国焘固执己见，决定西进青海。朱德总司令提出事关重大，应报告中央。

23日　朱德总司令设法排除张国焘设在机要部门的障碍，直接向党中央发出电报，及时报告了张国焘推翻岷州会议决定、擅自命令停止北上、改而西进的严重错误。当天，张国焘也致电党中央，极力为主张西进而进行辩解。同时，命令各部队按西进计划开始行动。

连日来，在岷城周围一带的红军，筹粮集财，做鞋缝衣，准备雨具。深夜，红军小分队袭击二郎山第三碉。

24日　徐向前率先头部队按西进计划由漳县向洮州进发。朱德、张国焘、陈昌浩等继后前往洮州。

深夜，我红军女战士在二郎山南侧，利用掩体进行演唱宣讲，2时许，红军小分队袭击二郎山守敌。

25日 徐向前率领的西进先头部队到达洮州新城，与原驻扎在洮州的红军会合。朱德、张国焘、陈昌浩等也随之先后到达洮州。

26日 张国焘在洮州又向党中央连发两电，继续坚持其西进青海的计划，称:“先机占领甘北是目前最重要一环，可接通外蒙和新疆，得到国际帮助，并可接应一、二方面军占领宁夏地区”，还说，“四方面军已照西渡计划行动”。

徐向前过洮州西行，向当地群众调查了解，据老乡反映，现在黄河对岸已进入大雪封山的季度，气候寒冷，道路难行。徐向前觉得，在这样的地形气候下，西渡黄河的计划难以实现。

27日 中共中央接到朱德和张国焘的电报后，立即召开书记处和政治局会议，认真进行讨论，并将讨论结果电告张国焘，中共中央再一次命令张国焘停止西进，要按原计划继续北上。电报着重指出:“我一、四方面军合则力厚、分则力薄、合则宁夏甘西均可占领，完成国际所示任务，分则两处均难占领，有事实上达不到任务的危险。”电报要求四方面军仍照中央原定计划，北上会合，免使再分难合，各陷不利地位。党中央的这份电报，一针见血，说理透彻，英明果断地再一次制止了张国焘企图分裂党、分裂红军的阴谋。

28日 朱德、张国焘在洮州召开会议，一方面讨论研究中共中央再一次命令停止西进的电报，同时听取了徐向前调查了解的情况汇报。

张国焘面对中央电令和自然、气候的实际情况，对红四方面军西进计划有所动摇。加之朱德等力主北上，一致认为，目前需要全国红军迅速会合，以消灭敌人。洮州会议最后决定放弃西渡计划，按照中共中央的电令北上和一方面军会合。

29日 红四方面军总部重新下达了北进的命令。

连日来，红四方面军驻岷州、洮州的广大指战员，一边等待新的命令，一边充分做好行军准备，驻岷红军不断围困和监视岷城守敌，有时用迫击炮给予轰击。各路红军集结岷城附近，又添置了不少云梯，给鲁大昌造成红军将要发起总攻之错觉。因而鲁大昌命令各团修补工事，严加防守，以防万一。

30日　进驻洮州新城、旧城的红四方面军第四军及三十军一部的广大指战员，接到北进命令后，冒着蒙蒙细雨，向群众告别，先后分三路撤离。一路经扁都、新堡，由羊化桥过洮河前往岷州西川；一路经白土坡、黑松岭出三岔沟去岷州西北部；一路向北，由羊沙、冶力关至峡城过洮河向临洮、渭源进发。

10月

1日　从洮州撤回岷州北上的红军部队，暂时在岷州西部宿营，有的在三十里铺过河，有的在梅川一带自制木船渡河。

围攻岷州的红军，开始按计划撤离北上。各部队陆续向北开进。

2日　马步芳驻黑错防军马彪骑兵旅之马得胜骑兵团乘机复犯洮州旧城，我留守人员与之对抗，终因寡不敌众，当晚旧城失陷。

3日　上午，马得胜团进犯洮州新城，因红军大队撤离，苏维埃政权无力抵抗，新城遂又沦陷。从此临潭人民又处于水深火热之中。

凌晨1时，围岷红军进攻东南城和西北城，红军战士在火力掩护下携带云梯、草包，先以草包充填城壕，然后扛云梯冲至近城墙处搭梯攻城。大批守城敌人以垒石、滚木和火力还击，致使攻城未克。同时，另一部红军向二郎山发起攻击，重创敌人。随后，围岷红军继续撤离。

红军大部队撤离后，在麻子川、东山及老鸦山顶设防阻击来犯之敌。

至此，中央西北局制订的《岷洮西战役计划》，历时两个月，正式宣告结束。

红四方面军撤离洮州、岷州后，分五个纵队向通渭、庄浪、会宁、静宁前进。红二方面军亦根据中共中央的指令，经天水地区渡过渭河，向会宁地区前进。10月2日，红一方面军一师进占会宁。10月8日，红四方面军四军先头部队在青江驿、界石铺与红一师部队会合。10月9日，红四方面军指挥部抵达会宁。10月10日，红军一、二、四方面军在会宁胜利会师。红军经过短期休整后，按中共中央和中央军委《十月份作战纲领》，执行新的任务。

本文选自中共甘南州委党史资料征集办公室:《甘南党史资料》，第一辑，1988年4月。

红军长征在临潭

临潭县党史资料征集办公室

1936年8月，红四方面军在朱德、刘伯承、徐向前等同志领导下，与红二方面军一起沿1935年红一方面军走过的路线，从川西北由包座河顺流而下，进入甘南藏区的迭部县达拉沟。沿白龙江的尼傲、旺藏和麻牙，于1936年8月9日，红四方面军三十军八十八师在军长程世才、政委李先念的指挥下抢占天险腊子口，歼灭鲁大昌守军一个营，打通了进入岷州的通道，兵临岷县城下，发起了二郎山战役，实施《洮岷西固战役计划》。原鲁大昌部旅长李中方（又名李和义，临潭人），率部在岷县西大寨迎接红军，受到朱德、徐向前等接见。

一、占领临潭

1936年8月12日，红四方面军第二纵队四军之十师、十二师及妇女先锋团在军长陈再道、政委王宏坤的率领下，由岷州西部向临潭方向进发。14日红四方面军第二纵队的四军及妇女先锋团，由洮河南面顺河而上，过羊化桥、进新堡沟，翻越红山长驱直入，进逼临潭县城——新城。

1936年8月10日即农历六月二十四日，是临潭新城东南雷祖山一年一度的庙会。其时，突然传来红军已达岷县的消息，逛会的民众顿时群情震动，一片哗然。布防临潭的国民党新编十四师鲁大昌部第五团团长李希发，奉鲁大昌令急速撤回岷县。临潭县县长龚谨携家眷连夜潜逃，国民党县政府公职人员也逃避一空，少数警察和民团武装未敢露面，城里的财主和一些富人携带贵重财物出逃，纷纷避居卓尼藏族村寨。新城成为一座空城。1936 年 8 月 14 日，即农历六月二十八日，红军由南路的新堡、丁家山方向而来，约在黄昏时分进入临潭县城——新城。

红四方面军十二师进入新城时，队伍整齐、纪律严明，城乡群众涌上街头，在街道两旁夹道欢迎。占领新城后，红军接管了县政府，部队分别驻扎在新城隍庙、新城小学和端阳沟一带。红军在街头和驻地墙壁上书写张贴了“红军不欺压穷人”“红军是救中国人民的军队”“红军不拉夫、不派差、不派教”“汉回番民团结起来”的标语。在占领新城的同时，十师和妇女先锋团也占领了扁都、王

洮州会议会址（原新城基督教堂）

家坟、上寨等。十师一部分头向冶力关、旧城方向发展。

红军占领新城后，四方面军党校、总医院，朱总司令的夫人康克清以及著名医学专家傅连暲也随之来到临潭。朱总司令的夫人康克清原在四方面军总部任指导员，但因张国焘的打击和排挤，被下放到四方面军党校，她在临潭见到了红军著名剧作家（李伯钊），并经历了与战友的生离死别之情。

康克清同志回忆：

我们党校到达洮州时，听说李伯钊生了重病，高烧不退，还大口吐血。我急忙跑去看她，她过草地时就觉得不舒服，一到甘南就支持不住了。她已经好几天不吃饭，两眼深陷，简直叫我不敢认。她一见我，泪如泉涌，用那瘦骨嶙峋的手紧紧抓住我的手说：“克清！我活是共产党的人，死是共产党的鬼，若是不行了，请把我抬到陕北，我一定要回到陕北党中央去！”她的话使我激动得流下热泪，两人又一次紧紧地拥抱在一起。我边哭边对她说：“你一定能活着回到党中央去。”她在张国焘的强大压力下，写过几支歌颂南下的歌。后来认清了张国焘的真实面目，明确表示坚决拥护北上方针。她要用自己的行动表明这个决心，我明白她的心迹，在长征路上，她像亲姐妹一样帮助过我，我是永远不会忘记的。

这时站在一旁的傅连暲医生，也被我们两人的话感动了。他说：“你们放心，我一定尽一切努力挽救伯钊的生命，这是我保留的一支退烧针，现在就给她打上，只要能退烧，就有希望……”

我激动地再三向他表示感谢。看着他打完针，等伯钊渐渐睡着了，才轻轻掰开她攥着我的手。几个小时以后，傅医生高兴地告诉我，“伯钊烧退啦！有希望啦！”

> 到甘南后，不断地移动行军，时间紧迫，没有机会见到老总（指朱德总司令——编者按）。①

红军一到临潭就和当地人民打成一片，不拿群众一针一线，还常常帮助人民群众收庄稼、砍柴、打水、打扫庭院环境，给群众东西吃。但群众请他们吃东西，哪怕是一个洋芋或一把豆子，他们总是婉言谢绝。在石门口，红军战士吃了群众园中的梨，留下了铜元；在旧城，红军炊事员用了群众的菜，总是要给食盐或其他东西做交换；在王家坟，挖了群众的两棵菜，还给了四张苏维埃钞票。旧城八家巷一家姓杨的，红军进城时跑了，红军离开他家后，他家的面粉仍然放在原处未动，其他东西也没有丢失。当时，临潭人民群众到处都在称赞红军纪律如何的好、如何的严明。

红军不但是战斗队，而且是宣传队。红四方面军在临潭期间，经常利用召开群众大会之际，演出各种文艺节目，内容为妇女缝军衣、打草鞋、种地支前等。也有揭露反动军阀鲁大昌欺压人民和他的糜烂生活的讽刺剧。驻新城城背后村的部队在一个多月的时间就搞了三次演出活动。其中还有宣传“打倒蒋介石”的小剧。在上寨除演戏外，还耍了“社火”。这些演出不但丰富了边远地区各族人民的文娱生活，而且增强了军民团结，提高了政治觉悟，更加鼓舞了军民斗志。

通过一系列政治宣传工作，红色种子撒遍了临潭的大沟小岔，当地汉、回、藏各族青年，积极报名参加红军，壮大了革命队伍。

红军一贯尊重民族风俗习惯，“信教自由、保护清真寺”和藏传佛教寺院。住新城的部队首长黄火青同志亲自抓过统战工作。其时卓尼土司杨积庆持守土自保的态度，当红四方面军进入临潭新城一带后，即派人与杨积庆秘密联系，表示红军不进入卓尼藏区。杨积庆遂即秘密遣人，星夜到新城呈送书信及礼物（四匹马、

---

① 《康克清回忆录》，203 ~ 204 页，北京，解放军出版社，1993。

十只羊），表示友好。红军亦有书信与回赠礼（手枪、子弹）。所以红军到临潭东路一带时，从未进入卓尼的石拉鲁、力洛、三旦、羊傲、龙元山、尕路弯、丁尕、卡古、那儿和达窝等地。在临潭进行“反富打霸”中，亦未涉及卓尼土司所辖人家。①

红四方面军在临潭境内驻扎期间，蒋介石曾派飞机对新城进行了轰炸，毁民房店铺数间，死伤群众数人。

二、建立甘南地区第一个红色政权——临潭县苏维埃政府

1936年9月9日，中共中央西北局召开会议，并于10日制定了《关于甘肃省红军新占地区党的组织的决定》。决定指出：“我二、四方面军自进入甘肃地区，以英勇的战斗，在一个月的短期之内，已取得洮州、漳县、通渭、渭源四个县城。”甘谷、定西、秦安、静宁、会宁、临洮、西固、西和、武都、礼县多半被红军占领。“这个广大地区正是甘肃人烟稠密，物产丰富的区域，居民近百万；也正是我们扩大红军，筹集资财，争取创造西北抗日根据地的大好地区。因此，建立地方党的组织，加强其领导，来开辟和领导这个地区，大大开展这个地区的工作，发展地方党的组织是全盘工作的中心。”

为加强甘肃省工委的领导，决定西北局各部负责同志兼甘肃省工委工作。何长工任甘肃革命委员会主任，傅钟任书记。为加强各县工作的领导，并开辟建立正在发展的新区中的工作，决定在甘肃省工委之下，组织西、北两路工作委员会。吴永康同志负责北路工作，以漳县、渭源、陇西、临洮、武山、通渭等县为工作中心。西路工作委员会以“火青、良骏、国祥、先道（骑师政

① 李振翼：《红四方面军在临潭》，见政协甘南藏族自治州委员会：《甘南文史资料选萃》，15～16页。

委）、××（四军供给部政委）五个同志组织之，以（黄）火青为书记，其任务是指导洮州县委工作，开展在回、番民族中的工作，以洮州为中心，向临洮、宁定、和政、河州、夏河及杨土司属地发展。”①

黄火青同志回忆赴洮州履职和在新城工作情况时写道：

> 谁知第二天李卓然把我找去，说不去二方面军了，给我一个中央军委办事处主任的名义，叫我带几个干部到洮州去做少数民族统战工作。……分给我的干部中有魏传统、吴建初等，……另外还派了一个警卫班。
>
> 头天到野狐桥，离洮州二三十里，是很大一个村子。我们在店里住下，找老百姓来调查当地情况，据说村子里有个大地主，于是就派几个战士把他抓来，没收了他的财产和200块大洋，两头大肥猪。接着开了个群众大会斗地主、分田地、分财物。还给警卫班战士每人发了3块大洋。把猪杀了，带上半头出发，村里老百姓一直把我们送到洮州。
>
> 到洮州后做了些社会调查，了解到此地回、汉民族之间矛盾尖锐，民族间的争斗反复发生过不止一两次。当地有个名叫李仲芳的，曾在冯玉祥部当过旅长，了解地方情况。他想和我们拉关系，我们也想通过他了解少数民族情况，并建立一支武装，作为搞统战工作的后盾。他的几个儿子（后来才知道都是土匪）带了百把个人来，跟我们要枪，我们给他们一些枪支。卓尼大土司姓杨，那时才几岁，据说家里有电台，和美国人有来往，我们通过李仲芳和他有过书信来往，他还送过我们一匹马。

① 《中共中央西北局关于甘肃省红军新占地区党的组织的决定》，见《中国工农红军第四方面军战史资料选编·长征时期》，北京，解放军出版社，1992。

解放后他当了地方人民代表，曾到过北京。洮州有个麦吾土司，我们也和他联系过。

……张国焘同意北上后，朱总司令来了电话，叫我们做出发的准备，又交代我们把李仲芳的队伍带走。那时正是七八月间。我们正准备出发，忽然又接电话，叫我们准备粮食，并说后面还有队伍来。我们一听，心中打鼓，又走不成了。当天陈昌浩、李卓然和傅钟等几个人骑马来到洮州，我们倾部队所有，热情招待了他们。他们知道我是反对张国焘的，当着我的面一边吃饭，一边议论，我听出来是不赞成张国焘西去的行动，要和他斗争。原来张国焘中途变卦，不愿去陕北，想渡河西进，在河西搞出个局面，再来和中央谈判，四方面军几个头头中只有周纯全同意他的意见。上述几个人到来以后，张国焘随后也来了。他们在一间大房子（可能是一个教堂）里开了一天会，还把李仲芳找去调查过河路线，据说李仲芳告诉他，这一带四面是高山，水流湍急，无处渡河，也没有渡河工具。因此，张国焘只好转头来，前往会宁与中央会合。中央特派陈赓带了骑兵团接他，团政委魏洪亮是我在红军学校时的一个指导员。我们也从洮州来到会宁，我又回到政治部，中央军委办事处的任务算是结束了。①

1936 年 8 月 19 日，红军在临潭新城隍庙召开各阶层代表参加的千人大会。大会主席台口张贴着新城著名绅士陈考三手书的“斧头劈开新世界，镰刀隔断旧乾坤”的对联。会上宣布成立临潭县苏维埃政府，共推赵明轩（新城人）、常耀天（新堡常旗人）、杜青菴、苏鸿发（旧城人）、杨治三为委员，并选出了主席、县

① 黄火青：《一个平凡共产党员的经历》，北京，人民出版社，1995。

长、副县长等苏维埃政府组成人员。

苏维埃政府主席：赵文炯（赵明轩）

县　　长：常云亭

副 县 长：牛长春（旧城范家嘴人）

工会主席：贾灵灵（新城东街人，裁缝）

粮台台长：丁兆林（新堡人）

民兵大队长：范云山（店子绣乡上王清人）

大会上，黄火青代表中国抗日救国军总司令部宣读了朱德总司令任命李中方（即李和义）为中国抗日救国军甘肃第一路军司令的命令。并任命张先进为中国抗日救国军甘肃第一路军政治部主任。

县苏维埃政府成立后，红军先后帮助建立了新堡、王家坟、冶力关三个乡人民委员会，李满录、陈善、林立等人分任乡主席。在县、乡苏维埃政府的协助下，又进一步开展限制富户，为抗日募捐、补充部队给养，救护伤病员，献粮，捐款和参军扩红活动。在数日之内，报名参军的有五六百人。

三、成立中国共产党领导下的甘肃第一支抗日武装——中国抗日救国军甘肃第一路军

红军长征进入甘肃，在许多地方建立了抗日武装，埋下了革命的火种。1936年8月，红四方面军进入甘肃南部地区，成立了以岷县为中心的甘肃工委和抗日救国军总指挥部，王维舟为“甘肃抗日救国军”司令。红四方面军在临潭以鲁大昌部团长李中方部一个团为骨干，成立了“西北抗日救国军——甘肃第一路军”，下辖四个团，其中第四团团长为王仲甲（1943年甘南农民起义的著名领导人）。1936年8月19日，在新城隍庙临潭苏维埃政府成立大会上由黄火青代表“中华人民苏维埃共和国中央军事委员会

主席兼中国抗日救国军总司令朱德”宣布了对李中方的任命。李中方即日在临潭新城宣誓就职“中国抗日救国军第一路军”司令。

附一：

中国抗日救国军甘肃第一路军司令部布告·第　　号

——给西北汉回番各族父老兄弟姊妹

暴日侵我东北，华北相继灭亡。
蒋贼一贯卖国，镇压抗日主张。
历次屡阻抗日，组织法西斯党。
威逼抗日将领，解除抗日武装。
事实全国共知，国民念及心伤。
抗日红军北上，目的抗日倒蒋。
联合所有军队，贯彻一概主张。
绝对保护人民，不出捐教钱粮。
本军高举义旗，誓死要把日抗。
宗旨光明正大，抗日必先倒蒋。
为要收复失地，抗救我国危亡。
定要达到目的，反对动摇投降。
联合倒蒋各军，共同安定边疆。
愿我汉回各族，无需自亡惊慌。
民族界限不分，共谋独立解放。
踊跃加入本军，成立抗日武装。
坚决奋斗到底，杀身成仁不让。

司令　李中方

公历一九三六年八月　日

（原件藏于甘肃省博物馆）

附二：

中国抗日救国军甘肃第一路军司令部，为给照保护事，令召番民加入本军，即属红军番民同志，应特别保护，仰该地红军同志联合一致为盼，此照。

司令 李中方 印

中华民国二十五年八月 日

中国抗日救国军甘肃第一路军司令部

（原件藏于甘肃省博物馆）

附三：

中国抗日救国军甘肃第一路军司令部委任康茂积为第一师第三团第二营五连连长。此状

司令 李中方

公元一九三六年九月 日

（原件藏于甘肃省博物馆）

其后，红四方面军在临洮店子街成立了以徐向前部独立师师长李彩云（临洮人）为司令的中国抗日救国军甘肃第四路军，后在河西被打散。

1936 年 9 月，红四方面军在陇西菜子镇成立中国抗日救国军甘肃第三路军，司令员柴字孔，团长赵树雄。

1937 年 1 月，工农红军西路军董振堂、杨克明在高台县建立了“抗日救国军甘肃省第五路军”约一个团，由白席斋任司令。后被马步芳军打散，大部分将士壮烈牺牲。

1936 年 9 月，红军在岷县包家族集中了 3000 多人，编了一个

新兵团，由张明远任团长，后编入红五军团，在高台被打散。

1936年8月，在康乐建立了景古、连麓两个抗日义勇军独立营。

1936年9月30日，“中国抗日救国军甘肃第一路军”随红四方面军第三纵队由临潭新城出发，经岷县到达漳县新市镇，在向静宁、会宁地区继续进发途中被打散，李中方返回临潭，1939年被岷县专员捕杀。

四、成立粮台　筹集粮草
临潭人民踊跃支援红军

红四方面军在临潭期间，临潭人民积极筹集粮草，支援红军，于1936年8月19日成立了粮台，临潭新堡人丁兆林为粮台总台长。红军在王家坟等地发动群众，召开捐款大会。开展抗日募捐活动。广大群众捐了许多银元、布匹、衣服、鞋袜等。对当地“富户”，红军采取半强制性措施，令其按期完成一定数目捐款。至今王旗乡中寨村村民鲁玉喜还保存一份“中国抗日救国军甘肃第一路军司令李中方（即李和义）向其祖父鲁理帮借粮款”的借据，借鲁理帮“禾豆壹石伍斗，面伍拾斤，杂费洋111元”。

红军在旧城时，旧城知名人士苏鸿发、马世荣（回族，旧城教场人）、马海晏（回族，旧城教场人）、魏世选（古战人）、敏爬腰（回族，卓洛人，名不详）等专为红军设立了粮台，筹集粮草军需，受到了红军的高度赞扬和物质奖励，曾奖励战马一匹。

五、旧城战役

旧城战役是红四方面军进入甘南地区后进行的重大战役之一，也是戎马一生，经过无数次战役的杜义德将军引以为豪的战役，

他在回忆录中详细记述了这次战役。如果说红四方面军对岷县发起的是攻城的话，那么对旧城进行的则是防御战。

旧城，又称旧洮堡，位于临潭县西，与当时红四方面军驻地临潭县城新城相距 30 多公里。也是临潭回汉杂居人数和规模最大的市镇，但是 1929 年后旧城百姓十室九空，一片废墟。1936 年 8 月 19 日，即临潭苏维埃政府和中国抗日救国军甘肃第一路军成立的同时，红四方面军四军十师和妇女先锋团在师长余家寿、叶道志率领下向旧城进发。

附：

陈昌浩、徐向前对岷州地区部队行动建议

致朱德、张国焘电

（一九三六年八月三十日）

朱、张：

一、我军现占地区仍很宽，非大开展不能大补人员、物资。估计鲁敌还能守十数日，逃时绝不至向北渡河逃。建议岷州对河独师由五军派一个营接替；四军留一个师守洮州新、旧城；速以三个师袭和政、宁定。

二、最好总直能移一部住洮州或抽点部队助守岷州河北，便集四军一个师守旧城，伸一个营到黑错。

三、四、五（略）

陈、徐

（一）攻占旧城

8 月 20 日，红四方面军十师和妇女先锋团拂晓突至旧城，由旧城商团组成的所谓“铲共义勇团”固守旧城。在城外各山头修筑防御工事，阻击红军。旧城西南的瓦窑坪和双坟堆上，“铲共义勇团”的成员还在工事中打麻将。红军战士突然从天而降，“铲共义勇团”成员丢盔弃甲狼狈逃窜，红军一举攻占了瓦窑坪、双坟堆。第二天又夺取了旧城西面屏障西风山和大坡山。占据了东面之屏障大湾山梁的大墩山，继而攻占了旧城。

杜义德将军在他的回忆录《回顾岷洮西战役》中详细记述了攻占旧城的情况：

> 此时，红军前敌总指挥徐向前派我去二纵队四军了解战斗准备情况，并指示我协助十师师长余家寿、政委叶道志指挥攻打洮州旧城。我非常高兴。心想，自离开三十一军九十一师政委的工作岗位后，已经很长一段时间没有指挥大部队作战了，这是一次难得的机会，决心以战斗的胜利回答徐总的信任。在稍事准备后，连夜赶到四军指挥部。那时候，虽然食不能果腹，衣不能御寒，装备也很低劣，但英勇善战的四军指战员求战心切，情绪非常高昂。
>
> 部队展开了紧张而有秩序的战前准备工作。指挥部召开作战会议，具体划分了各团的战斗任务、行动路线及完成任务的时限。一九三六年八月十四日，第四军在军长王宏坤率领下，从岷州野狐桥兵分两路向洮州进军。十一师沿洮河西行至羊化桥过河，由新堡向临洮方向挺进；十师、十二师及妇女独立团顺三岔沟而进，击溃守敌一个营后，十二师一举攻占洮州新城，并以一部向渭源、临洮方向发展，十师和妇女独立团乘胜沿山梁大道向洮州旧城疾进，八月二十日拂晓前，逼近了洮州旧城。洮州旧城是座很古老的县城。坐落在巴龙河与无名小河的汇合处，四面环山，西与西峰山相依，山势陡峻，是

这座城的依托；东南有东陇山，西北为石山，与城成掎角之势；北面属“挂地”小山，地势较缓。卓洛滩紧接城北。巴龙河由北向南从城的东侧流过。城池方圆九里，城墙高约十米，厚约八米。城分东、西、南、北门，东曰武定门，西曰怀远门，南曰镇南门，北曰仁和门。另有水西门一座。东、西、南门有瓮城。守敌在瓮城上各建碉楼三座。护城河深约五米。守敌约一个团。见我军大兵压境，惧怕被歼，即以一个营的兵力踞城顽抗，掩护团部及团的主力向临洮方向撤退。我获知情报后，即令部队从行进间发起攻击。英勇的十师指战员忘却了连日急行军的疲劳和饥饿，以迅雷不及掩耳之势扑向旧城。霎时间，枪声、爆炸声、喊杀声响成一片。在妇女独立团一部配合下，一举攻占该城，全歼守敌一个营，缴获各种枪三百余支，俘敌数十名。此次战斗，战士们都像小老虎一样，猛冲猛打，丈余宽的壕沟一跃而过，数米高的城墙以人梯攀越。妇女独立团的战士也个个动作神速，打得英勇顽强。战斗结束后，部队举行了入城式。

部队进城后，师指挥部及时组织营以上干部勘察地形，布设阵地，防敌反扑。同时，部署部队广泛开展群众工作，积极宣传党和红军的政策，扩大红军影响。

（二）旧城保卫战

红四方面军四军十师和妇女先锋团占领旧城后，遭到马步芳部马彪旅的猛烈反扑，红军在旧城郊口、八龙河一带进行了阻击。9 月 9 日，另一部经黑错（今合作）北移，马彪所部由黑错进犯卓洛，13 日与红军在西凤山发生激战。马彪部营长马占成乘隙进占了三道关卡。马彪即向马步芳告捷，《青海时报》即发号外，宣称

“马占成三挑敌卡”。由于敌众我寡，战斗异常残酷激烈。1936 年 9 月 14 日 20 时，朱德、张国焘致电徐向前派九军增援。

徐：

甲 马步芳骑、步共约两千人猛攻我旧城外碉，一部已接近北面筑工，有无后续部队不明。十师伤亡共二百人，现据城垣及近碉。已令其坚守五六日待援，退位死路。城内人稀、粮少，只够四五天。已令新城独一营明增去。红大明由此开新城。

甲、（略）[①]

西凤山战斗 临潭西凤山，位于县城西面，是县城最高的一座山峰，地理位置十分优越，山上筑有碉堡，是控制敌人进攻最有利的地形之一。红军解放新城后，总部派出的部分部队到达临潭旧城，首先与临潭旧城商界拼凑起来的“商团”武装交火，商团匪徒被红军击败后，撤离临潭向黑措（合作）方面逃窜，并求援于马步芳。红军为了防止匪徒的反扑，分别在西凤山、大庙河、土毛滩等地设防修筑工事。马步芳为了堵截红军进入临夏，令马彪骑兵旅第一骑兵师马得胜团，在旧城商团的向导下，经黑措向旧城进犯。当匪徒们到达旧城郊区的大坡桥山口时，兵分两路，一路从干戈河郊口顶进攻，另一路经古战平路出达子沟，向西凤山进攻，企图从北、西两面包围旧城。当时红军一方面坚守各山头碉堡，另

① 《朱德、张国焘为青马犯洮州旧城派九军增援致徐向前电》，见《中国工农红军第四方面军战史资料选编·长征时期》，697 页，北京，解放军出版社，1992。

一方面把驻守在教场、福音堂、土毛滩，大庙河、郊口等地方的部队全部集中在城内，加强城防工事，作反围剿准备。西凤山战斗打响后，当天敌人多次冲锋均被红军击退，敌人便撤退到巴路川、卓洛一带，将斜藏沟、日扎等地藏民的几百头牦牛赶来作掩护。第二天敌人又发起进攻，敌人一手牵着牛，一手持着枪，混在牛群中向西凤山进攻，在红军强大的火力下，敌人又未能攻上山，死伤惨重，不得又退到巴路川、卓洛一带。另一股出达子沟的敌人，占领了双坟堆、小祖庙、福音堂，攻下了西凤山二台碉堡后，熟悉地形的20多名商团骨干便自告奋勇从泉古阴坡迂回到西凤山顶，攀爬到大碉堡顶上，喝令堡内的红军缴械投降。坚守在堡内的红军战士，抱着与阵地共存的决心，与马匪拼搏，在弹尽援绝的情况下，砸坏枪托，壮烈牺牲在碉堡内。据说，曾有一位小兵死里逃生一口气跑下山进入城内。自敌人占领了城外制高点后，这时，惨无人道的敌人将在小祖庙阵地上被俘的十几名负伤的红军战士，驱赶到了敏家巷的一个场里，故意放出几条恶狗，将负伤的红军战士活活咬死。敌人初战得利，气焰更为嚣张，将旧城团团围困达五天时间。[①]

旧城保卫战从8月23日开始，至9月15日结束，历时22天。杜义德将军、曾绍山、李长林将军以及魏传弟等同志以亲身经历者的身份回忆了旧城保卫战战斗的情况。(其中虽有时间上的出入和不同，这都是因为时间久远和记忆有误所致，不足以影响对战斗事实的记述) 杜义德将军回忆道：

① 《红四方面军在临潭时发生的三起事件——西凤山战斗被俘红军的厄运》，见中共甘南州委党史资料征集办公室:《甘南党史资料》(第四辑)，1993。

二十三日清晨，警戒小组发现西北方向尘烟飞扬，嘈杂声从远处向县城传来，即向指挥部报告："可能是敌骑兵袭击。"我即令部队撤出城外，分别埋伏在西峰山、东陇山及城北的有利地形上，准备兜击敌人。

敌人排成人字队形，个个像煞神一样，举刀驱马顺着北坡奔将而来，足有七八百人马。我军沉着待敌。当敌钻进我伏击圈后，师长余家寿举起手枪，"叭！叭！"两声枪响，接着，所有的机枪、步枪、驳壳枪一齐开火，子弹像雨点一样射向敌群。顿时，敌人人仰马翻，乱作一团。我见战机有利，即向余师长建议："迅速出击，围歼敌人！"

冲锋号吹响了。我十师部队如猛虎下山，锐不可当。敌人官兵各不相顾，纷纷夺路逃命，有的跪在地上缴械投降。这一仗，共打死打伤敌二百余人，俘敌三十四名，缴获战马近百匹，各种枪支、马刀三百余件。经审俘得知，来犯之敌为马步芳所属海南警备第一骑兵旅马彪部的一个加强营。该敌企图夺回洮州旧城，恢复敌之防线。

敌人第一次进攻失败后，接连数日轮番向我石儿山、西凤山阵地攻击，尤其是西凤山阵地，成为敌我双方争夺的要点。战斗在这里打得非常激烈。敌人在屡遭失利后，抬出银元、烟土，驱使亡命徒挥刀上阵。我十师和妇女独立团的指战员，发扬了连续作战、不怕牺牲、誓与阵地共存亡的革命精神，奋勇拼杀，抗击敌人。子弹打光了，刺刀捅弯了，石块也成了与敌相搏的武器。二十五日中午时分，敌旅长马彪亲自提刀督战，一连突破我数道阵地。我随即令师预备队（约一个团的兵力），配合一线部队对敌实施反冲击。许多战士英勇地抱起点燃的炸药包，拉响捆绑在一起的手榴弹后，冲入敌阵地，经过两个多小时的激烈争夺，终于把敌人压下山去，夺回了失去的阵地。

为了更有效地保存自己，消灭敌人，在以后的几天里，红军采取了灵活多变的战术手段。有时利用既设阵地抗击敌人，有时设伏抗击敌人，有时把敌人放进城来，展开巷战。战士们打巷战很有一些发明创造。有的在巷内设置绊马索，待敌马接近时，突然拉起，在马绊索的同时，拉响吊在房下的手榴弹群，顿时手榴弹在敌人头顶上开了花，炸得敌人血肉横飞。有的在敌人必经之巷挖好陷马坑，当领先的敌马陷进去后，瞄准后尾的敌人猛打。同时，手榴弹群在敌群中间开花，战士们风趣地说，这叫“堵蛇头、截蛇尾、斩蛇腰”战术。敌骑兵在狭长的巷道内，犹如“老牛掉井，有劲使不上”。还有的同志有意制造出近似枪炮声的音响桶来迷惑敌人，乘敌惊慌之际，突然开火，打敌措手不及。由于我军采取灵活多变的战术，经过一周艰苦鏖战，重创了敌军，残敌溃至黑措（今合作）地区。我十师攻打洮州旧城的任务遂告胜利结束。这一仗先后共歼敌二千五百余名，俘敌七百余名，缴获各种武器二千余件。指战员沉浸在胜利的欢乐之中。在红四军攻占洮州和激战洮州旧城的同时，一纵队三十军已在攻打岷州县城。

时任原红十师二十八团机枪连打旗手的李长林作为参战的红军战士，也详细回忆了旧城防御战的情况：

8 月 20 日拂晓，红四军十师和妇女独立团逼近洮州（即临潭）旧城。城池位于巴龙河与无名小河的汇合处，巴龙河由北向南从城东侧流过。四面环山，西为西凤山，山势陡峭，是旧城的依托；东南为东陇山，西北为石儿山，与城成犄角之势；北面是小山，地势较缓。旧城方圆四五公里，城墙高约 10 米，厚约 8 米，周围有护城河，深约 3 米。

守敌一个团见势不妙，以一个营掩护大队撤退。红军全歼该营，夺取旧城。红十师师部驻在城里，部队分驻城外，各个山头上筑有大大小小的碉堡，大的三层，小的两层，一部分连队驻在碉堡里。

23 日凌晨，青海军阀马步芳部警备第一骑兵旅从临夏、夏河方向扑来，红十师师长余家寿登上位于城西山上最大的碉堡，指挥部队迎战。激战一天，红十师的许多连队打光了子弹，被迫退回城内。

城外碉堡接连失守，只剩下红六连坚守的那座最大的碉堡。敌军架梯往碉堡上爬，被红军官兵用枪托、洋锹打下去。枪托打烂了，洋锹砍断了、砍飞了，就用碉堡上的砖头砸。不一会儿，碉堡第三层完全拆光，成了一个平台，红军官兵暴露于敌军的枪口下，壮烈牺牲。

敌军占领碉堡，发现一、二层里还有一些红军伤员。敌兵剥光伤员的衣服，全部推上平台。一个长满络腮胡的敌团长用马刀砍死伤员，割头、挖心，用枪尖挑着挂在碉堡上，向城头的红军示威。红六连打旗手赵大元趁乱从平台上滚到一层，摔得满脸是血，屏住呼吸装死。天黑后，他爬到城下，成为六连唯一的生还者。抗战期间，赵大元升任连长，在一次战斗中牺牲。

红十师仅有 1000 多人，所有的战斗连队分散在城墙上，每一个人守几个城垛，一个班负责一段，伤亡了就没有补充了。敌人要是冲进城里，城上的官兵不准离开，由机关和勤杂人员负责消灭。红军缺乏子弹，就在城上堆着大大小小的石头砖块和整根的大木头。大木头可是宝贝，要有十几个敌兵连着往上爬，才能动用。

师部侦察参谋曾绍山奉命从机关、直属部队及交通侦察队当中选人组成突击队，每人带一支驳壳枪，背一把最好的战刀，不分昼夜在城上巡逻。师部的一个老理发员报名参加突击队，初上战场，就一连砍死几个爬上城头的敌兵，自己身负重伤。这时，一个敌兵用马刀刺穿了他的肚子，肠子流了出来。老理发员忍痛把肠子塞进肚里，勒紧皮带，扑向一个敌兵，咬住其脖子，一起摔下城墙，同归于尽。

敌军常在夜间进攻，红军官兵就搜集很多竹子、干草、干木棍、破棉花，浇上油做成火把，每隔几分钟往城下丢一把，当作照明弹。敌军看见哪里点火，就往那里打枪。红军改变办法，火把一点燃就往城下丢，丢火把的人注意隐蔽，并组织优秀射手回击敌人。双方拼杀五昼夜，红十师弹尽粮绝，与总部的电话联络也被切断。敌兵在城下喊叫："缴枪不杀！你们的援兵来不成了！"

红军官兵回话："缴枪哪！缴枪哪！你们上来拿吧！"说完，放声大笑。

红十师师部决定派小部队突围，与总部取得联系。第一次派出的部队，刚出城门，就被敌军密集的火力压回来。第二次派出的部队，冲到城东的大路上，被敌骑兵包围，全部牺牲。

鉴于教训，曾绍山决定只带两名交通侦察员出城求援，魏生友、苟元书写血书请战，曾绍山有了生死与共的同伴。三人从师部要来两支最好的驳壳枪，带足子弹，每人背上一把最锋利的马刀，换上草鞋，把身上伪装得同自然景物一样。后半夜，守南门的战士搬开堵城门的沙包，轻轻地把城门打开一道缝。三人出城，匍匐前进，穿过敌军两道警戒线。

天刚蒙蒙亮，三人顺着一条土路，向着太阳升起的方向奔跑。

突然，路上出现敌军的骑兵巡逻队。三人爬上路南的山梁，刚走几步，山梁上也出现敌骑兵。在山梁与土路之间的半坡上，有一片很密的刺林，下面还有一个半人深的坑洼，三人急忙钻进刺林，紧靠在土坑的壁坎上。

马蹄声由远而近，到了三人的头顶。敌军的两支骑兵打了招呼，扬鞭驰去，马蹄掀起的灰尘、石子，掉落在三人头上。

太阳落山后，三人从土坑里出来，继续赶路。

午夜，新城模糊的轮廓出现在眼前。三人不约而同地欢呼起来，飞奔过去。到了城下，他们大吃一惊，城墙上贴着敌人的告示，城外的广场上有许多被残杀的百姓遗体，不少房屋被烧成废墟。

驻新城的红军已于上午撤走，三人继续向东寻找。刚走出不到两里，迎面来了一支骑兵队，大约有三十人，头戴皮帽子，身穿大皮袄，手挥马刀。

一马平川，无处藏身，三人抽出手榴弹，准备赴死。

骑兵队冲到近前，曾绍山正要拉手榴弹的保险弦，骑兵队领头的一个大个子忽然勒住马，用大别山土话喊道："不要开枪！你们是干什么的？"

对于安徽金寨子弟曾绍山来说，乡音是最美妙的声音！

第六天，旧城里已经找不到一点能充饥的东西。红十师用一头保存好久的小奶猪，煮了一锅汤给重伤员吃，每人只能吃到几口，其余官兵饿了一天。

师部召开干部会议，决定再坚守一天，若援兵还不来，就突围！

第七天上午，红九军两个师在三勇士的指引下，赶到危城，里应外合，击溃敌军。此战，红军先后歼敌2500余人，俘敌700余人，缴获各种武器2000余件。①

中华人民共和国成立后，原红十师二十八团机枪连打旗手李长林已是新疆军区副司令员，他回忆说：

当夜，我们几千援兵全部到齐了，寂静了七八天的旧城突然热闹起来，城内城外，到处燃着熊熊的篝火，到处响着笑声、歌声，兄弟部队给我们带来了粮食，走到哪里都能闻到饭香、菜香，我们放开肚子，吃了一顿最香甜、最丰盛的晚餐。经过整整七八个与死亡、饥寒作斗争的日夜，现在一举眼，到处都能看到自己的亲密战友，到处都是满脸尘土、开朗欢笑的面孔，我真想每个人拥抱他们一次，这种心情，笔墨哪能形容得出！整整一夜，我兴奋得没有睡着。

第二天早饭后，我们几千人马，浩浩荡荡出发了。前面还有很多战斗在等待着我们。

二十一年过去了，每当我站在祖国的地图面前，我总要去看看甘肃省西南角那个小小的圆圈，总是回想起，在这个偏远的小城里度过的那七天七夜，总是想起那古老的城垛，那黑夜的火把，那枪声，那碉堡，和长眠在那里的战友们！……

时任红四方面军四军十师侦察参谋的曾绍山，以亲身经历回

① 李长林：《旧城七日》，载《红四方面军战史记》。

顾了旧城战役的惨烈：

一九三六年的秋天，红四军十师历尽了千难万险走出了草地，来到甘肃南部的旧城。在这里，部队一边休整，一边侦察敌情，为大部队开辟前进的道路。就在我军进驻旧城第三天，马步芳的骑兵旅星夜从临夏、夏河方面赶来包围我们了。

旧城外的小山上，过去马匪军修了一些砖头碉堡，我们来到后略加整修，就成了我军城外的警戒点。战斗开始的第一天，敌人的骑兵向我外围发起进攻，碉堡里的战士凭借着有利地形，给敌人以大量杀伤，沉重地打击了敌人的猖狂气焰。入夜，部队调整了部署，除留一部分部队在城外支撑点坚守以牵制、阻击敌人外，其他小据点的部队，一律撤进城内准备守城。

第二天，敌人的步兵来了。加上头天来的骑兵，兵力共七千多人，等于我们的七倍。敌人凭借着优势的兵力，向城外的碉堡发起了疯狂的进攻，我军也进行了英勇的抵抗，尤以二营六连最突出，该连战士们和敌人浴血搏斗了一天，最后，除三个战士在我城头的重机枪掩护下撤回城里外，其余全部壮烈牺牲。我军守的碉堡和城墙约有一千米之隔，我们在城墙上从望远镜里清楚地看见敌人攻上了碉堡，把负了重伤的战士剥光了衣服，推到碉楼顶层的平台上，一个长满络腮胡的马匪军，提着明晃晃的马刀，把伤员们一个个活活砍死，然后割下头，挖出心，用枪尖挑着挂在碉楼上。我们的心被仇恨的怒火烧焦了，恨不得插上双翅，飞出城去，救回同志们，把残暴的敌人全部歼灭。可是城墙被数倍于我的敌人团团围困着，力不从心，只得暂时压下悲痛坚守城围，相机歼灭敌人，为战友复仇。

第三天，敌人开始攻城。我当时在师部任侦察参谋。为了加强防守，及时而有力地支援守城部队，师首长命令我从师的领导机关、直属部队及交通侦察队当中，选拔一些人员组成一支强有力的突击队，每人带一支驳壳枪，背一把最好的战刀，带上充足的弹药，由我带领着，不分昼夜在城上巡逻，发现哪里危急，就赶到哪里去支援守城部队。这支突击队的成员，有机关干部，有传令兵和侦察兵，还有炊事员，马夫和理发员……这支突击力量出现在城头，给守城部队很大鼓舞。

当天夜里，我带着突击队在城上巡视，战士们用柴草扎成火把，点着扔下城墙，借着火光观察敌人动静。忽然传来消息，说城北关敌人开始了攻城，情况非常危急。我们像一阵风似的扑到城北，只见有些敌人已经爬上城墙，城下还有许多的敌人，抬着梯子继续靠上城来，城外的一片房子被敌人点着了，火光映红了半边天，敌人像一团团的蚂蚁，密密层层地顺着梯子爬上城头，喊声、枪声响成一片，我一挥手喊了一声“打”，一排手榴弹在敌人堆里爆炸开花。敌人随着爆炸火光纷纷摔下城墙。后面督战的匪军官又赶着匪兵一次又一次地往上爬，只见刀光闪闪，热血飞溅。子弹打光了，我们就举起大刀砍，刀刃砍卷了，就搬起砖头砸。靠着城墙，有一排破旧的房屋，我们把砖头梁柱拆下来，搬到城墙上，用它来打击敌人，砖头滚木像下雨一般飞向敌人堆里。师部有个老理发员，过去一直没有参加过战斗，但当他看见城外同志们被残害，心中无比仇恨，不分日夜，冒着炮火上城送弹药、抬伤员，并坚决要求参加突击队。在战斗中他一连砍死了几个爬上城头的敌人，最后负了重伤。就在这时，一个冲上来的敌人，用马刀戳穿了他的肚子，腹内的肠子一涌而出，他忍痛把肠子塞进肚里，紧了紧皮带，猛地从后面扑向一个敌人，一口咬住敌人的脖子，死死地抱住敌人就地一滚，一起摔下了几丈高的城墙，与敌人同归于尽。

经过十几分钟的血战，敌人终于被打了下去。月亮升上来，照着这片刚刚血战过的战场，城头上到处是砍卷了刃的大刀，砸断了把的步枪和敌人密集的尸体。战士们连夜打扫了战场，修补了城墙，补足了弹药、砖头、滚木，并进行了动员，准备迎接更残酷的战斗。过了一阵，南关的敌人又开始发起攻城，我们提着刀，又向南关奔去。

激烈的血战，一直连续了五昼夜。

敌人的攻势，越来越猛，城内的处境也越来越危急。每个战士身上只剩下几粒子弹，粮食也吃完了，伤员不断增加。最令人焦虑的是战斗打响的第二天，旧城与总部的电话联系就被切断了，全师已处于脱离上级指挥的孤立无援的境地。

师部决定派小部队突围，与总部取得联系。

第一次派出的部队，刚刚出了城门，就被敌人密集的火力压回来了，第二次突围部队冲到城东的大路上，又遭到敌人骑兵的包围，经过一场激战，突围人员全部壮烈牺牲。从此，敌人更加强了城外的警戒。

傍晚，我走进指挥所，政委正在屋子里焦急地徘徊着。师长左臂负了伤，脖子上挂着一条沾满血污的绷带，伏在桌子上看地图。他们已经有三天三夜没有合眼，眼皮浮肿，眼睛里布满了血丝。桌上摊着一张地图，地图上从旧城通往新城的一条大路上，用红铅笔画了许多符号，师长目不转睛地盯着地图，仿佛是要从这张普通的白纸上，寻找出如何解救全军危境的秘密来。

我知道我们目前的处境是非常严重的，部队距离主力很远。总部又不知道我们的情况，坚守下去？弹尽粮绝全军覆灭的危险在等着我们。全军突围？也势必受到重大的损失。部队处在这样严重的情况下，对一个负担着全师命运的指挥员来说，心情该是多么的沉重啊！

政委见我走进来，抬起了头，用严肃的声音对我说："曾绍山同志！你来得正好，我们决定再派几个干部带领一支部队突围，不论多么困难，一定要设法冲出去，与总部取得联系，你看谁去比较合适？"

我说："干部们经过了几天几夜苦战，都累垮了，还是让我去吧。"

政委听了以后，一句话也没有说，他摇摇头，踱到屋子角落里，顺手撕下一张废纸，撒了些烟末，卷上一支烟，使劲地抽起来。

我心里暗想：在司令部的干部当中，我曾多次勘察过城外的道路，并且掌握我军部署和敌方的详细情况，便向政委要求说："城外的地形和城里的情况我比其他同志熟悉，一来出城比较有把握，二来也便于向总部汇报情况，再说新城又不太远，最多一昼夜就赶回来了。"

政委还是沉默着，不断地喷着烟。

我想，政委也许是在担心我的安全，我清楚地知道，执行这个任务随时有牺牲的可能，但一想到我军目前的处境，我的心便沸腾起来。在全军命运处于危险境地时，个人的安危又算得了什么呢？

想到这，我更加坚决地要求政委派我出城。经过了反复的考虑，他终于答应了。

根据上两次突围的教训，我决定只带两个交通侦察员。之所以这样做，一来为了不影响守城的战斗力；二来人少目标小，行动灵活便于隐蔽。

我来到交通侦察队，把这次突围的计划一宣布，一群侦察员立即包围了我，决心书像雪片一样递到我的手上来，个个要求同我一起出城。

侦察员魏生友同苟元书把两份血书塞到我的手中，恳求地说："带我去吧！我们保证完成任务！"

我望了望这两个青年人，问道："这次出城，是老虎嘴里敲门牙，脑袋别在胯腰上，你们不害怕？"

魏生友一瞪眼睛虎彪彪地答道："反正一辈子只死一回，怕个啥！"

我深深懂得我们战士的性格，在需要的时候，就是上刀山、下油锅也在所不辞，便笑着对他说："为什么打算死呢？我们要活着完成任务回来！"

我决定带苟元书、魏生友出城。我们从师部抽了两支最好的驳壳枪，带了充足的弹药，每人背上一把最锋利的马刀，换上草鞋，又把身上伪装得同自然景物一样，一切准备停当，天已经黑下来了。

那正是九月中旬，月亮很明亮，政委陪着我们走上城头，远远望去，城外敌人烧起的篝火，一堆连着一堆，一团团的火光，把城墙层层围了个水泄不通，火光近处，人影晃动，战马嘶鸣，敌人盘问口令呼喝声不时传来。我们准备先用筐子绑上绳子，一个个吊下城去。试了一次，又觉得不保险，万一被敌人发现，坐在筐里，悬在空中，上下不得，岂不束手待毙？经过研究，决定从南门出城。

月亮偏西，已经到了后半夜，城外敌人的篝火有的已经熄灭了，我们来到南门，政委握着我的手，声音低沉而有些嘶哑地说："你们的成败，关系着全军的命运。你们要想尽一切办法完成任务，祝你们成功。"

城上的战士和伤员们，也团团围上来，伸出包扎着绷带的手，向我们告别，我环顾了一下，战士们大多是带着伤坚持战斗的，身上溅着血污，瘦削的脸上，呈现着兴奋的神色，无数对陷落下去的眼睛里，闪射着关切、鼓励和希望的神情。我用力握着他们的手，说："同志们！等着好消息吧！我们三个人，只要有一个人活着，剩下最后一口气，爬也要爬到新城，同上级和兄弟部队取上联系。"

守城门的战士，搬开了堵城门的沙包，伏在门上听了一阵，听城外没有声音，才轻轻地把门开了一条缝，政委亲自指挥部队掩护我们出了城。

我们先顺着城墙根向东爬行了约百多米，在一段土坎下伏下来。三个人不约而同地回头望城上，在昏暗的月色照耀下，城垛上露出了许多黑色的人影，那是政委和守城的战士们正关切地注视着我们的行动。我的心里突然升起了一个念头："如果顺利，两天后我们就会把援兵带回；如果不顺利，也许这就是与同志们最后的告别了。"我努力压下自己纷乱的思绪，留恋地向城上的战友最后望了一眼，带着苟元书和魏生友，看准城外一间平房和一个碉堡之间的空隙，慢慢摸过去。

靠着身上伪装的掩护，我们越过了城外第一道警戒线。我们时而身体紧贴着地面，时而匍匐向前，时而低姿跃进，经过了无数的洼地、田坎、刺丛，爬过了敌人的尸堆，向敌人第二道警戒线爬去。为了绕开敌人的哨兵，我决定从敌人两堆篝火当中的田坎边上摸过去，因为往往越是在敌人眼皮下，敌人越是容易麻痹大意。

火堆越来越近了，几个敌人围着火正在煮夜饭，麦秆子噼噼啪啪地烧着，火星乱飞。两个马匪军一边吃着饭，一边哇哩哇哩地不知说些什么，其中一个站起身来冲着我们隐蔽的地方走过来了。我回头一看，见我们左边有一堆麦垛，我做了一个手势，魏生友和苟元书连忙爬到麦垛后边隐蔽下来，哪知这个匪军竟向麦垛走来，黑暗中我碰了魏生友一下，他轻轻抽出了大刀，准备敌人万一发现我们，就挥刀将他砍倒。敌人越来越近，差一点踩上了苟元书的脚，黑暗当中，幸好没有被他发现。原来匪军们麦秆烧光了，他是来抱麦秆的。敌人哗啦啦地抱着麦秆，叽里呱啦地回去了，趁着这阵响动，我们迅速地越过了麦地。

月亮落了，天显得特别昏暗，几米外的树木草丛都模糊难辨。

我们在黑暗中摸索了两个多小时，忽然感觉正前方有一些黑压压的东西挡住了去路，又行几步，觉得手上摸到了一摊湿漉漉的东西，一闻原来摸了一手血，地上横七竖八放了几具血肉模糊的尸体，仔细一看是被敌人残杀的战友，有的被砍断了手，有的被割去了头，看样子牺牲前都与敌人激烈地搏斗过。再抬头一看，我们吃了一惊，原来我们摸到敌人碉堡边上来了。

碉堡里的敌人，这时已沉沉入睡了。匪军的哨兵夹着枪，揣着手，缩着脖子，在碉堡四周踱来踱去，魏生友气得红了眼睛，他一伸手拔出马刀来，就要向碉堡奔去，干掉哨兵。我挥手止住了他。当时我也真想向枪眼里甩几个手榴弹，炸他个血肉横飞，为死难的战友复仇。可是一想到我们的任务，我压抑住了愤怒。我知道稍一暴露，我们就将前功尽弃。我们绕过碉堡，沿着一条小河，飞快地向河下游跑去。

一口气跑了十几里地，这时天已经蒙蒙亮了。我们爬上一道山梁，想把周围的道路地形观察清楚，以便确定我们继续前进的方向，但是丘陵起伏，晨雾迷茫，夜里出发时看到的判断方位的目标，现在都看不见了。哪个方向是通向新城的道路呢？我们一刹那间转了向。

苟元书焦急地说："天快亮了，到处是敌人，要是摸到敌人阵地上，牺牲了事小，完不成任务怎么交代？"

魏生友操着一口大别山六安土话说："管它三七二十一，依我说，我们朝东方顺大道放开胆子走，冲出去了算我们命大，冲不出去，豁上这百来斤，拼他几十个也够本。"

我开玩笑地安慰他们说："我们三个是程咬金搬兵，福星高照。有马克思在天之灵，一定会马到成功，先莫着急，我们顺着南边的山梁走，天亮了就会找到道路。"

三个人正在商量，忽然听见草堆里有响声，仔细一听，一个微弱的声音在喊："同志！同志！"把我们吓了一跳。走近一看，见一个重伤员躺在草堆里，他遍身是伤痕，面色苍白，伤口流出血，把草地染得鲜红，已经是奄奄一息了。原来他是城东北角碉堡里的射手，在敌人攻占碉堡后，负了重伤，藏在战友的尸体下躲过了敌人的屠杀，夜里，忍着痛咬着牙爬到这里来。他紧紧地抓着我们的手，眼泪夺眶而出，断断续续地说："……同志，请转告首长……我们全连的同志，同敌人拼到最后一口气……没有辱没红军战士的光荣……"他吃力地喘着，还想说什么，但还没有说出来就昏迷过去了。

我同魏生友、苟元书三个人抬起他，想把他安放在一个较隐蔽的地方，但他却挣扎着，用极轻微的声音说："我不行了，你们不要管我了，快赶路吧，城里的同志等着援兵呢！"苟元书安慰他说："我们不能丢掉你，我们把你背到新城去。"走了几步，他冰冷的手臂垂了下来，安静地闭上了眼睛，牺牲了。

我们把他安放在一个土坑里，盖上青草，含泪向他告别，怀着悲伤和仇恨，飞快地跑下了山，根据牺牲射手提供的情况，大致上判定了我们的方向，顺着一条土路，放开大步，向太阳升起的方向跑去。

走了不远，突然土路上出现了敌人的骑兵巡逻队，我们连忙让开道路爬上路南的山梁，刚走几步，山梁上也出现了敌人的骑兵。在山梁与土路之间的半坡上，有一片刺丛，刺林很密，下边还有一个半人深的坑洼，虽离土路咫尺之隔，倒也十分隐蔽，我们急忙钻进刺林，紧紧靠在土坑的壁坎上，驳壳枪顶上了膛，手榴弹抽了弦，注视着敌人来的方向，耳听纷乱的马蹄声由远而近，渐渐来到我们的头顶上，领头的匪军勒住了马，同山梁上的敌人互相打着招呼，然后扬鞭驰去。马蹄掀起的灰尘、石子，纷纷掉到我们的头上。

苟元书拍了拍身上的灰，俏皮地说："敌人真个是瞪眼瞎，做梦也想不到，在他鼻子下还有我们三个程咬金。"

敌人走远了，我们才深深吐了一口气，这时猛然感觉到浑身发痛，原来全身的衣服和肉皮都被荆棘剐破了。正准备上路，敌人的巡逻部队又出现了，如是者三。我们见敌人巡逻很严密，只好伏在刺坑里等待天黑。

我们靠在刺坑里，眼巴巴地望着天上的太阳，盼它早些落山，可是太阳却像故意与我们作对一样，一动不动地挂在天上，手表上的秒针滴滴答答地响着，每一秒钟每一分钟都比平常慢好几倍。

到了下午，肚子里叽里咕噜叫个不停，魏生友摸了摸，才发现带的干粮袋在沿河边奔跑的时候丢掉了，饿了一天一夜，肚里实在难受，魏生友风趣地说："现在要能有一块牛肉干，那可真解馋。"这一说不要紧，把苟元书的话匣子可打开了。他滔滔不绝地吹起四川吃食来，什么回锅肉、炖蹄子、炖腊肉……来了一顿丰盛的精神会餐。

太阳落山以后，路上巡逻的稀疏了，我们赶紧登程，一口气跑了二十几里路，只觉得腰酸腿软，口干舌燥。抬头一看，迎面有一道小河，清亮的河水从一道堤坎上奔流而下，靠着堤坎，有一座磨坊，流水哗哗啦啦地冲击着一个巨大的木头轮子。我们觉得又渴又累，想找个隐蔽的地方歇歇脚。我派苟元书到磨坊侦察了一下，磨坊主人跑了，我们顺着石阶，走到河边上，把头埋在水里，饱饮了个痛快。坐了一会儿，正准备继续前进，忽然听见大路上有人说话的声音，急忙闪进磨坊隔着门缝向外窥视，见有两个马匪军挑着两担麦子，下了台阶，径直向磨坊走来，看样子是来磨面粉的。

我向魏生友使了个眼色，他们闪身躲在门后，磨坊很窄，狭路相逢，敌人一进门就发现了我们，一场搏斗开始了。敌人撂了麦担子，伸手拔出明晃晃的鬼头刀，猛地向苟元书头上砍来。苟元书一闪身，刀刃砍进了一个木柜子，陷得老深，拔也拔不出来，敌人回头抽出了扁担，劈头就抡，被苟元书伸手夺过扁担，当头一棒，把他打翻在地。另一个大胡子慌了手脚，拔腿就跑，魏生友抽刀堵住了门口，大胡子敌人见势不妙，抛了大刀，连喊带叫地跳上窗户，还没有跨出前腿，魏生友蹿上去手起刀落，把大胡子一刀砍倒，狂叫着摔到窗外的河沟里，水里浮起了一阵红色的泡沫。

我们不敢再顺大路前进，只得沿着山梁后的小路行走，午夜，在起伏蜿蜒的丘陵地带里，呈现出新城模糊的轮廓来。

“到了！可算走到了！”我们三个人不约而同地欢呼起来，顿时精神百倍，忘了饥饿，忘了疲累，脚下像长了翅膀似的飞跑起来。不一会儿，新城的城门、寨墙、房屋愈来愈清晰了，几天以前，我军路过新城时的情景又浮现在我们的脑海里，那时，城里的地主老财都跑了，老乡们在街头上热烈地欢迎我们，我们砸开了地主满登登的粮仓，把粮食分给群众。夜里，在十字街口搭上台子，点着亮堂堂的火把，向群众宣传党的政策和革命的道理。想着想着，不觉来到了城下，抬头一看，我们吃了一惊，城墙上贴着敌人的告示，城外的广场上，横列着许多被残杀的群众的尸体，许多房子被烧成了废墟，出发前，分析说新城驻着我们的友邻部队，可是看看现在的景象，明明是敌人刚到过这里，这到底是怎么一回事呢？

我们费了很大的工夫，才敲开了城外一家老乡的门，走出一位白发苍苍的老人，一看我们的打扮，急忙把我们拉进房子，拴上了门，向我们哭诉起来，原来新城的红军在上午撤走后，马匪军的骑兵进了城，又是烧又是杀，他的儿子因为给红军带过路，也被匪军用马刀劈成了两段，听完了老人的话，就像是迎头泼了一盆冷水，我们的心凉了半截，三个人沉默了半晌，苟元书抬起头来，问道：“怎么办？我们不能再耽误时间了。”我站起来，一摔帽子说：“走！再往东走，一定要追上部队，他们不会走远！”

绕开城墙，我们又出发了，刚出城不到两里之遥，迎面又来了一支骑兵队，眼前是一马平川，没有一块可以隐蔽的地方，骑兵队立即发现了我们，纵马奔来，马蹄扬起的灰尘，遮住了昏暗的天际，我们三个人，立刻抽出了手榴弹，拉弦线，准备同遭遇的敌人作最后的搏斗，骑兵愈冲愈近，看来约摸有三十多个人，戴着皮帽子，穿着大皮袄，手里挥着雪亮的马刀，眼看就要冲到我们的面前。就在这一刹那，我的心被一种懊悔的心绪纷扰着，想起了旧城的战友们，他们正在殷切地盼望着援兵，想起了政委送我们出城时的嘱托，想起了牺牲射手临死前眼睛里闪射着那种期待的神色……这一切都像钢针一样刺着我的心。我们几个人，牺牲了事小，而没有完成求援的任务，这将要使城里的多少同志遭受到更大的流血和牺牲啊！

骑兵队冲过来了。我正要拉开手榴弹的保险弦，领头的一个大个子突然勒住马，挥手喊道："不要开枪！你们是干什么的？"

我们一听他那满口的大别山土话，心里怔了一下，正要答话，魏生友却操着大别山的六安腔开了口："我们是旧城出来的，你们是哪一部分的？"

领头的大个子听见了乡音，对我们打量了半天，笑着跳下马来，说："同志们，是自己人！我们是九军侦察排，来增援你们的，你们辛苦了！"说着一拥而上，使劲握着我们的手，一股热乎乎的暖流，涌上我们心头，我回头一看，魏生友的眼睛里已经充满了激动的泪花。

不一会儿大队赶到，九军政委陈海松同志也来了。我把城里的情况向他做了详细的汇报，他立即命令炊事班为我们做饭，并热情地对我们说："你们守得很顽强，我们带了两个师来增援你们，只要城里能再坚持一夜，明天拂晓，我们就能赶到了。”

我们三个人在他热情的招待下饱餐了一顿挂面，我骑上一匹马，走在前边为骑兵部队带路，星夜向旧城飞奔。

第二天拂晓我们赶到旧城。

敌人步兵事先得知消息，已有一部撤走，另一部分正在仓皇地收拾行装，我们催动战马，排山倒海地向敌人冲去，杀声震天，雪亮的马刀飞舞，把敌人杀得人仰马翻，乱成一团，纷纷向西边溃退。

城里的同志，一见援兵来到，个个精神百倍，集中火力，猛烈向敌人开火，顷刻，一片火海扑下城来。在我们内外夹击下，敌人死伤无数，匪军的骑兵也拨转马头，狼狈逃窜。我带领了城内一队骑兵，狠狠地追赶敌人，战士们被复仇的火焰烧红了眼，刀光四起，枪声稠密，子弹连串地射进敌人胸膛，矛头戳进敌人的肚子，大刀飞向敌人的颈项，敌人的脑袋，像落了蒂的西瓜纷纷滚地，断胳膊断腿的敌人，狂叫着翻下马来。一口气追了三十多里地，田野里扔下了三百多具匪军的尸体，我们终于给死去的战友们报仇了！

援兵同守城的部队在城下会师了。锣鼓喧天，红旗招展，歌声、笑声和欢呼声，响彻了田野。守城的战士们把魏生友和苟元书围起来问长问短，问着问着，把他们抬起，向空中扔啊扔啊，扔了好半天，沉寂了七昼夜的旧城像一片沸腾的海洋。我同师政委站在城头，望着这欢腾的胜利场景，回忆起几天来的浴血战斗，真是百感交集，激动得说不出一句话来。

原红四方面军十师三十一团的副班长魏传递回忆道：

1936年8月，魏传递所在的红四军和红三十一军组成第二纵队，从包座向甘南挺进。途中，他们奉命固守洮州旧城。9月11日，马胡子（马步芳）的精锐骑兵以数倍于我军的优势包围了洮州旧城。

当时，洮州城外有四个炮楼，魏传递是机枪手，守住一角。

战斗一开始，就十分激烈。马胡子的骑兵马快、兵多、火力猛、枪法好，专门打枪眼，而魏传递的机枪位置正是重点攻击部位，敌人反复对他这边冲锋，那时魏传递已经是一个成熟的战士，一面联络友邻，报告上级，一面迎敌。

战斗中，一颗子弹擦着魏传递左颊飞过，他受伤了，营长派人把他送到城里救护包扎。后来，魏传递才知道，由于众寡悬殊，除第一批送入城里的伤员外，包括指挥战斗的营教导员和团政委在内，全部粮弹耗尽，英勇捐躯。情况紧急，魏传递等负伤的战士也全部到城墙上参加战斗。

就这样，在苦撑七天七夜后，眼见城破在即，远处忽见飞尘滚滚而来，救兵来了！许世友将军带着骑兵师赶来急援！其实，人来的并不多，但声势很大，马胡子的人被红军的气概吓退了。

战斗结束了，魏传递和他幸存的战友含着悲愤掩埋烈士们的遗体。烈士们头、颈、胸部，都留有马匪第二次枪击或刀劈砍的痕迹，一些战士甚至被蜂拥而上的匪徒们肢解，惨不忍睹。站在烈士们面前，魏传递和幸存战友们发誓：继承烈士未竟的事业，报仇雪恨，告慰九泉！

洮州旧城一战，守城红军虽然损伤惨重，却保证了第二方面军顺利通行。战斗结束次日，魏传递所在部队整编后又迎着朝霞出发了，他们心里默念着：“向北，向北……”

（三）红军撤出旧城、新城

1936年9月14日，徐向前同志接朱德、张国焘派九军增援旧城的电报后，派九军骑兵部队，由旧城求援的三名战士带路，于第二天拂晓赶到旧城，城里城外里应外合击毙马匪300多人。旧城保卫战胜利结束。整个战役重创敌军，先后共歼敌2500多人，俘敌700余人，缴获各种武器2000余件。红军撤离旧城，返回新城驻地，马彪随即占领旧城。9月18日，马彪部进犯新城，红军展开攻势，马彪两个连屡受重创。

9月30日，进驻洮州旧城、新城的红四方面军及三十军一部，接到北进命令，冒着蒙蒙细雨，告别洮州民众，先后分三路撤离，一路经扁都、新堡，由羊化桥过洮河前往岷州西川；一路经白土坡、黑松岭出三岔沟去岷州西北部；一路向北，由羊沙、冶力关至峡城过洮河向临洮、渭源出发。10月1日从洮州撤回岷州北上的部队，暂时在岷州西部宿营，部分在三十里铺过洮河，部分在梅川一带自制木筏渡河。10月3日，新城被马彪部马德胜团占据。

残酷激烈的旧城战役，使许多红军战士长眠在这块土地上，他们都是无名英雄。在《中国工农红军第四方面军烈士名录》中记载的仅有一名：李传元，四川通江人，1913年生，贫农出身，中国共产党党员，1933年参加红军，历任宣传员、班长、连政治指导员，1936年10月，任红四军政治部宣传科科长。同年，于甘肃洮州作战牺牲。①

旧城防御战中，坚守旧城西凤山碉堡的红六连只有打旗手赵大元生还，其余全部壮烈牺牲。李长林将军在回忆录中写道：“红

① 中国工农红军第四方面军战史编辑委员会：《中国工农红军第四方面军烈士名录》，北京，解放军出版社，1993。

六连打旗手赵大元乘乱从平台上滚到一层，摔得满脸是血，屏住呼吸装死，天黑后他爬到城下，成为六连唯一的生还者。抗战期间，赵大元升任连长，在一次战斗中牺牲。”其时家居旧城大坡沟口的群众马拉黑曼曾救过一个红军战士。2012 年 4 月，我们采访了马拉黑曼的儿子马明林，他回忆道：

我家原住临潭旧城大坡沟口，即现在的大坡桥西。我的父亲名叫马拉黑曼。救一名红军战士的事我是听父母说的，因为我是 1940 年出生的。而那件事就发生在红军到旧城的时候。这是千真万确的事情。

有一天西凤山、大坡山上枪声密集，大概傍晚时分，从大坡山上滚下一个人来，爬到我家门口，浑身是血，我父母便把他抬捞进家，他腿上负了伤，我父母就帮他包扎了伤口，让他吃了夜饭，半夜时他离开了我家去寻自己的部队。临走时给我们写了证据，他身上还带有公章。说他们革命成功后，凭证明去找他。

当时我们家里保存有一本书本大小，比书方一些，上面拓一个方形的印章。写的什么不清楚，记得当时根本就没有细看过，只是我们全家在那些年经常害怕被国民党搜去，在顶棚、墙缝、炕洞等地方，将证明换来换去藏放。最后实在没处藏了，就烧掉了。①

六、开展扩红运动　临潭青年踊跃参加

杜义德将军在《回顾岷洮西战役》中回忆道：“在洮岷西战役中，我军同时进行了扩大红军和建设政权的工作。在一个多月时

① 马明林，合作市峡村电站退休职工，原籍临潭城关上河滩人。访谈人：马廷义、高云。

间里，岷、洮、西地区就有三千多名青年参加红军。”红军在临潭期间，临潭青年积极参加红军，数日内报名参军的青年达百人之多。当时参军的青年有，新城红崖的李炳文，新堡常旗的占英才，刘旗的郭官代，新城东街的范保保，新城西门的马伊布拉，上王旗的范瑞庆、李子哥等，还有旧城教场的马世英（回族名马尔里，后定居青海黄南共和县恰卜恰镇），下庄子的马叶儿古（俗称共产叶儿古）、马昊叶儿，古城的马折哇。

七、执行民族统战政策　做好民族统战工作

1936年3月，红四方面军总政治部就制定了《关于少数民族工作的指示》，以政治部主任周纯全、副主任李卓然的名义下发执行。1936年5月29日，红四方面军总政治部制定了《关于对番民的策略路线的提纲》，1936年6月30又制定了《回民区域工作的指示》，为红四方面军进入藏回地区制定了工作方针。拟定了进入藏回地区《消灭胡宗南和领导回番民族斗争的标语大纲》。1936年8月红四方面军四军进入临潭地区，认真执行了红四方面军总政治部制定的民族统战政策，为红军在临潭开展工作奠定了基础。在民族统战工作方面成效卓著。

在回族聚居地的工作，据红四方面军四军政委王宏坤将军回忆：

> 洮州离岷州百余里，前卫红十师一个突袭，攻占了洮州旧城，接着红十二师也攻下了洮州（今临潭），这里是回民居住区，回民很讲卫生，到处搞得干干净净，我们进去之前，即严格要求部队尊重回民的宗教信仰和风俗习惯，禁止住清真寺，禁止在回民家中吃大肉，禁止打土豪，等等。坚决执行党的民族政策，在回民中造成了良好的影响，回民们热烈地欢迎和拥护我军，我们也

乘机积极开展群众工作。①

据敏德荣②讲述：

我的老姑婆在我小的时候，经常给我们讲红军到旧城的事情。红军到旧城时，由于受反动派的宣传，全家大都逃走了，我的老姑婆因年龄已大，无法出行，就在炕上听天由命。这时几个穿着破烂的红军战士来敲门，"老乡！老乡！我们是人民的子弟兵，你们不要怕。"老姑婆开门后，把红军战士让进屋，红军的和颜悦色打消了她的顾虑。老姑婆便唤回了外逃的亲人。从此红军每天都来借锅、借水桶，早上借，晚上还，还顺便把她家的水缸挑得满满的。后来老姑婆感到早借晚还太麻烦，让红军不必每天来借还，直接让他们拿去，等他们走时再还回。红军走时不但还回了锅、水桶，而且给了她们白元、炒面、白面等生活用品。老姑婆直到去世还念念不忘红军的事。给儿子们一直讲述着。

对藏族上层人士和藏族工作方面，据黄火青同志回忆：

卓尼大土司姓杨，据说家里有电台，和美国人有来往，我们通过李中方和他有过信件来往，他还送过我们一匹马。新洮州有个麦吾土司，我们也和他联系过。③

早在1935年中央红军经过白龙江流域的然尕沟，在居住有十

① 王宏坤：《我的红军生涯》。

② 敏德荣，男，回族，临潭县城关镇城内人。

③ 黄火青：《一个平凡共产党员的经历》，127页，北京，人民出版社，1995。

来户藏族人的村庄崖古仓（过去叫谷卡）——当时是卓尼土司杨积庆的小粮仓，储存有二三十万斤粮，为当时缺衣缺粮的红军解了燃眉之急。

已故甘南州政协原副主席热旦加措先生曾回忆道：

> 1935年中国工农红军会师北上，路经甘南草原，开赴抗日前线。那时我在夏河麦吾寺院当法台（主持寺院工作），经常往返于卓尼、夏河、临潭等地。我从口碑材料得知，红军纪律严明，扶危济贫，安民救国。红军的行动感动了我，便暗地里准备了两驮糌粑、一驮酥油、两颗麝香、一张狐皮和一条哈达，暗中派我的管家旦曲和麦吾宁嘉贤送给红军。旦曲和宁嘉贤从麦吾起程经过三天的行程，把东西送给正在岷县哈达铺休整的红军。红军指战员热情接待了他们，打了收条并赠给宣传品二张、护照一份。这些东西我一直保存到夏河解放。夏河解放后中共西北局甘肃省和夏河县党政负责同志多次慰问过我。1956年4月我作为甘肃省农牧区代表参观团的成员随同前往首都北京参观，我把红军给我的收条及回赠的宣传品和护照一起交给中国人民解放军总政治部。总政给我打了收据。4月30日下午，党和国家领导人贺龙、陈毅、刘伯承等接见了各地少数民族参观团团长。我是团员但通知我也参加。接见时，贺龙元帅手里拿着我交给的东西问道："哪位是热旦加措？"我心情非常激动，急忙上前深深地鞠了一躬。贺龙握着我的手，亲切地笑着说："你好！你好！你的东西我看到了，你一直把它保存到现在，说明你对共产党的信任！"当时我们参观团团长金巴在场。当天晚上，国务院举行宴会，我又同贺龙元帅坐在一桌。贺龙元帅亲热地说："你支援过红军，

咱们是老朋友!”并不时询问甘南的情况,我都一一做了答复。五一节在天安门广场观礼台上我见到了伟大领袖毛主席和周总理、朱总司令。

回来后,我把总政给我的收据装入镜框,挂在厅堂。红军给我的收据和宣传品、护照,现存北京历史博物馆。

由于我支援过红军,党和人民给了很高的荣誉,我现在担任中国人民政治协商会议甘南州委员会副主席职务,还兼任全国佛协常务理事,甘肃省佛协副会长职务,还任过全国政协五届委员。今年我78岁了,我要在有生之年,争取为四个现代化多做贡献。

有些资料记载我支援红军的东西中有银币200元,那是不真实的,在此一并提出更正。①

1936年8月,红四方面军进入临潭后,中共中央西北局甘肃省委西路工作委员会书记黄火青亲自抓民族统战工作。其时卓尼土司杨积庆持守土自保的态度,黄火青通过李中方与杨积庆秘密联系,互赠礼品,表示友好,并达成秘密协议,红军不进入卓尼土司藏区,卓尼土司借道让路。所以红军在石门等地开展工作时从未进入卓尼土司的石拉路、力洛、三旦、龙元山、尕路湾、丁尕、卡谷、那儿和达窝等地。在临潭进行的“反富打霸”中亦未涉及卓尼土司所辖人家。

本文选自中共中央西北局洮州会议纪念馆、临潭县党史办、临潭县县志办:《洮州的红色记忆——红四方面军长征在临潭》(内部发行),2016年7月。

---

① 《回忆我支援工农红军的一件往事》,见《甘南文史资料选辑》(第四辑),61页,1985年8月。

中国工农红军长征在甘南大事记

秦生

1935 年

6 月

26 日　中共中央政治局在两河口召开会议，通过了《关于一、四方面军会合后战略方针的决定》，提出了“集中主力向北进攻，在运动战中消灭敌人，首先取得甘肃南部，以创造川陕甘苏区根据地”的战略方针。决定还指出“必须派出一个支队，向洮河、夏河活动，控制这一地带，使我们能够背靠于甘、青、宁、新四省的广大地区，有利的向东发展”。

8 月

6 日　中共中央政治局在四川毛儿盖的沙窝召开会议，否定了张国焘企图向西南逃跑的错误主张，通过了《关于一、四方面军会合后的政治形势与任务的决议》，指出“创造川陕甘苏区根据地，是放在一、四方面军前面的历史任务”。

20 日　中共中央政治局在毛儿盖召开会议，通过了《关于目前战略方针之补充决定》，要求红军主力“迅速占取以岷州为中心之洮河流域（主要是洮河东岸）地区，并依据这个地区向东进攻，以便取得陕甘之广大地区，为中国苏维埃运动继续发展之有力支柱与根据地”。会后，中央军委制定了《夏洮战役计划》，决定一、四方面军按照党中央的统一部署，分为左右两路军北上，在甘肃南部的夏河和洮河流域建立新的根据地。

28日　由红一方面军一、三军团和红四方面军的四军、三十军等部组成的右路军，在党中央率领下到达川北巴西。

9月

5日　红一方面军一军团根据中央的北上方针到达甘肃迭部境内，当日晚到达俄界（今迭部县高吉村）宿营。

9日　中共中央政治局在巴西举行紧急会议，粉碎了张国焘企图以武力解决中央的罪恶阴谋，决定迅速脱离危险区，率中央直属纵队和三军团继续北上，向甘南前进。

10日　党中央于行军途中，在甘南迭部境内发表了《为执行北上方针告同志书》，指出目前形势是完全有利于我们，我们应该根据党中央正确战略方针，继续北进，大量消灭蒋介石、胡宗南的部队，创造川陕甘新苏区。红军南下是没有出路的，南下是绝路。

上旬三军团从巴西派武亭同志携带指北针沿一军团行踪北上，到达俄界，将电台密本送交林彪、聂荣臻，恢复了党中央、三军团和一军团之间的电讯联系。

11日　党中央和毛泽东同志率领中央直属纵队和三军团到达俄界，与先期到达的红一军团胜利会合。同时，再次致电张国焘：“一、中央为了贯彻自己的战略方针，再一次指令张国焘总政委立刻率左路军向班佑、巴西开进，不得违误。二、中央已决定右路军统归军委副主席周恩来同志指挥，并已令一、三军团在罗达、鹅（俄）界集中。三、左路军立即答复左路军北上具体部署。”

12日 中共中央政治局在俄界召开扩大会议。毛泽东同志在会上做了《关于与四方面军领导者的争论及今后的战略方针》的报告，着重分析研究了党和红军面临的形势和今后的行动方针。毛泽东同志在报告中指出：根据一、三军团单独北上的新情况，红军总的行动方针是北上，由于张国焘的分裂行为，严重削弱了北上红军的实力，在目前敌我力量悬殊的情况下，应改变川陕甘计划。根据毛泽东同志的这一意见，会议决定停止执行创造川陕甘根据地的战略计划，首先率一、三军团去陕北或甘东北。

为了加强对一、三军团和军委直属纵队的统一指挥，会议还做出决定：将一、三军团和军委直属纵队改组为中国工农红军陕甘支队。

俄界会议还通过了《关于张国焘同志的错误的决定》。该决定指出四方面军的领导者张国焘同志与中央绝大多数同志的争论，其实质是由于对目前政治形势与敌我力量对比估计上有着原则上的分歧。张国焘夸大敌人的力量，轻视自己的力量，特别是红一方面军的战斗力，以至于丧失了在抗日前线的中国西北部创造新苏区的信心，主张向中国西南部的边陲地区（川康藏边）退却逃跑。《关于张国焘同志的错误的决定》在深刻揭露了张国焘严重的军阀主义和反党行为后说：“政治局以为必须采取一切具体办法去纠正张国焘同志的严重错误，并号召红四方面军中全体忠实于共产党的同志团结在党中央的周围，同这种倾向做坚决斗争，以巩固党和红军。”

同日，张国焘别有用心地直接向一、三军团负责人发电，攻击党中央率领一、三军团北上的方针，妄图破坏一、三军团领导人同党中央的团结，但这一阴谋遭到了可耻的失败。

13日 党中央率领一、三军团和军委直属纵队离开俄界，踏上了继续北上的征途。

14日　党中央在北上途中致电张国焘，指出：中央先率领一、三军团北上，只是为着实现中央自己的战略方针，并企图以自己的艰苦斗争，为左路军之三十军、四军开辟道路，以利于他们北上。

15日　中央红军沿险峻的白龙江栈道前进，到达迭部境内的麻牙寺、旺藏寺一带，然后越过白龙江继续北上。

同日，红一方面军一军团二师四团团长王开湘、政委杨成武接到师部命令："军团首长命令即速继续北进，着第二师第四团为先头团，具体向甘肃之南的岷州前进，三日之内夺取天险腊子口，并扫除前进途中拦阻之敌人！"当日深夜11时，四团离开麻牙寺，星夜向腊子口前进。

16日　红四团在向腊子口前进途中，歼灭敌鲁大昌部一个营。

当日，毛泽东、聂荣臻、林彪致电彭德怀指出："倾据二师报告，腊子口之敌约一个营据守未退，该处是隘路，非消该敌不能前进。"

当日下午红四团到达腊子口，4时，先头部队一营与守敌展开激战。

腊子口山势险峻，敌新编十四师鲁大昌部在这里集中了大量兵力凭险据守，阻断了我军北上抗日的去路。红四团在政委杨成武指挥下，从正面向守敌发动猛攻。团长王开湘率领两个连，沿右岸的峭壁向敌侧后迂回。战斗持续到了深夜。

17日　凌晨，当我正面进攻部队向守敌发起第六次攻击时，迂回部队攀登成功，两边同时向敌人发动猛攻，经过激战，我军一举攻克天险腊子口，为红军北上抗日扫清了道路。

我军攻克腊子口后，当日穷追九十里，占领了大草滩，缴获粮食十余万斤，食盐三千斤。至此，红一方面军离开甘南境内，继续向陇东和陕北前进。

1936年

7月

1日　红二、六军团到达甘孜，与红四方面军会师。

月初，二、四方面军主要领导干部在甘孜召开会议，研究行动方针。由于朱德、任弼时、贺龙、刘伯承、徐向前、关向应等二、四方面军领导同志坚决斗争，终于迫使张国焘同意四方面军与二方面军共同北上，制定了北上与党中央会合的行动方针。

22日　党中央致电二、四方面军，欢迎北上。并指出："二、四方面军以迅速出甘南为有利。待你们进至甘南适当地点时，即令一方面军与你们配合南北夹击，消灭何柱国、毛炳文等部，取得三个方面军的完全会合，开展西北的伟大局面。"

27日　中共中央批准由二、四方面军领导同志组成党的西北局委员会，张国焘任书记，任弼时任副书记，统一指挥二、四方面军。

30日　蒋介石从重庆电令鲁大昌堵击二、四方面军。鲁急调梁应奎、刘世余、蒋云台三个旅在腊子口、岷县一带布防，修建碉堡，阻击红军北上。

同日，红四方面军先头部队到达甘川边界的秋吉寺。

8月

初，朱德、张国焘联名签署《岷洮西固战役计划》，决定我军以迅雷手段在敌人主力尚未集中洮岷之前，在运动战中大量地各个消灭敌人，先机取得洮、岷、西固地区，主力向天水、兰州方面发展，策应一方面军。并部署第四军、第三十军为二纵队，以夺取洮州旧城，成功后主力向临洮方向活动，并以一部向夏河、临夏发展，掩护我军左后侧。战役计划还提出了尽量争取友军，努力争取少数民族（特别是回番民众），广泛运用统一战线争取上层群众，开展游击战争。发动群众筹集资财、夏衣、冬衣与扩大红军等问题。

1日　二、四方面军到达包座，中央致电表示祝贺。当日，朱德、任弼时复电中央："约八月中旬向天水、兰州大道出击。"

5日　鲁大昌致电蒋介石，陈述其作战计划：凭借天然险要及原有碉堡采取攻势防御。鉴于过去教训，"今后除严密封锁坚壁清野外尤需集结兵力于重点。沿黄河、洮河，经岷县，西至临潭，南至踏藏为第一线，以兰州、临潭、岷县、西固为重点"。

9日　红四方面军先头部队三十军八十八师攻占腊子口，并继续向大草滩、岷县推进。

同日，鲁大昌电令驻守临潭第五团李希发部撤到岷县附近的西大寨，临潭县长也仓皇出逃。

12日　党中央制定二、四方面军出甘肃后的战略方针和部署。要求二、四方面军尽可能地夺取岷州或其附近，作为临时根据地，控制岷州附近洮河两岸之一段，俟部队相当整理后，即以有力一部出陇西攻击毛炳文部，相机消灭之，目的在威胁兰州。以另一部出夏河，攻河州，逼青海，吸引西路甘、凉、肃三州马步芳兵力东援。

同日，红二方面军克服严重缺粮的困难，走出草地，胜利到达包座地区。

14日　红四方面军十二师到达临潭新城县政府所在地，受到当地人民的热烈欢迎。伪政府官吏如丧家之犬，纷纷逃亡。

16日　红二方面军先头部队到达甘南境内的普济寺。

18日　红二方面军到达甘南的俄界（迭部县东南）。

19日　红四方面军以临潭新城为中心，发动群众建立了县苏维埃政权，选举常云亭为县政府主席，牛长春为副主席。同时还建立了县工会和民兵大队，贾灵灵为县工会主席，范云山（后被敌杀害）为民兵大队长。

同日，经红四方面军总指挥部批准，中国抗日救国军甘肃第一路军在临潭新城建立，李中方（后叛变）任司令员，张先进任政治部主任。部队共千余人，有长短枪四百余支。

20日　红四方面军十师和妇女先锋团击败当地反动势力拼凑的“商团”，占领了临潭旧城。后与前来进犯的马步芳部骑兵第一旅展开激战，经过七日苦战，击退了该敌的进攻。

30日　党中央发布基本作战方针，部署四方面军占领临潭、岷县、漳县、渭源、武山、通渭地区，发展和巩固甘南根据地。

是月，红四方面军与卓尼土司杨积庆取得秘密联系，并互赠礼物。

9月

14日　根据敌情变化，毛泽东同志电令：“四方面军主力立即占领隆德、静宁、会宁、通渭地区，控制西南大道，与一方面军在固原西部硝石河地区之部相机靠近，阻止胡宗南西进并相机打击之。”

18日　中共中央西北局在岷县三十里铺根据14日毛泽东同志电令召开会议，否定了张国焘坚持要四方面军由临潭西进青海，经循化、乐都翻越祁连山去甘肃北部的错误主张，制定了《通（渭）庄（浪）静（宁）会（宁）战役计划》，决定北上与红一方面军会合。

19日　二、四方面军指挥部发布了向静宁、会宁进军的命令。

22日、26日　张国焘推翻岷县三十里铺会议决议，两次电告中央，反对静会战役计划。同时还下令机要部门，未经他签署的电报一律不准拍发，妄图割断党中央同二、四方面军其他领导同志的联系。

同时，朱德同志打破张国焘的封锁，直接向党中央发电，反映了张国焘的问题，并且还连夜在漳县召开了西北局会议。在这次会议上，朱德、任弼时、陈昌浩等同志都一致反对张国焘破坏岷县三十里铺会议决定，企图西进青海的错误主张，经过激烈斗争，迫使张国焘接受了继续北上的决议。

27日 中央明确电令红四方面军停止西进。

29日 二、四方面军指挥部重新下达了北进的命令。

30日 红四方面军驻临潭部队，分兵两路开始北上。一路过羊化桥后直抵岷县。另一路出新城经冶力关、莲花山北上。至此，红二、四方面军离开了甘南地区。红军在甘南境内的长征也宣告结束。

本文选自甘南州政协文史资料研究会:《甘南文史资料选辑》，第三辑，1984年7月。

宣侠父支持甘南藏族人民反军阀的斗争

张玉香[①] 整理

宣侠父，又名尧火，浙江省诸暨县长澜乡人。1899 年生于一个贫寒的书香之家。当十月革命的影响波及日本后，宣侠父接受了革命思想，在马列著作的熏陶下，投身反帝反封建斗争，遂被停学而归国。1922 年，他在杭州加入了社会主义青年小组，不久转为中共党员。1925 年，浙江党组织介绍宣侠父到北方李大钊同志处工作，李大钊又派遣他以国民党党员的公开身份，带领一批地下党员赴张家口，到冯玉祥的西北军做政治工作。是年 10 月，冯玉祥委派国民军第二师师长刘郁芬为甘肃代行督办，率部赴甘。宣侠父亦随刘郁芬的部队来到兰州。

提高民族自立自强性建立“藏民文化促进会”

宣侠父到兰州后，以西北军第七方面军总指挥部政治处国民党特派员的身份，秘密开展我党的地下活动。他与共产党员张一悟、钱崝泉一起组建了中共甘肃特别支部。张一悟任书记，宣侠父、钱崝泉任委员。根据当时甘肃的历史特点，特别支部的任务是：协助国民党整顿党务，推动反帝反封建斗争；宣传新三民主义，

① 张玉香，甘南州地方志办公室原副主任，已退休。

宣传共产主义；公开发展国民党员，秘密发展共产党员，积极开展民众运动。

由于宣侠父等共产党员在国民军内外大力提倡新三民主义，宣传打倒军阀，反对帝国主义，号召甘肃民众致力于“国民革命”，这样，国民军的到来，极大地震动了甘肃各族各界人士，使地方大小军阀惶惶不可终日。1925年农历十月，长期深受宁海镇守使马麒欺凌的拉卜楞寺信教藏族人民，推举拉卜楞寺寺主活佛五世嘉木样之兄黄正清，率领十人藏族代表团来到兰州控告马麒。他们找到刘郁芬的督办公署投状泣诉马麒派兵侵占拉卜楞寺藏族地区的滔天罪行。有一天，黄正清、罗占彪（翻译，藏名桑木旦）等人在督办公署延国符的办公处，面遇宣侠父。黄正清向宣详细诉说了自1918年以来，马麒派兵蹂躏拉卜楞寺教区（包括现夏河、碌曲、玛曲三县），血腥屠杀七千余名藏族僧俗，焚烧三十多座寺院及附近村庄的罪孽。同时，还陈述了以前曾屡次电告北京政府及省内外军政要员，要求将马家军队驱逐出甘南，但是都如石沉大海，毫无结果的经过。强烈要求国民军支持甘南人民的正义斗争，严惩马家军队的暴行。宣侠父听了黄正清等人的控告后万分愤慨，深表同情。他表示要为藏族人民的正义斗争做出努力。第二天，宣侠父亲临代表团住处，详细了解马麒派兵侵占甘南藏区的前后经过情况，并对黄正清等人说：“你们的案件，不是某甲与某乙的什么纠葛，乃是一个弱小民族受地方军阀压迫的问题，这是不能完全依赖官厅解决的，你们应该自己起来讲求生存的办法，不然天下不止一个马麒，你们的官司会永远打不完的。”[①] 接着宣侠父反复指出：一个弱小民族要求得自身的生存和解放，就必须团结起来，共同对付反动军阀的欺压。宣侠父讲述的深刻道理，使代表团的成员们心悦诚服，衷心接受了。从此，他们互敬互重，推心置腹，很快成了好朋友，黄正清给宣侠父起了一个藏族名字，

① 宣侠父：《西北远征记》，82页，北京，文史资料出版社，1982。

叫“扎西才让”（吉祥长寿的意思）。

宣侠父在与黄正清等人的频繁交往中，帮助藏族代表团撰写了数份状诉。同时他深深感到，要提高藏族人民的政治觉悟、增强民族自立自强性，首先要让他们掌握文化，接受革命教育。于是，他建议黄正清在兰州成立“藏民文化促进会”，黄正清等人欣然接受。宣侠父亲自为藏民文化促进会起草了《藏民文化促进会组织大纲》、宣言和章程等。在宣侠父和钱崝泉的具体帮助下，藏民文化促进会于 1926 年 5 月 2 日在兰州教育会馆（会址设在浙江会馆）正式成立。黄正清任会长，邵光宇、杨真如、罗占彪、黄祥等十人任会员。藏民文化促进会成立的这一天，黄正清带领全体会员从住地前往会场。一路上，燃放鞭炮，敲锣打鼓，吸引了不少过往行人，有的甚至跟随他们来到会场。参加大会的还有甘肃教育厅厅长沙月坡、刘郁芬的交际处长郑道儒和兰州各界负责人士。宣侠父主持大会，黄正清和沙月坡分别在会上讲了话。沙月坡在讲话时，对兴办藏民文化流露出怀疑和鄙视的态度，认为兴办藏民文化无非是诵经念佛之类的事情。钱崝泉听后愤然走上讲台，理直气壮地说：“藏民文化促进会所提倡的文化，是民族的存在和独立上所需要的文化，并不是奴隶文化，奴隶文化，藏民是不需要的。”① 他的讲演把沙月坡驳斥得面红耳赤，坐立不安，激起了全场进步青年的热烈掌声和欢呼。大会以后，经宣侠父交涉联系，藏民文化促进会设在兰州市浙江会馆内，并在门口挂起了牌子。此后，在藏民文化促进会里相继开展了各种有益的活动：宣侠父和一位汉族老师专门给在兰的藏族会员教汉文、汉话，教唱《打倒列强》等革命歌曲；黄正清等人给宣侠父等汉族朋友教藏语和藏族歌舞。在宣侠父的组织领导下，会馆里洋溢着民族团结的欢乐气氛，吸引了一些学校的学生和年轻的国民党员。他们纷纷要求参加藏民文化促进会，从而加深了藏、汉两族青年的团结

① 宣侠父：《西北远征记》，83 页，北京，文史资料出版社，1982。

友谊。在这期间，宣侠父还介绍黄正清、桑木旦二人加入了国民党，推荐黄正清当选为甘肃党部监察委员。又组织成立了共产党的外围群众组织“少年同志会”，吸收部分藏族同胞为会员，积极引导他们参加各种集会和社会活动，以提高他们的政治思想觉悟。

团结斗争求生存 成立“甘边藏民大同盟”

经过广泛的接触，黄正清对宣侠父有了深刻的了解。不久，他派人前往甘南欧拉草原，向其父黄位中详细介绍了宣侠父的情况，并说明宣侠父有亲赴甘南草原进行实地调查了解的设想。黄位中及时回信并给宣侠父捎来一张他本人的照片，表示欢迎宣侠父来藏区调查情况，处理问题。宣侠父看了信和照片后，更加坚定了远征草地，调查马麒罪行，了解广大藏族同胞的苦难生活，组织和发动藏族人的信心。他向刘郁芬提出了前往甘南藏区调查了解情况的请求，经刘郁芬同意并在中共甘肃特别支部的支持下，于 1926 年 8 月，由翻译桑木旦等人陪同，离开兰州骑马奔赴甘南草原。他们途经东乡、临夏，沿大夏河进入甘南藏区，跋山涉水，晓行夜宿，克服了高原反应和生活不适应等种种困难，一路查访了岗岔寺、白石崖寺、多合寺、阿木去乎寺、西仓寺、参智寺等寺院，耳闻目睹了被马家军队洗劫得满目疮痍的广大藏区。特别在阿木去乎，他看到被马家焚毁后的寺院残迹，又听说当年正在该寺念经的千余名僧人被枪杀后葬身火海，眼前呈现一片惨不忍睹的情景。宣侠父义愤填膺、慷慨激昂地说：“这真是一群残忍的魔鬼，他们毁灭了阿木去乎天际和平的钟声。我想不到民族间的仇视，竟演出这样惊人的惨剧，这种兽性的发挥，我们真是不会了解的。”①

经过十几天的马背颠簸，宣侠父终于到达嘉木样和其父黄位中避难地——欧拉草原。宣侠父的到来，使黄位中和嘉木样等藏

---

① 宣侠父：《西北远征记》，110 页，北京，文史资料出版社，1982。

族僧俗极为兴奋，他们欢迎远道而来的朋友，用藏族人民迎接贵客的最高礼仪，把一幅幅白哈达、黄哈达、蓝哈达奉献给藏族人民的忠实挚友——扎西才让。藏族人民的热忱欢迎深深地感动了宣侠父，更增添了他对藏族人民的热爱和同情。宣侠父在欧拉草原住下后，黄位中又向他详细叙述了甘南藏族人民饱受马麒军队的烧杀屠掠的悲惨情景。宣侠父听后，对藏族人民遭受军阀欺凌的屈辱有了更深的了解。他谆谆告诫大家："一个民族只有提高自身的力量，才能不受外来的侵略和压迫……在目前，关于其余的事业，还是谈不到的，第一步就是先来团结近地的藏民，再慢慢由近及远，去联络所有的藏民，在整个组织之下，集结起来，然后再设法提高一般人民的文化，充实自身的武力。只要这样，就有十个马麒也不敢压迫你们了。"① 宣侠父还以商讨的口气对黄位中说："我希望你，现在能够开始团结附近一带藏民的工作，在我未归兰州以前，先行召集附近的酋长，成立一种同盟，我可以趁此机会，亲身参加。"② 黄位中欣然接受了宣侠父的建议。他们再三商议后决定：先召集方圆四百里内的部落头人会议，成立"甘青藏民大同盟"。黄位中立即派人分头通知各部落头人，要求按约前来参加会议。在头人们未到来的几天里，宣侠父执笔起草了《甘青藏民后援会宣言》，由桑木旦译成了藏文。

七八天后，二百三十多名头人，各自带着四五个随从陆续来到欧拉草原。开会的这一天，宽阔的草滩上，搭满了各色帐篷。大家席地而坐，在一派热烈、庄重的气氛中，宣侠父向头人们讲解成立"甘青藏民大同盟"的意义。他说："我是来看望嘉木样和大家的。也是来支持你们反抗马麒军阀的。马麒压迫你们，残杀藏族同胞，他是一个大军阀。这样的军阀在中国是很多的，绝不只是马麒一个。要反抗，就要靠自己的力量；要有自己的力量，

① 宣侠父：《西北远征记》，118 页，北京，文史资料出版社，1982。
② 宣侠父：《西北远征记》，119 页，北京，文史资料出版社，1982。

就必须团结起来，组织起来。”[①] 为了使头人们懂得团结就是力量的道理，宣侠父说到这里，站起来拔了一把草，拧成一股后用力扯，怎么也扯不断，他说：“这就是团结。”尔后又一根一根分开扯，草都扯断了。他又说：“这就是不团结的结果，人也是一样，只要团结，谁也就别想欺负你们。”宣侠父生动的比喻，使头人们听了后非常信服和激动，他们争先恐后地发言，表示坚决拥护成立“甘青藏民大同盟”。最后由盟主黄位中宣读了《甘青藏民后援会宣言》（后在兰州改为“甘边藏民后援会宣言”），并宣布于当年10月在西仓正式结盟，邀请宣侠父届时光临。散会后，各部落头人纷纷到宣侠父的帐篷内交谈，他们对“团结起来，自求生存”的号召表示完全接受，并用各种方式表达对宣侠父的深情和爱戴。

宣侠父结束甘南藏区的考查，准备返回兰州的前一天，黄河南北两岸的几百名部落头人，以当地藏族的风俗习惯，簇拥在他们的帐篷外，并拿出二百两银子馈赠宣侠父做盘缠。宣侠父再三拒绝，但为了尊重藏族人民的盛情厚意，收下了部分银两，后带回兰州捐献给了兰州革命青年周刊社。历时五十多天的甘南草原之行，沿途所见所闻，更加坚定了宣侠父帮助藏族人民驱逐马麒军阀的决心。他告别了嘉木样、黄位中和众头人，带着广大藏族同胞的殷切期望返回兰州。

针锋相对作斗争　迫使马军撤离拉卜楞

宣侠父回到兰州后，向刘郁芬汇报了甘南之行所了解到的情况，同时要求刘郁芬责令马家军队迅速撤离拉卜楞寺藏族地区，刘郁芬考虑到马家当时的势力，未敢马上从事，打算慢慢解决。然而，宣侠父为了维护藏族人民的利益，面对凶恶残暴的马家军阀，夤夜对原起草的《甘边藏民泣诉国人书》进行修改，字里行

① 黄正清：《追怀我的良师益友——宣侠父同志》，载《革命英烈》，1985（3），18页。

间无不倾诉着对马麒军阀的愤慨和仇视，准备石印后，发往全国。但刘郁芬惧怕这一讨马檄文惹怒了马麒，对己带来不利，不让向全国散发。宣侠父出于无奈，又巧妙地把《甘边藏民泣诉国人书》卷在省党部向外送发的材料里，寄往全国各地。黄正清等代表团成员借在兰州东校场召开庆祝冯玉祥五原誓师大会之际，把《甘边藏民泣诉国人书》贴在兰州的四个城门上，并大量在大会会场内逢人散发，同时还散给了前来参加大会的青海教育厅长林立夫和马麒的代表马旅长。林、马二人看后，顿时脸色骤变。林立夫气得在台上走来走去，但束手无策。这样，甘南藏族人民强烈要求马麒撤军的呼声越来越高，波及四方。由于宣侠父的大力支持和热情帮助，并通过种种方式，揭露马麒的罪行，从而沉重地打击了马家军阀欺压藏族人民的嚣张气焰。

1926年年底，中国时局发生了变化，宣侠父随国民军去了西安。他虽然未能实现去甘南西仓参加结盟仪式的愿望，但时刻惦记着甘南藏胞的正义斗争。为此，他专门晋见了冯玉祥将军和国民党元老于右任，陈述了马麒侵占拉卜楞藏区的罪行。于右任即时给刘郁芬发电，命令马麒从拉卜楞藏区撤军。在上下夹击之下，曾在甘南藏区横行一时的马麒军阀，不得不于1927年退兵青海。这样，长达十年之久的拉卜楞地区藏族人民反抗青海军阀马麒的斗争终于宣告结束，五世嘉木样活佛也回到了拉卜楞寺院。刘郁芬派遣保安大队来到拉卜楞寺维持治安，成立了拉卜楞设治局。在这场反对马麒军阀的斗争中，宣侠父给予的热情支持和帮助，永远铭刻在甘南各族人民的心中。他与藏族人民结下的革命友谊如大夏河水一样流长。他所培养的藏汉人民团结之花，在甘南草原上结下了丰硕之果；他在甘南大地撒下的民族文化的种子，已深深扎根在甘南草原上。

本文选自中共甘南州委党史资料征集办公室：《甘南党史资料》，第一辑，1988年4月。

追怀我的良师益友

——宣侠父同志

黄正清[①] 口述　　袁第锐　整理

我第一次听到了“民族平等”

1925年秋，我受夏河拉卜楞寺藏区民众和嘉木样呼图克图五世的委托，与罗占彪、杨真如等人，赴兰州控诉青海军阀马麒长期对拉卜楞寺地区藏族人和寺院的劫掠、屠杀。但由于当时的甘肃督办陆洪涛患病不能理事，控诉毫无结果。不久，陆洪涛离开甘肃，冯玉祥继任甘肃督办。冯玉祥派其第七方面军总指挥刘郁芬带领第二师先行入甘，并代理甘肃督办职务。我们为了申冤，又组织了代表团，由我率领，再到兰州向刘郁芬请愿。就在这次请愿的时候，我第一次听到了“民族平等”这句新话，也是首次认识了我毕生难忘的良师益友——宣侠父同志。

宣侠父同志是随第二师部队到兰州来的。他是浙江人，黄埔军校一期毕业，共产党员。他在军中负责政治工作，影响大，威望高。我到兰州后，在督办公署交际处长延国符处见到宣侠父同志。见面时，延国符在向宣侠父同志介绍了我的汉名之后，说：

① 黄正清，甘肃省原副省长、甘肃省政协原副主席，已故。

“他们是拉卜楞藏民代表，是来控告青海马麒的。”宣侠父同志听了介绍之后，以充满着诚挚朴实和友爱的态度，向我们询问了有关的大概情况，并说：他要到我们的住地来看我们。不几天，他果然到南关兴盛隆大店看我们来了。他这次来时，详细地询问了我们的情况，我们如实地向他汇报了反马斗争的经过。他听了后说：“你们是少数民族，应该受到尊重和爱护。现在要讲民族平等。你们不应该受马家军阀的欺压。你们的反抗是正义的行为。”接着他又说：“你们应该明白：光告状是不行的。只有团结和进步，才能使反抗有力量，才能改变藏民的现状。以后你们可随时来督办公署找我，我一定尽力帮助你们。”这里，我第一次听到“民族平等”，也是第一次听到有人把一直被人们称为“番子”的藏族人叫做“少数民族”，心中真有难以形容的喜悦。我感动得差一点淌下眼泪来。

成立藏民文化促进会

从此以后，宣侠父同志便成了我们的良师益友。他经常到我们的住处来和我们谈话，教导我们。一天，他对我说：“你们不懂汉文，我愿意帮助你们学习汉文。同时，我也想学藏文，学好了藏文好了解你们藏区的情况。”他的这个意见立即在我们代表团中得到了强烈的反响，大家一致同意。随后，他又对我们说：“你们住在店里情况复杂，很不方便，这样长期下去不行。我建议在兰州成立一个藏民文化促进会，找个地方把牌子挂起来，好进行工作。”我们当然更为同意。宣侠父同志便为我们积极奔走找地方，终于把“藏民文化促进会”的牌子在浙江会馆门上挂出来了。

藏民文化促进会的宣言和藏民文化促进会的组织大纲等有关章程，都是由宣侠父同志亲自执笔起草的。为了给我们藏族人申冤和有力地打击马家军阀的气焰，宣侠父同志还亲自给我们起草了

《甘边藏民泣诉国人书》，并亲自负责在兰州石印，向全国散发。

在藏民文化促进会里，藏族人只有我们代表团的翻译桑木旦（罗占彪）、邵光宇（秘书）、杨步云（美武土官，杨世杰之父）、拉麻加（三木岔头人，阿才之父）、宗哲（阿莽仓管家）、成来热不旦（嘉木样藏文秘书）、恰热欧强（欧拉小头人）、黄祥、杨真如（杨喇嘛）和我等人（其中我和黄祥、罗占彪、邵光宇、杨真如、成来热木旦等人在兰州活动时间较长）。我们自此便把藏民文化促进会作为活动场所了。

在藏民文化促进会里，宣侠父同志经常教我们学汉语、汉文，他还虚心向我们学习藏文。在学习中，我的受益最大。我至今还能看懂汉文，听懂和能说一些汉语，是和宣侠父同志的谆谆教导分不开的。

我们的“扎西才让”

宣侠父同志为人正直而不固执，性格开朗而诚恳。他非常留心藏族人的文化习俗，经常向我们询问这方面的情况。他对我们说：“我很想到你们藏区去，一方面向你们学习，一方面好帮你们搞搞文化教育建设。”他还要求我给他起个藏名。我对他的这种要求感到非常敬佩，就答应了。我给他起了一个藏名，叫“扎西才让”。他问我：“扎西才让是什么意思？”我说：“扎西，就是汉语中的吉祥，才让就是汉语的长寿。”他听了很高兴，欣然采用了这个藏名。从此，我们就叫他为扎西才让，反而很少叫他的本名。我们尊敬的宣侠父同志，就这样和我们打成一片，成为我们中的一员了。

少年同志会

后来我们慢慢知道，宣侠父同志是以共产党员的身份，在冯玉祥军队中做政治工作的。他在兰州的公开身份是国民党甘肃省党部的委员，他和钱峭泉同志等人主持改组了甘肃省党部，解除了国民党右派田昆山等人的权力，并组织了“少年同志会”作为党的外围群众组织。宣侠父同志介绍我参加了少年同志会和国民党，并在他的帮助下，让我当选了国民党兰州市党部的监察委员。

少年同志会和藏民文化促进会在一个地方活动。我们既是藏民文化促进会会员，又是少年同志会会员。我们除学习汉文外，就是跳藏族舞，唱藏族歌，也唱革命歌曲。如“打倒列强！打倒列强！除军阀！除军阀！努力国民革命！努力国民革命！齐奋斗！齐奋斗！”这首北伐军军歌，我们当时都唱得很熟。

由于少年同志会是当时党的外围组织，其领导人又是以国民党左派面貌出现的宣侠父同志，这就必然会引起国民党右派的怀疑和注意。有一次右派头子田昆山问我：“子才（我的字），你们藏民文化促进会里都干些什么？”我说：“学习汉语和藏语。”他说：“那么，我怎么一点儿都不知道？”他说这话时，表现出十分怀疑的样子。但与此相反，钱峭泉同志却与我做过这样的对话：“侠父没有介绍你参加另一个组织吗？”钱问。“我参加了少年同志会。”我说。“还有一个更好的组织呢？”钱峭泉同志只微微地提了这么一句，就再没往下说。他虽没有说明这另一个组织是什么，但我心中明白，那就是中国共产党。

在宣侠父同志的领导下，我曾经以兰州市党部监察委员的身份，到甘肃省财政厅查过一次账目，并曾以少年同志会的名义，到兰州各戏院宣传过国民革命的道理；还搞过一次募捐。那是在四川万县惨案发生以后，募捐来支援四川人民的抗英斗争的。记得我们出发募捐时，宣侠父同志还详细交代关于募捐的方法，如教我们在募捐时对商店老板说：“恭喜发财！我们是为支援万县惨案来募捐的。请您老多帮忙。”他还教给我们如何在募捐时宣传帝国主义对中国的侵略，等等。

还有一次，我们在辕门（即今日省政府大门前的广场）召开了纪念列宁逝世的群众大会，宣侠父同志亲自主持了这个大会，并做了讲演。

宣侠父同志在玛曲欧拉

1926 年夏天，为了具体了解情况和便于解决纠纷，我建议侠父同志亲自到藏区去。侠父慨然应允。在征得刘郁芬同意之后，侠父提出要我派桑木旦同去，负责路上的安全和生活。事前，我给我父亲黄位中（藏名宫布德主）报告了这一情况，父亲来信欢迎。侠父遂不辞辛苦到了玛曲欧拉，见到我父亲和嘉木样五世。侠父召集了一个有四百里路以内的头人会议。他在会上发表了演说。他说："我是刘郁芬督办派来看望嘉木样和大家的，也是来支持你们反抗马家军阀的。马麒压迫你们，残杀藏族同胞，他是一个大军阀。这样的军阀在我们中国是很多的，绝不是马麒一个。要反抗，就要靠自己的力量；要有自己的力量，就必须要团结起来，组织起来。"说到这里，侠父同志站起来拔了一把草，拧成一捆，然后用手拉，但拉不断；又把草分开，一根一根地拉，草都被拉断了。然后他又说："看到了嘛！草要是拧在一起，力量就大，拉不断；人也是一样，只要团结，就谁也别想欺负你们。"他接着指出："一定要有文化，有了文化才能有力量。因此，你们要好好学汉文，我也要学藏文。我还起了个藏名叫扎西才让，你们以后把我叫扎西才让好了。我们是一家人，你们的正清就在兰州学习汉文，并且学得很好。希望你们都要和他一样，努力学习汉文。因为学好了汉文就能看很多的书，吸收很多新的知识，来增加你们自己的力量。"

头人们听了他的话都很感动。直到解放以后，老头人还在打听扎西才让的情况，可见宣侠父同志在藏族民众中的印象是何等深刻了。

妥善解决拉卜楞纠纷

经过几个月的草地之行，宣侠父同志了解到了纠纷的真实情况，便回到兰州，向刘郁芬做了汇报，指出马麒在拉卜楞残害、欺压藏族人和寺院的种种不法行为。宣侠父同志向刘郁芬提出了妥善的解决意见。刘郁芬随即召集了双方人员进行谈判，于1926年10月做出了三条决定：第一，马麒军队全部撤离拉卜楞地区。第二，设拉卜楞设治局，归兰山道管辖。第三，由甘肃省派遣一个保安大队长驻拉卜楞，以保护藏族人生产和生活安全。这个决定于1927年春天，由刘郁芬派其政治处处长贾宗周同志前往西仓，召集各部落头人宣布，大家都无意见。至此，长达七年之久的拉卜楞地区藏族人和青海军阀马麒之间的斗争才算结束。在办理过程中，宣侠父同志的秉公处理和维护藏族人正当权益的精神，是拉卜楞地区的藏族人群众永世难忘的。

永远的怀念

宣侠父同志从玛曲欧拉回兰时，带来了我父亲送给他的许多东西，但他把这些东西都交给了少年同志会做活动经费，自己一点儿没留。他还语重心长地在少年同志会的会议上对大家说："我这次去拉卜楞，黄正清的父亲要我好好管黄正清。从现在起，我真的要管他了。"他的这话并非虚言，以后他对我这个23岁的藏族青年，的确管得很严，当然主要是抓紧了我的汉文学习。

1927年4月，蒋介石在上海发动了有名的"四一二"反革命政变，国共合作破裂了。全国掀起了所谓"清党"运动。冯玉祥在和汪精卫妥协后也转向蒋介石方面。随即冯玉祥将在他部队中工作的共产党员都"礼送出境"。像宣侠父这样著名的共产党员自然要离开兰州。钱崝泉同志原来不打算离开，我们还想请他到藏区，以汉文秘书的名义隐蔽下来。但当我们还没来得及实现这个计划时，钱崝泉同志也被刘郁芬“礼送”走了。从此，我们拉卜楞藏族人就失去了党的领导。

1927 年 4 月，拉卜楞设治局成立，我们代表团人员和设治局工作人员，以及进驻拉卜楞的保安大队一同前往拉卜楞。6 月，嘉木样五世回寺。我们回去时，就把宣侠父同志给我们创立的藏民文化促进会迁到拉卜楞继续开展工作，并用促进会的名义在拉卜楞和果洛的康根、康萨三个地方建立起了三所藏族人学校。这三所学校为藏族培育了不少人才，其中有很大一部分在解放后当了干部，有一部分还当上了领导干部。这也算是我们初步实现了宣侠父同志的遗愿吧!

记得当我们和宣侠父同志在兰州相处时，曾和他一块拍过不少照片，其中有些是当时藏民文化促进会和少年同志会的活动照片，是很珍贵的历史文物，可惜在几经变乱之后，早已荡然无存。只有一张宣侠父同志在五泉山红泥沟拍摄的照片，上面还有宣侠父同志自己的题跋，一直珍藏到了解放后，现存其女儿宣平同志处。这要算我保存的唯一的宣侠父同志的纪念品了。

宣侠父同志 1938 年抗日战争时期在西安被国民党特务暗杀。他没有看到全国解放和祖国的社会主义建设，也同样没有亲眼看到他所关心的拉卜楞藏族人民的解放和藏区翻天覆地的变化。但他的精神，他的音容笑貌，同他所致力过的共产主义事业却永远留在了人间。我在这里，要用我们拉卜楞藏族人民在解放后所流传的流露着深情的几句话来寄托我对他的哀思，并表达我们全体拉卜楞藏族同胞对宣侠父同志的永远怀念：

现在解放了！
共产党来了！

亲爱的扎西才让啊！
你在哪里？
你在哪里？

1984 年 3 月

本文选自甘南州政协文史资料研究会:《甘南文史资料选辑》，第四辑，1985 年 8 月。

对夏河县解放前夕地下党工作的点滴回忆

张子丰

一、我去拉卜楞的任务

解放前夕，蒋介石为了维持统治全中国的局面，依靠美国援助，实行独裁，内植嫡系，外除异己。他一面加强装备自己的嫡系部队，另一方面排除异己，遣散杂牌军队，勒令解甲归田，当时我在兰州伪东路总指挥部任少将参谋处长。

1947年元月，我奉命赴陕西省南杜曲二十四伪军官纵队报到，办理退役手续。3月上旬的一天，陇右工委委员肖焕章（系我诤友）密来西安找我。我将自己多年的积蓄折合黄金十五两的伪法币交给肖焕章作为地下党的活动经费。肖焕章当时住在我处，每日向我宣传全国形势、党的方针政策等，我也提到不满国民党的统治，打算退役归农。他劝我无论如何不要退役，同时交给我两项任务：一是设法到甘南伪保安司令部去争取黄正清；二是掩护洮河流域一带地下工作同志。于是我经过再三考虑后，便写信给郑明轩请他给黄正清去信介绍我到黄处工作。因郑明轩与黄是至亲好友，可称莫逆。郑是伪东路总指挥部参谋长，平日相逢对我极好。给郑的信，我托肖焕章回兰州后，将信交给我爱人常秋英由她给郑明轩送去。郑接信后慨然答应，并给黄去信。黄正清接信后，即复信郑明轩：“你信过的人，我绝对信过。”同时黄给国民党甘肃省政府去电要我，省政府接电后，即电陕西军官纵队让我回甘办理手续到黄处工作。我接到纵队通知后便来甘肃第八战区长官部报到，由战区介绍到省政府保安处办好手续后，便于 10 月 10 日来到拉卜楞。这天恰逢庆祝双十节的大会刚结束，当天下午就去了黄公馆。黄见到我后很高兴，热情接待，留我共进晚餐，并让我担任了副司令的职务（我未来之前副司令一职空缺，由黄正清四弟阿莽仓活佛兼任）。因我系郑明轩介绍，黄正清很放心。他派人把我送到司令部下榻。翌日，黄正清来司令部，召集官兵开会，介绍互相认识后，黄将夏河县保安司令部的编制、任务、管辖区域及制度，概要地介绍了一下。当时保安司令部正副司令以下，设有参谋、副官、军医、军需和马政官各三两人，保安司令部直辖藏兵三个团（经常住寺院周围）、一个保安大队（下设三个中队）。

夏河县地域辽阔，水草丰盛，发展畜牧业有得天独厚的条件。这里，世世代代居住着勤劳勇敢的藏族同胞。此地系甘、青、川的咽喉，战略地位比较重要。

我到保安司令部后因与黄是初交，又不了解他的思想动态，不敢轻易置喙。稍有不慎不仅会招来杀身之祸，还会影响肖焕章交给我的任务。在这种困难重重的情况下，我下决心创造条件，步步和事事取信于黄。从此我对官兵加紧训练，整顿内容，改善士兵生活，当时保安司令部士兵，每月每人只给三升青稞，真是枵腹从公，枪支又极其窳劣，我主动通过黄向省政府交涉，才批准发给士兵每月每人四十五斤面粉，并批发了一些枪支。对此黄很满意，并说“此事是我多年未能解决的，经你交涉现在解决了，我很高兴”。从此以后，黄和我的关系日趋密切。

二、浪山时节细谈心

经过一年多的时间，我和黄已无话不谈。当时全国各战场中的人民解放军已转守为攻，节节胜利，蒋介石为挽救败局，急调马步芳部队来兰州、临夏一线布防，凭天险黄河死守金城，而夏河县毗连临夏，马步芳部队随时有窜扰拉卜楞的可能，因而黄忧虑在身。此时，陇右工委多次召集会议，专门研究拉卜楞地下工作的有关问题。

在和黄正清相处的过程中，我对黄逐渐有所了解，黄在藏族中威望高，号召力大，而且为人热情，开明豁达，吸收新事物较快。我每天同他在一起，不是开会就是视察，时常也谈局势。1948 年 3 月，陇右工委派地下党员常秋英专程来拉卜楞传达陇右工委争取黄正清的指示，令我坚决完成任务。我奉指示后，开始了思想准备工作。1948 年（注：应为 1949 年）浪山节时，我同黄正清在黄宅对面山腰的帐篷内就国内、省内和夏河县的形势整整谈了一天，其内容主要是：就蒋介石本人来说，独裁专横，偏私、嫉贤忌能，为了达到其野心，不择手段，自毁协议，挑起内战；以美式武装的嫡系部队独受宠爱，杂牌部队冒死决战，屡战屡败；苛捐杂税多如牛毛，征兵要粮，经济破产，民不聊生，怨声四起。比较之下不难明确。借助这些，我劝黄正清“紧跟国民党是没希望的，也是没有出路的，与其坐待灭亡，不如趁早自谋出路”。经过再三工作，黄正清才萌发了决心起义之心。在起义问题上，常秋英也给黄夫人策仁娜姆做了一定的工作。不久，黄正清和我又在黄公馆召集了各界人士会议，研究如何应付战争问题。黄正清讲道：国共战争中国军损失一百多万，失地也不少，我们拉卜楞没有外来驻军，我们的力量大家很清楚，只有一些藏兵，并且一无重兵器，二无正规训练，仅能维持地方治安，何堪能对付攻无不胜的人民解放军呢？现在全国不少地方解放了，如果解放军接近，我们先按其他解放区的例子，把拉卜楞作为一个真空地带，移驻阿木去乎后双方再进行会谈。1949 年 8 月，王震兵团已到天水，我准备去接头，黄说时机尚早。不料，解放军以神速巧妙的战术，解放了临夏和兰州，并向青海逼近。此时我们正准备派代表去临夏，王震兵团已派代表李福林前来正在途中。我们派人速去请李代表到距夏河三十华里的洒索玛商谈，可是李代表没住洒索玛直来夏河。黄没见面，令我去招呼。李福林未见黄面，不考虑自己来夏河的任务，即召集军事和政治两个会议。政治会上李代表提出选县长，黄祥和一位回族同志（姓名忘了）被选为副县长，李福林为正县长，第二天他们就回去了。以后听说李被王震司令员批评了。送李代表走后我去找黄正清，黄说按上次会议的决定司令部官兵和各界有关人移住阿木去乎后，再派代表赴临夏。记得当时一同前往阿木去乎的有伪县长殷裕国、特别党部书记长郑英、贸易公司经理吴志仁和其他单位的一些人员。

三、拉卜楞解放情况

我们移住阿木去乎两三天后，黄正清就派我和副官黄立中、大寺喇嘛俄项为代表前往临夏见到了王震司令员，声明我们竭诚拥护中国共产党的领导，准备起义投诚，王司令员表示欢迎。开会时王没参加，参加的是牙含章、杨和亭、高尚诗和兵团政委鲁瑞林。会上我们表示坚决拥护共产党的领导，欢迎从速解放拉卜楞。会议决定让我兼程去阿木去乎，叫回黄正清以及各机关人员，同时王司令给黄正清带信令他速返回，一块儿解放青海。我们由阿木去乎返回拉卜楞时，王震司令已过黄河去解放青海了，未能赶上。于是我们又着手欢迎中国人民解放军解放拉卜楞的准备工作。

解放的那一天，我们在县城四周山上布满了藏兵，除有任务和警戒兵外，其余部队人和枪支分别集中，以免产生不良后果。9月20日，牙含章同志和刘光奇团长率部队到了夏河。当时以黄正清为首的夏河各界人士及僧俗数万人夹道欢迎，盛况前所未有。开会前解放军在河南爆破土墙做了实弹表演。

曾和我一同赴临夏的黄立中和俄项二人不久去兰州晋见了一野彭德怀总司令，彭带口信叫黄正清快来兰州，并派一野联络部贾志珍专程去夏河接迎黄正清赴兰，黄到兰州后，被任命为省人民政府委员、农林厅副厅长。

夏河县解放后，牙含章让我将“东藏自治运动联合委员会”所辖的甘、青、川藏族人民的有关人员、地理等方面的情况，写一材料，并用汉藏文字记载。1949年11月，我同常秋英到兰州革大学习时，途经临夏兵团司令部，承蒙兵团政委鲁瑞林和牙含章、高尚诗、杨和亭等人的热情招待，共进午餐，我便将自己起草的这一材料交给了牙含章同志。我到兰州革大学习时黄正清对我讲他在调往兰州路经临夏时，李司令员、杨和亭、高尚诗及鲁瑞林都同他见了面。到了兰州后，又见到了彭德怀总司令、习仲勋政委及贺龙、张德生等领导同志，他们对我们的起义，极表欢迎。革大结束后，我被分配到甘肃省监察委员会任政务秘书和司务秘书，常秋英搞人事工作。

上述情况系我在1947年10月至1949年11月在拉卜楞工作的情况，所述事情由于本人水平低，加之时逾四十年，遗漏不足之处在所难免，希知情者和当事者给予补充和指正。

1987年10月20日

本文选自中共甘南州委党史资料征集办公室：《甘南党史资料》，第一辑，1988年4月。

喜饶在解放前后从事的革命活动

刘奎[①]

喜饶，汉族，原名刘永珍，系青海省湟中县人。1919年10月出生在一个贫苦农民家庭。15岁在青海蒙藏学校毕业后，到南京西藏补习学校读书两年。1936年至1940年7月，在国民党中央政治学校附设蒙藏学校念书，因参加进步活动被开除。1941年1月，在重庆曾家岩50号八路军办事处接受叶剑英分配的任务，到甘、青藏区开展革命活动。1946年8月，在夏河县被国民党政府以“共产党嫌疑”逮捕，押往兰州监禁。1948年9月被保释出狱。1949年9月，在兰州接受解放军一野副司令员兼兰州市军事管制委员会主任张宗逊的派遣，到甘、青藏区招生。解放后在青海省劳改局、省民委等单位工作。1966年9月蒙冤入狱。1972年12月被无罪释放。1985年6月病逝，享年66岁。

一

1939年，在重庆国民党中央政治学校附设蒙藏学校读书的边疆各地青年，为了寻求革命真理和民族解放的道路，以藏族学生平措旺杰、吴振纲为首秘密建立了“藏族共产主义革命小组”。

① 刘奎，中共甘南州委党史研究室干部，已退休。

“共产主义小组”成立后，经常组织成员学习共产党举办的《新华日报》和《群众》等一些报刊，努力掌握党的一系列革命理论和在民族方面的方针政策。为了表示抗日和革命到底的决心，他们曾以“共产主义小组”的名义给斯大林和毛泽东写信，通过学校的进步教员转交给八路军驻重庆办事处。

1940 年，“共产主义小组”成员发展到近 40 人，为了便于活动，他们组建了各地藏族青年“旅渝同学会”，作为“共产主义小组”的外围组织。其主要宗旨是：加强各地藏族青年之间的联系，为藏族人民的解放事业服务。这时，正在蒙藏学校学习的青海汉族青年喜饶也参加了这一组织。由于他热情高，工作积极，表现突出，逐渐成为同学中的核心人物。随着组织的日益扩大和活动的日趋公开，被国民党学校当局所察觉，并想尽一切办法进行破坏和瓦解。他们先将吴振纲开除学籍，遣送回夏河拉卜楞原籍。一月之后，平措旺杰和喜饶也被开除学籍。是年 7 月，他俩经人引荐结识了邹韬奋先生，后由邹联系，介绍给重庆曾家岩 50 号八路军办事处，受到八路军总参谋长叶剑英和办事处首长王梓木的接见。叶参谋长详细询问了他们的家庭情况、社会关系和被校方开除的原因等，欣然接受他们参加革命的请求，并分配两人到西康和甘、青藏区进行革命活动。

二

1941 年 1 月 3 日，平措旺杰和喜饶离渝奔赴西北藏区。由于平措旺杰的校服早被校方没收，行到四川省广元县后被国民党军警阻留，他只得返回重庆。喜饶只身北上。2 月 10 日，喜饶到西安八路军办事处（七贤庄 1 号）后即将沿途情况电告了叶剑英总参谋长。

1941 年 3 月，喜饶回到拉卜楞后，5 月初同吴振纲、水振东、杨生英、王仲甲五人在卓尼达子多山林里成立了从事革命活动的秘密领导小组。稍后，喜饶和吴振纲联络各族青年组织了有150多人参加的“拉卜楞革命青年同学会”，由吴振纲领导。为了更广泛地接触群众，喜饶转移到青海苏户（河南蒙旗）等地组织了“藏民同乐会”和“藏族文化研究会”。同年9月，喜饶随青海河南蒙旗亲王去西宁，被国民党特务所怀疑，受到再三盘查，后设法脱身来到兰州。1942年4月，喜饶在兰州八路军办事处将他在甘、青藏区的革命活动及工作情况向叶剑英发电做了汇报。

电称：①

剑英同志：

甲、去年元月离渝，一同有凭错纲解（指平措旺杰）同志，至四川广元被扣，我单独于三月间到拉地蒙（指夏河县拉卜楞地区和青海河南蒙旗），当与黄正清协助在藏民学校服务，并在拉寺研究藏文。同年元月，请假随黄河南亲王离拉赴青界之苏户，后又随他去青海。青马以为我有别的思想，再三盘问。后即来兰。十月再度赴拉，在拉寺研究藏文。十二月末国立拉卜楞职业学校新校长介绍去该校任训育组长。三月前往卓尼、临潭招生，共八九十人。

乙、工作情形：（一）去年五月，在拉组织一同学会。（二）又在苏户设一藏民同乐会，在拉设一藏文研究会。各会人数：拉卜楞青年同学会，现在有一百五十余人。藏文研究会现有十余人。藏民同乐会，因在草地交通不便，未详。本年，再设拉卜楞青年同学会两处（卓尼、梅伍两地），并在拉设合作社。

① 此电文来自甘肃省党史征研委员会档案7–25号卷宗。省征委存档的是各地给中央电报的复印件。原件保存在中央档案馆。

丙、(一)请中央暂借一万元，作经济基础。(二)中央请派文书和数学教员各一名。(三)边地虽有热心青年，但因军火缺乏，不能实现，请发盒子枪两百支，子弹万发。(四)派一人到延安受训，是否可以。

抄叶 希饶10号

重庆八路军办事处给喜饶复电，指出秘密工作之要点：

(一) 每半年将工作情况向兰办处报告一次。

(二) 广泛展开群众间的联系。

(三) 费用由兰办处领。

喜饶从兰州回来后，遇到国民党中央政治学校一教员来拉卜楞接管职业学校，他凭借师生关系，在国民党中央直属边区拉卜楞党部谋得一职，后又在国立拉卜楞职业学校合作社兼职。他利用这一公开身份，在去临潭、卓尼、岷县等地为职校招生时，积极宣传共产党的抗战主张，抨击国民党的黑暗统治。他的这些行为使国民党军政当局大为不满，即下令撤销“拉卜楞革命青年同学会”，限制会员的言论与行动自由。为此，喜饶与吴振纲等人秘密商议，为保存革命力量，便向国民党拉卜楞军政当局发出了关于撤销“青年同学会”的声明。不久，喜饶所任的公开职务也被全部免除。他和吴振纲由此遭到许多不明真相者的诽责和疏远，处境变得很困难。

1943年，喜饶与吴振纲离开拉卜楞漫游青海各地。他们以做小生意为掩护，走庄串村，广泛接触受苦受难的劳动人民，宣传革命道理，鼓动各族人民团结起来，共同反对马步芳军阀的残酷压榨和疯狂屠杀，并秘密组织了“藏族人民解放委员会”。返回拉卜楞后，喜饶与吴振纲广泛联络卓尼、临潭的会员，准备伺机起事，反抗国民党的统治。后因奸人告发，举义失败。事虽未成，但声势颇大。

1946年8月，喜饶在拉卜楞镇被国民党军警以“共产党嫌疑”逮捕，押往兰州李家湾狱中监禁，受尽凌辱和磨难，直到1948年9月经人保释出狱。他在牢中度过了两年零一个月的时光。出狱后，为了逃避国民党特务的追踪迫害，他便流亡到甘、青、川三省交界的拉摩（郎木寺）地区。喜饶在这里接触地方上有威望的人士，发动群众，筹措资金，设法购买枪支弹药，暗做迎接解放的准备工作。

1949年8月初，甘肃东部的一些地区相继解放，解放大军正向兰州四周挺进，锐不可当。喜饶闻讯后欣喜若狂。他立即从郎木寺星夜赶到临潭旧城，召集革命力量和进步势力，布置迎接解放军西进的工作。不料，在秘密开会时，突遭匪特袭击，当场牺牲一人。喜饶只身逃到旧城以北的甘沟、羊沙地区，躲藏在老百姓家里。后来，他在群众的协助下，越过莲花山来到临洮县城，受到解放军一野一兵团政委傅志华的接见。两三天后，喜饶被一兵团政治部主任曾涤送到兰州，由一野副司令员兼兰州市军管会主任张宗逊派遣，赴甘、青藏区招生。

三

1949年10月18日，经张德生批准，由喜饶和甘南藏族青年黄培德、韩志华三人组成“藏区招生工作组”，喜饶任组长，为西北人民革命大学兰州分校第三部招收学员。他们即从兰州出发，风餐露宿，历尽艰辛，经洮沙、临洮、会川、临夏、临潭、卓尼、岷县和夏河，到青海省的同仁、循化、化隆、乐都、民和、贵德、湟中、湟源、大通、互助等18个县。所经之处，除进行招收藏族和其他少数民族青年外，还召开群众大会，宣传党的民族政策和宗教信仰自由政策，并收缴步枪一支、大烟五包，这些东西都交给了夏河县政府并呈报兰州西北军政委员会。他们这次甘、青藏区之行，共招收了250余名各民族学生，这些青年经过在革大三部的短期培训后，都被派往甘、青藏区开展工作，成为解放初期党在少数民族地区开展工作的骨干力量。

1950年1月，“藏区招生工作组”一行三人抵达青海西宁后，喜饶已被任命为西北军政委员会民族事务委员会委员和青海省人民政府委员。随即，招生任务完成。1月9日，喜饶参加了青海省各族各界联谊会。在会上因参加青海各族代表要求召开“东藏自治”问题座谈会的签名而受到批评。是年12月，喜饶被派往中央民族学院第一期军政干部训练班学习。于1953年毕业后到青海省工作直至去世。

本文选自中共甘南州委党史资料征集办公室：《甘南党史资料》，第三辑，1991年4月。

在夏河的日子里

杜鹏程[①]

1949年夏，西北野战军数十万军队，从陕西出发，兵分数路，发起了“兰州战役”。左翼是王震将军率领的一兵团，十八兵团的六十二军，此时也归王震将军指挥。一兵团8月2日从天水攻击前进，解放了许多县城，并强渡洮河。22日，解放了临夏，26日我主力部队解放兰州。

24日兰州解放前两天，夏河藏族青年吴振纲听说临夏解放的消息后，赶到美武，和杨世杰商议去临夏欢迎解放军进入藏区的事。吴振纲曾上过南京蒙藏学院政治系，懂得藏、汉语，思想进步。杨世杰是美武王旗的土官兼美武乡乡长，又是马步芳不给粮饷自备枪的骑兵团长。他们正商议时，适逢杨子发到美武出差，亦决定同去临夏。他们先后来到临夏，见到了中国人民解放军第一野战军一兵团司令员兼政委王震同志，反映夏河一带情况，迎接解放军进入夏河地区。

兵团王震司令员决定派我前往夏河了解情况，促进夏河和平解放。和我同行的有我的助手小李，通讯员郝兆龙，还有前来迎

---

① 杜鹏程（1921—1991），当代著名作家，解放战争时期曾任新华社随军记者。夏河解放时，杜鹏程曾做出过积极的贡献，并参加了中共夏河工委的筹组工作，任工委委员。主要著作有《保卫延安》等。

接解放军的吴振纲、杨子发和两名藏族代表共 7 人。

我们骑马从临夏出发，当时土门关内外，汉、藏、回各族人民受到反动宣传的影响，大多逃跑了。我们进关后，首先到清水，找到了原清水乡乡长蔡某和桥沟小学校长朱某，在桥沟小学里召开了部分藏、汉群众会，由我讲解党的民族政策和宗教政策。第二天到沙沟，找到了沙沟寺襄佐更登，他兼任沙沟乡长，还有一回民老乡，在加科开了数十名藏、回、汉群众参加的会。下卡加寺院更察布老哲接待了我们，给我献了哈达。第二天清早，杨世杰派出人来联系。我们到达排勒沟时，杨世杰率领美武五旗武装骑兵 800 多人在草滩上列队欢迎，还简单举行了欢迎仪式。会上，杨世杰致欢迎词。我讲了话，宣传党的民族宗教政策，说明解放军尊重少数民族风俗习惯；希望那些跑出去的群众早日回来，安心生产等。会后，藏兵鸣枪跑马，以示庆贺，群情激动，气氛热烈。这些活动，在当地产生极大的影响。消息迅速传到了合作、博拉、下巴沟、阿木去乎一带，跑出去的群众很快陆续回来了。

我们在美武地瑞庄杨世杰土官公馆住了两天，我代表王震司令员赠给杨世杰一张王震司令员的骑马照片，上面题有“赠给美武土官杨世杰，中国人民解放军第一野战军第一兵团司令员兼政委王震”字样；还有王震司令员的信，信内说明把宪兵营缴获的步枪回赠杨世杰作为打猎之用，并约杨去临夏会晤。后来杨去了临夏，王震司令员已去了循化，指挥向青海进军的新战役，未能见面，杨世杰让我们三人住在他家的木楼上，招待热情。我数次和他长谈，有时也请吴振纲参加。为他讲形势，讲前途，我们坦诚的态度使他很受感动，对我军也有了新的认识和理解。

第三天，我们到了合作寺院，该寺院襄佐兼合作乡乡长藏索巴、汉族乡长牛良臣等召集了藏、回、汉群众七八百人，借逢集日在“丛拉”（市场）开了群众大会，我讲了话。当晚，藏索巴招待我们吃了藏餐。次日，从合作起程到隆瓦乡，隆瓦土官兼乡长王成烈在路旁迎接我们，并召集寺院喇嘛、加科群众开了会。当晚住在隆瓦寺院。次日翻达麦山向夏河前进。途中收留了两名一高（名汪方）一矮（名刘金）自称是我军掉队的战士，仔细一查问，原来是溃逃的国民党士兵，各带一支冲锋枪。经过说服教育，他们看情况复杂，跟上我们较安全，于是留下来，到达达麦时，受到李彦虎及其十几个红帮弟兄的迎接。

到了夏河，情况有些复杂，黄正清去了阿木去乎，情况不明，为安全起见，有时换地方住宿，但大多数时间是住在旧县政府里，白天我受到热情的接待，有的还请客吃饭，但在夜晚，常听到战马在县政府附近奔驰。助手小李、通讯员郝兆龙，还有汪方、刘金，他们有时集体放哨，有时轮流在我住房外站岗，有时还到河滩用“冲锋枪”打几梭子，以提醒某些妄想生事胡来的人。而我却照常办公睡觉，找人谈话，安排该干的事情。

黄正清走后，黄祥留在夏河，在夏河正式办公，数日后听说，先前还有两位解放军工作人员来夏河和他接头，黄祥也派代表去临夏欢迎解放军。一兵团进驻临夏后，黄正清也派张子丰等人去临夏拜见了王震司令员，这些情况当时并没有仔细调查，具体时间就更说不清楚了。

到夏河十余天后，我骑马经桑科滩去阿木去乎会见黄正清，转告了王震司令员指示，劝告黄速回夏河。不久黄便回到夏河，当晚请我在他家吃便饭，同席有小李、郝兆龙等。我在夏河期间，曾多次找黄祥谈话，向他讲政策，并表扬他始终欢迎解放军的真诚态度，在整个工作过程中，黄祥确实起了很好的作用。

夏河当时有种种问题，但中心问题，还是说服黄正清，使他相信我党的民族宗教政策，要他依靠我军，其他别无出路。我多次和黄交谈，他也多次表示了愿为藏区和平、民族团结而努力。

过了几天，我临夏专署副专员牙含章和解放军刘光奇团长率加强营，还有随军工作的干部冯思福、杨天恩、张光清、房旭明等到了夏河。吴振纲随我到夏河后，始终帮助我工作，同时也协助军政干部进行接收建政，以及筹建“工委”，相当紧张。当牙含章副专员和刘团长等到来时，黄正清、黄祥等夏河各界人士和群众数千人列队欢迎，非常热情。

经过军政干部和各方面人士和广大群众的努力，夏河一些重大问题基本解决了。于是各方干部和当地一些藏、汉同胞日夜筹备，8月21日夏河“工委”成立，各族群众情绪热烈，参加各种庆祝活动。工委委员有牙含章、六十二军一八六师五五六团副团长刘光奇，团政委张成礼，还有一兵团政治部军代表的我，以及干部霍德义（霍后为工委书记）、张月胜、张怀有。从此，夏河的历史开始了新的篇章。

我在夏河地区近一月，主要是了解情况，争取各种力量，使他们了解党的政策，为以后来工作的同志准备条件。我第一次接近藏族同胞，他们诚实质朴的性格、艰难的生活引起我深深的同情和热爱；夏河奇异的风光，和具有特色的风俗习惯，给我留下永生难忘的记忆，更让我难忘的还有那些和我一起工作的众多的藏、汉族同胞，他们为夏河的解放立过功，应当记载在夏河史册上。吴振纲同志就是其中最突出的一位，他联系杨子发和其他两名藏族代表，冒着危险到临夏和我军取得联系，并领着我们进入藏区，而且我在夏河工作期间，吴振纲为我提供情况，帮助我接近藏族群众，对当时的工作起了很大作用，他为夏河的解放做出了重大贡献，他把自己的生命献给了夏河，他是藏族人民优秀的儿子。

在夏河我接触和交谈过的藏、汉青年很多，我给他们讲理想、讲抗日战争、解放战争等，每天工作到深夜。许多青年很快接受了革命思想，希望参加工作，如藏、汉青年杨子发、班智达、班智远、黄霖等，至今我仍怀念他们。

“工委”成立第三天，我们便离开了夏河，我、助手小李、郝兆龙、汪方、刘金，还有去兰州学习的青年班智远等三四人。欢送的藏、汉群众很多，使我深受感动。在离夏河百余里地方，杨世杰带数人在路旁等候，一见我便下了马，流下眼泪，说他一辈子也忘不了解放军，我鼓励他在“工委”领导下努力工作，并和他谈了很久才分手。

这里还有一个插曲，在我们归途中，汪方、刘金这两个被我们收留的国民党士兵，途中又犯了群众纪律，干了坏事，他们怕追究和责罚而逃跑了。为此事，我还给临夏地委写信说明情况，希望消除不良影响。

我和小李、郝兆龙9月28日到达兰州，将几位藏族青年送入学校后，便匆匆踏上了去新疆的征途。

1991年4月20日写于西安雍村

本文选自甘南报社编印：《芳草地》，2003年8月。

临潭红色党史不可或缺的一页

——王旗镇中寨村鲁治邦兄弟帮助红军的故事

鲁毅[①]　韩小东　马荣

在举世闻名的两万五千里长征中，红一方面军和红二、四方面军在前有堵截、后有追兵、缺衣少粮、连续征战的艰难情况下，分别于1935年9月和1936年8月先后来到甘南藏族自治州。在迭部、临潭等地，开展了轰轰烈烈的革命活动，召开了俄界会议、中共中央西北局洮州会议等重要的会议，决定了红军长征的出路和命运；腊子口战役、旧城突围战，沉重地打击了反动军阀鲁大昌、马步芳的嚣张气焰，粉碎了蒋介石企图消灭红军的企图和妄想。甘南各族人民拥护红军，支援红军，做出了突出贡献和巨大牺牲，书写了许多可歌可泣的动人故事，留下了丰富的红色遗址、遗迹和红色文物。青山有幸埋忠骨，这些宝贵的精神财富为甘南的崛起和快速发展发挥着不可估量的积极作用。

在这些红色故事中，杨土司开仓放粮的故事已经脍炙人口、广为人知，但是，同样在红军危难中三次献粮倾力帮助红军的鲁

① 鲁毅，时任中共甘南州委秘书长，现任政协甘南州第十五届委员会党组成员、副主席。

治邦、鲁理邦兄弟，至今鲜为人知。

弥足珍贵的红色史料

在临潭县新城镇的中共中央西北局洮州会议纪念馆（苏维埃旧址），陈列着一页纸张泛黄但字迹依旧清晰的借据，其内容为：“司令到沿山坪驮料来此，我军用丏（面）伍十斤，中寨鲁理邦交来禾豆壹石（担）以用军食，杂费大洋217元，仰该委员会主席照数查收，付给洋费以免捐之，而可凭条作用还。主任姜补，后用料科。九月卅日欠。”

而《红军长征过甘南资料汇编》（1935—1936）第五章第二节记载，红四方面军在临潭期间，临潭人民积极筹集粮草支援红军，于1936年8月19日成立了粮台，临潭新堡人丁兆林为粮台总台长。红军在王家坟等地发动群众，召开捐款大会，开展抗日募捐活动。广大群众捐了许多银元、布匹、衣物、鞋袜等。至今，王旗乡中寨村村民鲁玉喜还保存着一份中国抗日救国军甘肃第一路军司令李仲方（即李和义）向鲁理邦（鲁玉喜祖父）借粮款的借据，借鲁理邦“禾豆壹石伍斗，面伍拾斤，杂费洋壹佰壹拾壹元”。

1997年，临潭县民政局对这段史料进行全面核查，并下发（潭民发〔97〕09号）文件进行确认：“中央红军四方面军1936年9月间，长征北上抗日，途经临潭境内，在陈旗等地活动期间成立了地方抗日武装力量，为红军队伍筹措粮、款。当年，鲁玉喜祖父鲁治邦、鲁理邦兄弟二人给红军捐借面粉、粮和款之事，经查并认证：一、红军当时立有借据事实为真；二、所借粮、款，据查实至今没有如数偿还给当事人。当年红军留有借据三张，合计共借面粉550斤、粮食1500斤、银元（大洋）328元。第一张借据于1987年送交县民政局，原始单据已无存。第二张借据现存甘南州博物馆。第三张借据县民政局核实后交还鲁玉喜本人保存。”

一件文物、一段史料和一份文件共同引出一段故事：1936年8月，红四方面军在临潭新城建立苏维埃政府后，开展募捐活动、筹集粮草和扩大红军队伍期间，向临潭县王旗乡中寨村鲁治邦、鲁理邦兄弟三次借粮。

物资紧缺的仁义之师

1936年8月，红四方面军沿着红一方面军上年的行军路线进入甘南，打响了旧城保卫战。在短短的40多天时间里，创建了红色革命根据地，建立了甘南历史上第一个苏维埃政权——临潭县苏维埃政府，在新堡、王家坟、冶力关3个乡成立地方苏维埃政权，组建“中国抗日救国军甘肃第一路军”，并召开了具有重要战略转折意义的“中共中央西北局洮州会议”，否定了张国焘西渡黄河的错误计划，作出了全军北上与中央红军会师的正确决定。其间，红四方面军充分发扬红军战斗队、宣传队、工作队的优良传统，深入周边乡村发动群众建党建政、扩红支前，大力开展筹集粮财、创建甘南临时根据地等活动，在临潭回汉藏各族人民的心中播下了革命的火种。

但是，由于受自然条件的影响和当时生产力的制约，临潭新城周边农民家中的物资和粮食也十分有限，加之红四方面军三过草地、突破腊子口后进入甘南时已人困马乏、粮草紧缺，对于庞大且疲惫不堪的红军队伍来说，吃饭成了当时最大的困难，很多红军战士几天吃不上粮食，甚至饿得躺倒在地上。

深明大义的爱国之举

为解决红军队伍的物资匮乏问题，临潭县苏维埃政府专门成立了粮台，在县、乡苏维埃政府的协助下举行抗日募捐大会，广泛开展献粮、捐款、捐布鞋衣物、救护伤病员和参军扩红等活动，积极筹集粮草支援红军。红军也通过捐、买、借、缴等方式多方筹集粮草。在不明真相的情况下，当时，大多当地村民处于回避和观望的态度，给红军物资筹措工作造成一定的困难。

鉴于这一现状，临潭县陈旗乡中寨村开明爱国人士鲁治邦、鲁理邦兄弟二人率先挺身而出，为群众树立了标杆和榜样。仅现存有据可查的资料证实，在短暂时间里，鲁治邦、鲁理邦兄弟二人先后三次为红军送上小麦面粉 550 斤，禾豆等粮食 1500 斤，银元 328 块。

在鲁治邦、鲁理邦兄弟二人的大力带动下，中寨村村民及周边群众积极响应，尽其所能帮助红军。一时之间，临潭新城周边十里八乡老百姓群起响应，纷纷捐款捐物，竭力倾助红军。数日之内，捐赠了大量粮食、银元、布匹、衣物、鞋袜等，并有五六百名青壮年踊跃加入了红军队伍，为红四方面军继续北上抗日提供了较为充足的力量，奠定了走向胜利的基础。

当时，兄弟二人的这一拥军善举，本无求于红军的承诺和回报，但负责募捐征粮的红军战士严守军纪，依规办事，怀着感激之情如实为兄弟二人写下了借款借粮的凭据，并盖上印章，承诺革命胜利后一定兑现。从而也为这段故事留下了有据可查的史料。红军离开新城出发前，经手钱粮征集工作的几名红军战士特意赶到陈旗中寨村向兄弟二人告辞，并再次行军礼致谢。

一脉相承的优良品质

85年前，在红军长征经过临潭新城的艰苦岁月里，在党和红军最需要人民支持的关键时刻，陈旗乡中寨村的鲁治邦、鲁理邦兄弟悉心毕力捐粮捐物，倾囊相助红军北上抗日。这种竭尽仁义之道的义举和发自内心的爱国行动，无不体现他们为国为民的家国情怀和对中国共产党追求的光明真理的无比坚信。

鲁治邦、鲁理邦为同胞兄弟，鲁治邦为兄，鲁理邦为弟。一家人过着“稼穑为本、耕读传家”的生活，注重“勤俭持家、行善修德”的严谨家风。鲁治邦宽容厚道、勤快务实，常年在家劳作主持家务；鲁理邦读过私塾、头脑灵活，外出教书经商补贴家用。通常，家中大事兄弟两人商量或兄长决定后，均由弟弟经手办理，对于一些细节或文书账务，鲁治邦一般不过问。因此，在上述借据和县民政局所存原始资料中，鲁治邦未挂名或排名在鲁理邦之后。两位老人生前未对其子孙透露收藏三张红军收据的地方，也没有向党和政府索要物质或补偿。

鲁氏家族祖辈勤俭持家，注重修德，家风严谨。自鲁治邦、鲁理邦兄弟二人算起，时至今日其家族已延续四辈，目前人丁兴旺、家运昌盛，且秉承严谨家训，注重家风培养。尤其是鲁治邦长孙鲁毅，自小勤学善思、心怀志向、笃行厚道，是1978年恢复高考后陈旗乡中寨村第一个跳出农门的念书人，在三十几年的工作经历中，先后在县、州两级党政部门任职，现为甘南州委秘书长。

不该忘却的红色记忆

三张借据，引出了一个鲜为人知的故事，讲述了一段尘封久远的往事，记录了一段不可磨灭的岁月，也留下了他们支援红军的爱国义举和大无畏精神，成为临潭县乃至甘南州红色党史上红军与群众血肉相连、鱼水情深的最好的历史见证。

今天，85年过去了，当我们重拾这一段红色的回忆，一种无限的感慨和敬意自心底油然而生。这只是红军长征千千万万个拥军爱国故事中一个小小的片段，是甘南红色党史中老百姓真心帮助红军北上抗日的一个小小缩影，但它却被深深铭刻在历史的长河里，是甘南红色党史不可或缺的一页。

本文原载《甘南日报》，2021年6月30日

负责募捐征粮的红军战士严守军纪，依规办事，怀着感激之情如实为兄弟二人写下了借款借粮的凭据，并盖上印章，承诺革命胜利后一定兑现。从而也为这段故事留下了有据可查的史料。（原件藏于甘南藏族自治州博物馆）

风雨兼程担使命 不忘初心中国梦

——献给伟大的中国共产党百年华诞

鲁毅

诗不在远方，它就在我们心中。人生自有诗意，时代呼唤新篇。习近平总书记指出：我们有责任写出中华民族新史诗；讲好中国故事，不仅中央的同志要讲，而且各级领导干部都要讲。中国共产党团结带领全国各族人民，成功创造了一个个举世瞩目的中国奇迹，逐步实现了中华民族从几千年封建专制统治下，从“站起来到富起来再到强起来”的伟大光辉历程，开启了中华民族伟大复兴的光明前景。在党的100年华诞到来之际，赋现代诗一组，献给伟大的中国共产党百年华诞。

七月　江山如画　山川秀美
七月　绚丽多彩　灿烂辉煌
伟大的七月让我激情澎湃
光辉的征程让我无限感慨

一　苦难篇

1840 年鸦片战争中华沦陷
1842 年南京条约清政府丧权辱国
从此泱泱大国任人宰割
巍巍华夏山河呜咽
千年文明丧失殆尽
锦绣中华支离破碎
帝国列强肆虐神州大地百年屈辱满目疮痍

二　建党篇

四万万同胞身处水深火热
五四运动点燃激情岁月
于是十三位青年志士挺身而出
在 1921 年火红的七月
举起了共产党的伟大旗帜唤醒了沉睡百年的东方雄狮
从此
中华民族的希望在嘉兴南湖红船上启航
浸满血泪的华夏儿女看到了黎明的曙光
九万里长空拨云见日
星星之火点燃中原大地

三　革命篇

中国革命史新纪元开天辟地
日出东方党旗映辉九州大地

于是
您以七月的铮铮誓言
掀起了八月的南昌风暴
踏上了红都瑞金的土地
经历了八百里井冈山的血火征程
走过了两万五千里长征的血雨腥风
闪闪红星照亮了陕北晴朗的天空

四 解放篇

延安窑洞里发出炽热的光芒
猎猎党旗指引着前进的方向
复兴的枪炮声在白山黑水间斩关夺隘
革命先烈在浴血奋战中谱写新中国乐章
亿万军民唱着义勇军进行曲
伴随着国际歌的雄壮旋律
在波澜壮阔的人民战争汪洋大海里
将日寇侵略者和蒋家王朝一同埋葬

五 建国篇

铁锤砸碎了旧乾坤
镰刀劈开了新世界
五星红旗漫卷神州大地
十月的建国礼炮震撼天宇
毛主席在天安门城楼上庄严宣告
中国人民从此站起来了
亿万农奴翻身得解放

祖国母亲和她的儿女们共欢庆齐欢唱

六 立国篇

土地改革消除了千年的封建剥削
四亿人民当家作主共建美丽祖国
抗美援朝打破了美帝国主义不败神话
向世界展示了中华人民共和国的强大
红旗轿车铸造出中国人民的工匠精神
一桥飞架南北让社会主义道路畅通
两弹一星确立新中国的国际地位
邓小平理论彰显中国特色社会主义思想
改革开放引来八方惠风
经济建设在春天的故事里腾飞
高峡出平湖兑现了一代伟人的夙愿
港澳回归圆了祖国百年的梦

七 兴国篇

五十六个民族唱着东方红
豪情满怀地走进新时代
三个代表不断实现着最广大人民的利益
科学发展观翻开了21世纪扉页的辉煌
灾难面前诠释了您无畏和博大的爱
奥运世博向全世界展示了新中国国富民强
神舟开启了人类迈向太空的新纪元
常娥书写了航天探险科技的新篇章
和平共处五项原则不断得到国际社会的认可

独立自主的和平外交政策同各国共建和谐世界

八　强国篇

五位一体开辟社会主义伟大事业广阔前景
四个全面宣示党中央治国理念全新布局
社会主义现代文明引领转型发展长治久安新征程
五大发展谱写中国特色社会主义绚丽篇章
打虎拍蝇让政治生态更加风清气正
八项规定为建成两个一百年保驾护航
供给侧结构性改革促进经济平稳健康
一带一路构建世界上最长的经济走廊
中国发展红利让世界人民共享

九　小康篇

十九大承前启后继往开来
中华民族向伟大复兴目标奋勇前进
四个意识凝聚继续前进的磅礴力量
四个自信为中国梦注入不竭动力
构建社会主义和谐社会十四亿人民携手同心
全面建成小康社会新中国与时俱进
生态文明建设描绘出神州大地靓丽画卷
乡村振兴华夏儿女在社会主义道路上雄姿焕发
五十六朵鲜花将编织出异彩纷呈的锦绣山河

十　复兴篇

习近平新时代中国特色社会主义思想闪耀着
马克思主义真理的光芒
人类命运共同体展示着
中国致力于建设美好世界的大国担当
脱贫攻坚书写了人类发展史上最伟大奇迹
疫情防控中再次彰显中国精神和中国力量
多边主义的火炬照亮人类前行的道路
为人类文明发展进步注入强劲动力
伟大复兴中国梦在世界腾飞翱翔
中华强盛的宏愿使您豪情万丈
您将谱写人类史上最华丽的篇章

十一　真理篇

岁月铭刻着奋斗的艰辛
历史映射着真理的光芒
党啊亲爱的党
不忘初心是您庄严的承诺
牢记使命是您的责任担当
100 年的风雨历程铸就了您坚强的信念
72 载的自强不息展现着您振兴中华的思想
炎黄子孙将在您驾驭的航船上
乘千里长风破万重浪

十二 自信篇

火红的党旗迎着胜利高高飘扬
实现中华民族伟大复兴是您崇高的理想
党啊 伟大 光荣 正确的党
您是中华民族的希望
您已屹立在世界的东方
风雨砥砺您托起中华民族不屈的脊梁
励精图治您创造人类史上最壮丽的篇章

甘南广播电视台 2021 年 7 月 17 日播发

农民起义

甘南农牧民起义

敏建新[①]

“甘南农牧民起义”是指1943年发生在甘肃南部的由肋巴活佛、王仲甲、马福善等领导的农牧民起义，俗称“饥民起义”。

1940年后，甘肃南部连年大旱，饥荒遍野，生灵涂炭，国民党政府还巧立名目，横征暴敛，民众不堪疾苦，各地农民纷纷起来抗丁抗粮。1942年，临潭县冶力关镇的汪鼎臣、黄建伟，八角村的任效周等人，利用“哥老会”组织进行活动，并与临洮的王仲甲、靖远的肖焕章、康乐的马福善等取得联系，开始了农牧民武装起义的准备。王仲甲等以“哥老会”设香堂为掩护，在冶力关、八角、干沟、羊沙及康乐足古川、斜角滩一带活动。黄建伟同郑汉臣在东路联系王子寿、宋堪布、窦巨川、何凤绍、达娃子、侯黄娃等人开会商定，呼应北路，发动群众在春播后起义。松鸣岩寺第十八世活佛肋巴活佛在康多、勺哇一带组织了一个“草登草哇”（七部落组织）。1943年2月，肋巴活佛到石门口召集了会议，动员总寨、王旗、马旗沟、谢家坪、韩旗及石门等处群众发动起义。

3月25日拂晓，肋巴活佛、黄建伟从冶力关出发至八角村，分别到庙花山、竹林山、莲花山、八度及康乐县的杨家河、斜角滩、四坪等地宣传，两天之内，呼应起义的农牧民达1000多人，

① 敏建新，临潭县县志办干部。

农牧民起义纪念碑

由肋巴活佛率领到冶力关和当地起义农民会合，队伍达 2000 多人。

3 月 28 日，肋巴活佛、黄建伟、任效周、汪鼎臣、王万一等人带领各路起义农牧民到冶力关常爷庙杀猪煨桑祭祀，然后到冶力关泉滩举行誓师大会。会上提出了先攻打新城，后到武都接尕张（张英杰），然后冲破敌人封锁线，去延安投靠共产党的主张。并正式宣布肋巴活佛为总司令，任效周为司令，汪鼎臣、王万一、黄建伟为副司令，李士俊为参谋长，下编 3 个团，由年旦增担任司令卫队营长，邢生贵、吴吉昌、杨茂青、康志贤、朱文昌代等为营长。会后，起义队伍连夜向县城进发，在羊沙会合时，起义农牧民已有 3000 多人。

3 月 30 日黎明，起义农民在党家沟分三路进攻县城，肋巴活佛率领 300 多青壮年和几十名骑兵，穿过褚家堡川，攻进东门；王百户率领 40 多名武装人员绕过东门，顺南门河西上，进了南门，直奔县政府；汪鼎臣带领多数人占领了凤凰山、北门湾、文昌宫等山头；黄建伟的随从侍官祁孝良把一面杏黄色龙旗插在关上。起义农牧民在南门庙刺杀了逃跑的县长徐文英夫妇，在县城杀了县党部书记及粮警、县邮电局长等人，放火烧了县政府，开监释放犯人，打开粮仓救济饥民。首战告捷，撤离新城。当天翻越兔石山驻扎在石拉路、李家河、罗卜沟、大桥关和马旗沟的张家沟一带休整。

4月5日，王子寿带领数百人到王旗庙集中，宣布起义军为“仁义军”，制定了红底白字的袖章。4月7日到牌路下召开大会，黄建伟在会上宣布：宋堪布任东路起义军司令兼第一师师长，王子寿任副司令兼第二师师长，窦巨川、何凤绍任团长，邓汉隆任独立营营长。马福善宣布起义军先去武都接张英杰，然后去延安找共产党。起义队伍打开了大桥关、阎家寺、龙元山等地富户粮仓，救济了饥民。这时，起义部队已达4000多人。

4月8日，驻在大桥关等地的北路义军，沿洮河直上，翻过葫芦嘴，出大房沟向岷县进发。到冷地口时，临潭县保二团团长张民戎急调保安队追击，岷县专员胡守谦亦派中央军骑兵二十五团阻击。义军被围，因武器不足，更缺乏作战经验，一时大乱，不少人跑向两面高山。保安队架起轻重机枪向两山扫射，义军受到很大威胁。在这紧要关头，肋巴活佛、黄建伟等率部赶到，打退了敌人。这样，驻扎在黑石咀和武旗等地的东路起义军听到北路义军在冷地口失利，大失所望，解散回家。北路义军在冷地口失利后，北进大房沟，翻葫芦嘴顺洮河直下到石门园尼，后到甘沟，派人到临洮与王仲甲、马福善联系。肋巴活佛率军从冶力关出发，于4月20日，与临洮、广河、和政、康乐等地的起义军在会川县门楼寺会合，并召开了会议。这时，起义军发展到近两万人。会后黄建伟率一部分起义军返回康乐、临潭冶力关一带打游击；大部分由肋巴活佛率领，会合各路起义军去岷县。4月20日，肋巴活佛率领的义军跟随王仲甲南下武都，在礼县与临洮刘鸣、武都张英杰部会师，并召开紧急会议，推选担任过国民党住武都骑兵营营长的张英杰为总司令，王仲甲为副总司令，刘鸣为总参谋长，将起义军番号改为“西北各民族抗日义勇军”，攻占武都，在陇南一带杀富济贫，开仓放赈，制造武器，鼎盛时期称有10万之众。

甘南农牧民起义的不断发展扩大，震撼了国民党在甘肃的统治，蒋介石为之震惊，令第八战区司令朱绍良和甘肃省政府主席谷正伦调集军队限期剿灭。6月，起义军在攻打武都途中与敌伪十五师和地方民团展开了激战，在敌重兵合围下，起义军分别突围，各部遂向北撤。甘南农牧民起义军转战十多个月后，在国民党反动派的镇压下，由于缺乏党组织有力的帮助和领导，失败而转为地下斗争。

起义失败后，王仲甲在陇南山区辗转，开展了六年多艰苦的游击斗争，后由于叛徒杨龙祥等三人出卖，牺牲于武威。肋巴活佛为避开敌人的追捕，一边在卓尼白石山、和政松鸣岩及夏河等地避难，一边寻找中国共产党。1945年12月，经陇右工委高健君、牙含章介绍加入中国共产党。1946年6月，受党组织委派，去延安学习和汇报工作，途经平凉安国镇时因车祸遇难，年仅31岁。

这场由甘南地区汉、回、藏、东乡族等各民族参加的抗暴反蒋、反剥削反压榨的农牧民起义，虽然失败了，但是它打乱了国民党围剿延安的部署，给予国民党反动政府以沉重的打击，并牵动了大量敌兵，从政治上、军事上策应了陕甘宁边区的革命斗争，推进了甘南地区乃至甘肃人民的政治觉醒。

本文选自马廷义主编:《临潭史话》，兰州，甘肃文化出版社，2017。

甘南农民起义是民族团结的典范

宁生才[①]

在阶级社会里，民族对抗和民族压迫是普遍的历史现象。在中国历史上，不论是汉族或其他少数民族，当占据了统治阶级的地位和权力时，对异民族推行的都是民族歧视和阶级压迫的政策。而历史上爆发的无数次农民起义，往往是单一民族的孤军奋战。但1943年爆发的甘南农民起义，则是以汉、回、藏、东乡、土族为主体的反抗国民党暴政的一次民族大联合的斗争。这场起义，在甘肃近、现代史上，树起了民族大团结的旗帜，成为甘南各民族团结奋斗的光辉典范。

一、甘南农民起义爆发在民族关系比较紧张的历史时期

甘肃历来就是一个多民族聚居、杂居和散居的地区，民族关系比较紧张复杂，因而，民族之间的纠纷也十分频繁。由于历代统治阶级的挑拨和破坏，甘肃各民族之间的关系十分紧张。清代甘肃回民几次起义，都是由于清朝统治者的压迫和教派之争，或因回、汉相斗而爆发的。

---

① 宁生才，中共甘南州委党史研究室干部，已退休。

国民党反动派继续效法推行历代统治者的民族压迫和歧视政策，他们采取“以夷治夷”“化夷为汉”的政策，使各民族间的关系仍处在十分紧张的状态。1928 年 4 月，甘肃发生了“河湟事变”，马仲英、马廷贤等率部突入甘南临潭、卓尼、夏河，“杀死无辜藏、汉民达万人”，烧毁禅定寺和拉卜楞寺部分殿堂，使回、汉，回、藏之间的矛盾更加恶化。从 1918 年到 1927 年的十年里，青海镇守使马麒，侵占了拉卜楞寺地区，血腥屠杀七千多名藏族僧俗，焚烧了三十多座寺院和村庄，致使回、藏矛盾激化，相互仇视和隔阂很深。经过这些大的民族动乱和仇杀，极大地伤害了甘肃各民族之间的感情，破坏了民族间的团结，加深了民族间的矛盾和隔阂，使各民族常常处于敌对和戒备状态。

二、为了共同的利益，各民族团结抗暴是甘南农民起义的特征

1942 年，甘肃南部地区大旱，颗粒无收，饥荒遍野，民不聊生。国民党政府不但不向灾民赈济，反而巧立名目，横征暴敛，加重人民的负担，各种苛捐杂税名目繁多，接踵而来，“什么兵款、马款、枪款、土地税、人头税、乡丁费”① 以及各种各样的招待费，压得人们喘不过气来。同时，国民党政府还在各乡重新丈量土地，保长、乡丁乘机讹诈勒索，盘剥人民。自 1940 年以来的甘肃大规模的丈量土地，人民税赋比原来增加了 180%。到处是摧粮、逼款、抓壮丁，弄得家家户户鸡犬不宁，十室九空。是年，国民党政府在甘肃共多征土地税赋二十余万元，而因疾病冻死饿死者约占总人口的 36%，逃难者约占 10%。更可恶的是，政府将无主荒地强摊在农民名下，预征了一至五年的土地税，逼得人们家破人亡，流离失所，怨声载道。各族人民在天灾人祸的逼迫下，铤而走险。

① 张文霞：《洮河流域农民暴动史料初稿》，1957 年 1 月 17 日。

“哪里有压迫，哪里就有反抗。”从1943年1月起，甘南回、汉、藏、东乡等各族贫苦农民，不堪忍受国民党和军阀的黑暗统治，在回族农民领袖马福善和马继祖、汉族农民领袖王仲甲和藏族农民领袖肋巴活佛的领导下，联合起来，揭竿起义，反抗国民党的暴政。参加这次起义的有回、汉、藏、东乡、蒙古、土族等各族贫苦农牧民达十万人，革命烽火烧遍两河一江（洮河、渭河、白龙江）流域二十余县，震撼了国民党在甘肃的统治。在这次规模浩大的农民起义中，各族人民并肩战斗，共同杀敌，谱写了一曲各民族团结、战斗的赞歌。这场轰轰烈烈的农民起义虽然失败了，但在历代统治阶级制造民族仇杀和隔阂的土地上，各族义军战士用生命和鲜血凝结了民族团结战斗的情谊。对这次民族联合抗暴的壮举，就连当时的国民党政府也感到十分惊讶。他们在向蒋介石的专题报告中称：“西北回、汉、番，此次一反往常，携手合作，实亘古之创见。”

三、寻求民族平等是当时甘南各民族的共同愿望

甘南农民起义是一场自发的各族民众大联合的抗暴斗争，它爆发在回族聚居区的广河县、东乡族聚居的东乡县、汉族聚居的临洮县、洮沙县和渭源县等；回、汉杂居的康乐县和临潭县；以及汉、藏杂居的卓尼地区，波及二十余县。参加这次起义的有回、汉、藏、东乡等各族人民约十万人之众。其中，回族一万人左右，藏族约三千人，汉族六万七千多人，东乡族两千多人，它震撼了国民党的统治，是甘肃近现代农民运动史上的一大壮举。甘南农民起义爆发的地区，在历史上就是一个民族关系错综复杂，民族纠纷颇多的地区。到了清代，在统治阶级分化隔离政策的影响下，各族人民的积怨和隔阂很深，仇杀繁多。但是，1943年甘南各族人民在巨大的天灾人祸面前，一反过去互相仇杀和歧视的常态，携起手来，共

同反抗国民党的暴政，反抗民族压迫和民族歧视。把斗争的矛头直接指向国民党反动政府，杀死了国民党临潭县县长和一些恶霸地主等。这正如毛泽东同志说的："中华民族的各族人民都反对外来民族的压迫，都要用反抗的手段解除这种压迫。他们赞成平等的联合，而不赞成互相压迫。"[①] 在甘南农民起义的整个过程中，各族义军自始至终地团结奋战，共同杀敌，没有带任何丝毫的民族情绪和成见，相互进行仇杀和争斗，这在甘肃农民斗争史上是罕见的。它在甘南民族团结斗争史上，写下了光辉的一页。它证明在甘南各族人民之间是没有什么根本利害冲突。民族关系的缓和与融洽，民族间的平等与团结是社会发展的主流。

四、由各族领袖人物组成的领导核心是甘南各民族大团结的象征

从马福善、马继祖率部打响甘南农民起义的第一枪起，在两三月的时间内，甘南农民起义如狂飙烈焰，席卷整个甘南（甘肃南部），波及兰州近郊西果园、夏官营、阿干镇等地。它如同一股革命洪流，汹涌澎湃。为了加强团结，统一指挥，共同抗击敌人。经各部义军首领要求，于 1943 年 4 月，各路义军团以上领导骨干百余人在皋兰县马坡召开军事会议。这次会议形成了以王仲甲为总指挥，肖焕章、马福善和肋巴活佛等十路司令为首的义军领导核心。年辣椒（藏族）、马木个（人称眼窝司令，东乡族）、刘财旺（回族）等是各路民族义军中英勇作战的主要骨干。各路义军首领大会师后，"继而兵分十路，肋巴活佛、王仲甲和马福善各率一路主力进军武都，马继祖部向会宁、海原、固原等回民集聚区进军，争取向陇东方向发展，沟通与陕甘宁边区的联系"[②]。但由于敌我力量悬殊和诸方面的原因，起义最后失败。

① 毛泽东：《中国革命和中国共产党》。

② 张文霞：《洮河流域农民暴动史料初稿》，1957 年 1 月 17 日。

马坡会议，是甘南农民起义中的一次主要军事力量大检阅，也是一次汉、回、藏、东乡等各族义军团结、平等的盛会。它充分体现了各民族间的友好和平等关系及团结战斗的情谊，大大加强了各族义军间的相互团结，增强了战斗力，是甘南各民族团结战斗的典范。

五、各族义军面对生死互相支援、并肩战斗

1943 年 5 月 23 日，正当各路义军进军武都之际，吕百元、姚登甲和吴健伟等部义军被国民党军队包围在宕昌滩歌镇，无法冲出重围。在这危急时刻，洮岷路藏兵司令肋巴活佛率领的藏兵赶到，他们毫不犹豫地杀入敌阵。经过激战，肋巴活佛等藏兵用生命和鲜血解救出吕百元等义军。两族义军会师一起，共叙战斗友情。从这一点上看，藏、汉、回、东乡等各族义军为反对共同的敌人，紧紧地团结在一起，同生死、共患难。这在当时民族隔阂和仇杀的阴影还未消除的情况下，是十分难能可贵的。

1943 年 8 月初，各路义军会师武都，由于国民党的重兵镇压，义军攻打武都的计划未能实现，被迫撤回策源地。各族义军紧密配合，互相援助，共同战斗。肋巴活佛率领的藏兵，因作战勇猛，为大队义军开路打先锋，许多藏兵用宝贵的生命和鲜血为大队义军拼死杀开了一条道路。黄建伟闻讯肋巴活佛等义军从武都返回时，率领所属汉族义军，极力阻击敌人迎接大队义军顺利地渡过洮河，撤回策源地，分散转入地下斗争，使义军在很大程度上减少了伤亡，为以后继续坚持斗争保存了部分实力。

六、各族义军首领互相引导，共同走上正确的革命道路

起义失败以后，王仲甲、肖焕章等在回、汉、藏等各民族群

众的掩护下，仍然活动在康乐、临洮、渭源交界的南屏山、莲花山一带，继续坚持武装斗争，直到1949年9月王仲甲被捕后在武威牺牲。毛得功、郭化如、杨友柏、夏尚忠等率领一支几十人的武装，战斗在陇西、武山、渭源等地，并发展为中共陇右工委领导下的一支游击队。1947年春，肋巴活佛经高健君和牙含章介绍光荣地入党，成为陇右地下党发展的第一批党员之一。此后，马继祖率领四十多名留下来的回族义军，加入陇右地下游击队，成立了回民支队，“1948年秋，由肖焕章和马永祥为入党介绍人，牙含章代表中共陇右工作委员会批准马继祖入党”[①]。各族义军首领互相引导，共同走上了正确的革命道路。

综上所述，甘南农民起义是在甘肃民族关系比较紧张的时刻，由于国民党反动政府的残酷压迫和剥削，以及推行反动的民族歧视和民族压迫的行径所爆发的一场“官逼民反”的各民族大联合的抗暴斗争。各民族为了共同的利益，促使他们联合起来，一致反抗国民党政府。在起义中，汉、回、藏、东乡等各族武装力量团结一致，互相配合，共同战斗。起义失败后，又互相掩护，同生共死。尔后，一些领导人又共同走上革命道路，相互引导加入共产党，迎来了黎明的曙光，谱写了甘肃农民斗争史上民族团结战斗的新篇章。通过这场起义，它使甘南各族人民间的感情大大地融洽起来，使民族间的关系有了比较好的转机，并为解放后党在甘肃少数民族工作的迅速开展创造了良好的条件，也为改革开放的今天提供了促进民族团结、各民族间真正平等的生动教材。

本文选自中共甘南州委党史资料征集办公室：《甘南党史资料》，第二辑，1989年9月。

① 牙含章：《陇右地下斗争》。

“甘南民变”中的卓尼

杨生华[①]

20 世纪 40 年代初期，国民党当局继续实行消极抗日，积极反共，进行分裂、倒退、投降的反动政策，引起了全国各族广大人民的不满与反对。甘肃南部各族人民不堪忍受横征暴敛、压榨剥削，加之灾害频仍，生活饥寒交迫，遂于 1943 年元月，发起了一场反对国民党统治的武装暴动。烽火遍及甘肃南部二十余县，暴动农牧民群众达十万人，和国民党部队血战十个多月之久，经过大小百余次战斗，给敌人以沉重的打击。但由于没有形成坚强的核心领导，缺乏统一指挥，加之武器陈旧窳败，弹药不足，在国民党政府调集大军，软硬兼施的反革命两手进攻下，一场轰轰烈烈的农民起义运动，最终在 1943 年年底遭到彻底失败。接着国民党部队进行“清乡”镇压，前后杀害三千余人。至于人民财产及牛羊家畜等被劫掠者更难以计数。笔者当时在卓尼从事教育工作，仅就在卓尼的所见所闻，简略追述如下，以供研究甘肃社会历史的参考。

卓尼所属的北山一带，即日扎四旗，上冶三旗，地接临洮、康乐等县，当地藏族群众，经常携带林牧产品，到临洮、康乐等县汉回地区贩卖，购回日用杂品；汉回群众，也多来北山藏区经

① 杨生华，甘肃省文史馆原馆长，已故。

商。大多数藏族人能说汉话，互交朋友，来往频繁。1942年前后，一些志士如王仲甲、马老福善（马福善）、毛克让等人，为了反对国民党暴政，广泛组织反抗活动，卓尼北山一带藏区，有不少是他们的朋友、相识，自然是活动的范围。在甘肃民变的前夕，即1942年下半年，卓尼北山地区，即发生了一起抗击国民党部队的事件。原来卓尼北山地区和夏河美吾部落因草山纠纷，经常集众械斗，互有死伤。北山土官杨麻周率民兵在途中劫杀了美吾土官杨步云，纠纷扩大。美吾小土官杨世杰上告国民党省政府。1942年7月，国民党岷县专署派保安队金大队长率领保安队三个连队由岷县出发，要去北山缉拿杨麻周惩办。同时美吾部落也集兵由杨世杰率领攻打北山。当保安队经过北山恼索沟，深入恰盖沟时，被杨麻周预先埋伏在附近丛林中的十五名藏兵，射击打死保安队的士兵十九人，打伤数人，保安队不支撤退。美吾小土官杨世杰率部攻打杨麻周住地角缠村的藏兵，亦被杨麻周领兵击退。事后，甘肃省政府派保安处处长吉章简和官员马元凤来卓尼查处此案，经和洮岷路保安司令部研究协商决定，由北山缴出乘马十五匹，步枪十五支，罚银币一千元了事。北山一带群众从此认为国民党部队一触即溃，没有什么可怕的，增加了坚强抵抗的思想和信心。

北山上冶旗康多寺，汉名称水磨川寺，寺中有个肋巴活佛，年轻有为，善于骑马打枪，和附近各县的汉回朋友包括甘南民变首领王仲甲、乌继祖、毛克让等经常往来，互通音信。1942年冬，康乐马老福善、马继祖父子抗粮抗丁、计划暴动的消息被国民党政府获悉后，派保安队多人前来搜捕，在当地群众声援之下打败了保安队被迫提前起义。接着临洮的王仲甲、毛克让等人也提前起义。肋巴活佛立即响应，在康乐、勺哇一带组成“草登草哇”，意即七个集会组织，参加的有当地藏族、土族群众，有卓尼民兵营长年旦增（人称辣椒营长）、北山土官杨麻周、群众头头杨才尕，以及临潭冶力关人汪鼎臣、池沟村黄建伟（均系哥老大爷）、八角村任效周等。为了防范国民党政府的注意，在冶力关、足古川、甘沟、羊沙等地，以帮会活动的形式，暗中发动广大农民群众，以朝拜常冶池庙为名，秘密计议决定立即起义，先打临潭县城新城，然后南下会合各路起义农民暴动队伍。23日，近三千名农牧民群众集中在冶力关泉滩召开大会，宣布正式起义，共推肋巴活佛任司令，汪鼎臣、任效周、王万一、黄建伟为副司令，编为两个师，明确提出“天灾人祸，饥民遍地，官逼民反，不得不反。若要不反，免粮免款”的起义口号。24日，两千多人在甘沟、羊沙整编后，星夜向临潭新城进发，25日凌晨到达新城城外。由肋巴活佛率领的数百骑兵，高举藏经大旗，从东门冲入。另一路由任效周率领两千多人，杀进北门，在鞭炮声中直冲临潭县政府。县长徐文英在惊慌中率领几十个警察在房上抵抗，开枪射击并抛手榴弹，结果不支而退，与其妻女下房逃跑到南门庙被义军击毙，老婆也被打死。当时被杀的还有国民党临潭县党部书记长赵廷栋，邮电局长苟克俭，一名粮警和西街饶应祺家三口人（这三人据说是卢文蔚因私仇杀害的）。同时打开了监狱，放走了犯人。当天下午撤退到石门沟、马旗沟、王家坟等地，当地农民头头窦巨川、王子寿等各率农民群众五百多人参加起义，声势更加壮大。3月初，肋巴活佛等率领两千多人离开本地，与起义领袖王仲甲会合后向陇南方面推进。到岷县闾井后，肋巴活佛被王仲甲等人推举为义军总司令，王仲甲任副总司令。各路义军在草川崖会师，人数已达数万，后来达到十万人，大大震撼了国民党在甘肃的统治。省会兰州，一夕数惊，惶惶不可终日。国民党政府调集七个步兵师，两个骑兵旅和马步芳的三个团，四个保安团，一个交通兵团，一个空军中队，进行了四面围剿和残酷镇压。义军和国民党政府军队血战十月之久，给敌人以沉重的打击，但由于前面所述种种因素，被敌人各个击溃，于1943年遭到失败，牺牲三千多人，伤者不计其数。国民党军队在“清乡”中十分残忍，仅在临洮、康乐就集体捆绑屠杀三百多人，人民财产损失和牛羊家畜被抢掠者难以计数。

由于肋巴活佛是卓尼所属水磨川寺的活佛，并有不少卓尼北山藏族群众参加暴动，卓尼北山被定为“清乡”的重点，他们怀疑洮岷路保安司令部在暗中对起义群众支持、包庇、纵容，因而对卓尼杨复兴部和北山地区格外施加压力，一面派骑兵团戴效戎部进驻卓尼禅定寺，一面由国民党第三军（军长周体仁）十二师吕从周部，开进北山“清乡”。当十二师部队向北山恰盖沟开进时，三个尖兵被北山巡山的藏兵射击打死。十二师陶团进驻上冶康多寺后，拍电杨复兴部请派主要负责人前来北山协商“清乡”和解决藏兵打死部队尖兵问题。由于当时杨复兴年仅十二三岁，在校读书，一切军政事务由其母杨守贞代为主持，参谋长杨世俊（字一隽，人们都称他为杨一隽）负责处理日常事务。即由杨世俊负责率领团副（兼土司头目）杨俊、营长杨赛告、连长杨国华、宗其秀及卫士二十多人，到达康多寺。北山土官杨麻周和青年头头杨才尕秘密决定：由杨麻周带领北山民兵数百人，前往卓尼禅定寺，拟将杨复兴和其母杨守贞接到北山加以保护，在北山指挥卓尼整个地区，以防止和抵制国民党迫害。由于杨复兴之母及主要部属的反对而没有成行。但杨才尕心有未甘，在北山地区挑选数十名精壮藏兵，半夜从康多寺外丛林中，突袭了驻在寺院的陶团部队。适该部正在分摊聚赌，疏于防卫，藏兵暗中首先刃杀了哨兵，随即冲入营部，用大刀匕首砍杀了陶部营长一人、连长一人及士兵一百多人，缴获了一批机枪和步枪等。陶部官兵在震惊之余，黑夜不辨敌我，开枪乱射。杨才尕率藏兵迅速撤退，无一伤亡，打了一场漂亮的偷袭战。枪声停止后陶团长派人将卓尼来的杨赛告营长（他是管北山民兵的）唤来，杨赛告刚到团部门口，他和他的勤务兵就被陶部站岗哨兵开枪打死，声称“藏兵打死我们营长，我打死藏兵营长，为我们的营长报仇”。陶团还派兵将卓尼来的杨世俊参谋长等人全部捆绑，扣押于团部，接着第三军副军长李世龙，率领一个师的部队连夜从临潭冶力关开到卓尼北山，进行镇压，大部分藏族群众纷纷逃入山林躲避，李世龙下令一面用机枪向山林轮番扫射，打死打伤了一些人；一方面将北山藏兵的牛羊马匹以及所有财物，大肆抢掠运走，同时四处派兵捉拿“祸首”杨麻周、杨才尕等人。杨才尕逃匿躲藏。岷县专员胡受谦奉周体仁军长电示，命令立即逮捕在卓尼禅定寺的杨麻周，由专署参谋刘济清会同驻军戴团长便宜行事，他们商议后，先将杨复兴的手枪队长梁国藩击毙示威，以防反抗。然后威逼杨复兴母亲转告杨麻周。杨麻周说：“只要把我们的杨司令不为难的话，把我抓去杀了也成。”于是挺身而出，任其逮捕。随即被关押于团部。戴团长带领驻防部队四个骑兵连，将杨麻周从北山带来的藏兵全部收缴了枪马。第二天，第三军长周体仁从临潭到达卓尼和团长戴效戎，设治局长刘修月并岷县专署来人研究后，提出惩处卓尼北山民兵的强硬办法两条：第一，北山肇事民兵，速将缴去部队的枪械原封退还，不得短少。第二，罚北山地区缴纳银币十万元，枪五百支、乘马五百匹。以上两项责成杨复兴部负责迅速办理，否则重办加罚。临潭卓尼推代表前往申诉，备言此地民穷财匮恳请减少罚额，周体仁不仅不允，还将代表大加申斥。这样，逼迫北山各旗群众倾家荡产，陆续交出了枪马和大部分银币。不足部分，根据藏区习惯，一旗有事，邻旗支援的精神，由朱扎七旗、小术布旗、四什尕旗分别摊派，才将银币十万元凑足缴齐，部队则将所罚财物以及掳掠的东西，全部运往兰州。当时卓尼至兰州道上，满载财物、牛羊的运输队，络绎不绝。这就使北山藏族群众和邻近各旗陷入更加贫困的境地。当他们把财物、牛羊运完后，就将杨部参谋长杨世俊、土司杨俊，营长杨赛告、年旦增（即辣椒营长）、队长梁国藩、康多寺主持乌龙喇嘛和其他多人，以“通匪”罪名，在不同地点，不同时间，全部枪杀了。尔后，又彻底改编了洮岷路保安司令部，委派岷县专署参谋刘济清任杨复兴的副司令，强迫司令部与设治局和署办公，以便就近监视控制。卓尼设治局也遵照上头指示，开始实施“改土归流”的政策，设立区、乡政府，编制保甲，调查户口，普钉门牌，实行与汉民地区一样的统治方法。这一套办法虽在卓尼城郊二三十里以内勉强推行，但也遭到其他各旗藏族群众的软硬抵制，而收效甚微。距卓尼城较远的插岗、铁巴四旗，则武装抵抗编保甲、钉门牌，赶走设治局派来的编制保甲人员，打死数人。岷县专员张仰文带保安队来查办，群众持枪赶走保安队，把专员张仰文的帽子打穿，乘马打死。张仰文在保安队保护下慌忙逃跑。最后由杨复兴派人协同岷县专署研究决定，保甲暂缓编制，罚款了事。

在这次事件中，土司兼洮岷路保安司令杨复兴，因当时年仅十二三岁，在校读书，没有管事，加之当地群众多方极力设法维护，虽然他的不少主要部属被杀，他本人没有受到直接迫害和生命危险，亦云幸矣。

本文原载《甘肃文史》，1989（4）；选自《甘肃文史精萃》，兰州，甘肃人民出版社，2009。

周恩来与“甘南民变”

景生明

“甘南民变”是抗战后期发生在甘肃南部二十余县的一场自发的农牧民反蒋抗日大起义。民变初期，组织者之一的任谦，在重庆面见周恩来，周恩来同志做了重要指示。

任谦，字栗泽，渭源庆坪人，云南讲武堂毕业，抗战时期曾任甘肃省师管区主任教官、第八战区督练员等职。1940 年前后，他与陕西民主人士杜斌丞、中共地下党员许权中取得联系，接受杜斌丞的指示：走共产党的路。开始了反蒋抗日活动，参加了甘南民变的发动、组织工作。

1942 年 11 月，任谦为躲避国民党特务的追捕，远走四川重庆，经民主人士杨子恒、郭则沉引见，见到了“第三党”负责人章伯钧，并加入了“第三党”。

1943 年年初，震惊全国的“甘南民变”爆发了。任谦对民变武装的前途命运极为关心，很想听取当时在重庆的中共中央领导人周恩来同志的意见。经杨子恒联系，周恩来接见了任谦。

按杨子恒通知，1943 年 4 月 16 日晚，任谦在重庆黄家垭公路口上车，来到离重庆三十多华里的小龙坎一位民主人士家里，见到了周恩来副主席。当时陪同周副主席的还有徐冰同志，章伯钧、杨子恒也先后来到。

任谦向周副主席汇报了甘南民变的情况。

周恩来同志精辟地分析了当前国际国内形势，阐述了党的抗日民族统一战线政策，他指出：第一，甘南民变动手早了，有可能失败，但绝不能投降，应分散隐蔽，积蓄力量，以待时机。第二，行动口号只能提“改善役政”，“改善粮政”，“打倒贪官污吏”，“打倒发国难财的”，“拥护抗战到底”。第三，为支助活动，赠给任谦活动经费几千元，任只收了一千元。

1943 年 6 月，任谦返回兰州，首先找到了西北民主政团负责人之一的王教五，请他设法向民变武装领导人传达周恩来的指示。王教五派出的联络员胡申新、张子玉，于 6 月下旬在武山县滩歌镇与民变大军相遇，向义军领导人王仲甲、马福善、肋巴活佛、王德一、刘鸣、张英杰等传达了周恩来同志的指示，这对义军将士鼓舞很大。

1943 年五六月间，蒋介石发动了第三次反共高潮，胡宗南按蒋介石密电，调集四十多万大军，准备分九路进攻陕甘宁边区。甘南民变的爆发，打乱了胡宗南的军事部署，牵制了国民党军队，客观上有力地配合了边区军民的反顽斗争。

就在胡宗南预定的“闪击”延安的那一天——7 月 9 日，周恩来从重庆来到西安，当面痛斥胡宗南破坏抗战，围攻边区的行径，胡十分狼狈，在多方压力下，取消了进攻边区的军事计划。

1945 年春，在任谦帮助下，甘南民变的参加者刘余生、王效忠到达延安，向中共中央西北局及党中央领导人汇报了甘南民变的详细经过。周恩来同志说：“甘南事变虽然失败，但革命的火种是扑不灭的，压力越大，反抗力越强，甘肃革命的形势是好的。”

本文原载《甘肃文史》，1997（3～4）；选自《甘肃文史精萃》，兰州，甘肃人民出版社，2009。

甘南农民起义中的临卓四英烈

宁生才

1942年，甘肃南部大旱，颗粒无收。灾荒之年，哀鸿遍野，民不聊生。国民党政府不但不赈济灾民，反而巧立名目，横征暴敛。他们借“抗日”之名，行大肆搜刮民脂民膏之实，使得陇甘大地生灵涂炭，民怨沸腾。逼迫灾民们铤而走险，揭竿举义，纷纷参加民间秘密反抗组织。1943年春，酝酿一时的反抗国民党暴政的甘南农民起义终于爆发了。参加这次起义的有汉、回、藏、东乡、蒙古、土等各族贫苦农牧民，约十万之众。起义烈焰席卷陇南二十余县，唤醒了处身水深火热中的甘南各族起义人民，震慑了国民党在甘肃的黑暗统治，在甘肃现代农民革命史上，写下了光辉的一页。在这场自发的农民起义中，以肋巴活佛为首的临潭、卓尼起义军，英勇奋战，冲锋陷阵，给诸路义军树立了艰苦抗暴的光辉榜样。

特别是有许多领导骨干和战士，他们用鲜血和生命谱写了一曲曲可歌可泣的壮歌，至今感人肺腑，催人泪下，百世流芳，千古传颂。下面介绍的是在这次起义中，英勇捐躯的四位甘南头领的生平事迹，以缅怀烈士，慰藉九泉之下的英灵。

雄鹰志高翔　血洒洮河旁
——年旦增传略

年旦增，又名年辣椒，藏族，1884 年生于卓尼县康多乡上加林村一个牧民家中。小时候，他剃度当和尚，因穿红艳艳的袈裟，加之性格倔强，调皮好斗，人们说他像“辣椒”一样，由此年辣椒的绰号便传开了。1915 年春，27 岁的年辣椒已长成一个威武剽悍的汉子。他力大过人，又十分勇猛。时值卓尼土司杨积庆招选卫士，他被选中，当上了土司卫队营的卫士。

1942 年春，退役在家的年辣椒同肋巴活佛在康多、勺哇一带的藏区，秘密组织“草登草哇”（七族组织），将有枪、有马、有斗争精神的穷苦人组织起来作为核心，开展抗粮、抗款斗争。年辣椒为人敦厚诚实，办事稳妥，深得肋巴活佛的信任。1943 年元月 26 日，年辣椒奉肋巴活佛之命，前往临洮苟家滩，参加王仲甲等主持召开的秘密会议。会上决定，1943 年 4 月 6 日（清明节）全面发动起义。1943 年 2 月 21 日，肋巴活佛在冶力关邢家庄唐连福家楼上，召开了有四十多名起义骨干参加的秘密会议，会上由年辣椒传达了苟家滩会议精神，并决定积极准备，响应王仲甲等义军的号召，按时起义。由于冶力关哥老会会员祁帮等人抢了冶海乡乡长赵虎臣的乘马，惊动了临潭县国民党政府，肋巴活佛等当机立断，率领临、卓义军提前举行起义。

1943 年 3 月 23 日，肋巴活佛率四十多名藏族起义骨干星夜从康多赶到冶海，在常爷庙殿堂内起誓：“半路变心，天诛地灭。”宣誓毕，殿内一片静寂，只见年辣椒一拍胸口，激动而坚定地高声说道：“请活佛放心，刀架在脖子上，我还是‘辣椒’！”翌日，甘南农民起义在冶力关泉滩揭竿而起，年辣椒担任总司令卫队营长。1943 年 3 月 29 日，义军攻占了临潭县政府驻地新城，捕杀了国民党临潭县县长徐文英，县党部书记赵廷栋和邮电局长苟克俭等五名反动官佐。年辣椒打开监狱释放了全部囚犯，他激动地对犯人们说："我们造反胜利了，杀了狗县长，你们愿参加造反的就参加造反，愿回家的就回家，祝大家一路平安！"

年辣椒虽然平时沉默寡言，但他为人憨厚，襟怀坦白，作战勇敢。每次战斗，他第一个袒胸露臂，冲入敌群，英勇杀敌。1943 年 5 月 23 日，义军吕百元、姚登甲等部，被敌人围困在宕昌滩歌镇内，几次拼力突围，都因敌人的火力太猛，而未能成功。正在这危急时刻，肋巴活佛率领的藏、汉义军赶到。年辣椒立即脱下皮袄，第一个赤膊上阵。他左手端枪，右手举刀，与其他义军杀开一条血路，把吕百元、姚登甲等义军救出了重围，杀得敌人丧魂落魄，呼爹喊娘。不愧被人称之为"辣椒"。

1943 年 8 月初，在国民党重兵镇压下，义军被迫从武都撤回策源地，开始转入分散的地下游击斗争。年辣椒奉命奔往卓尼土司衙门，谈妥了肋巴活佛暂留卓尼的事宜，回到康多上加林村时，被乌龙喇嘛组织的"草周草哇"（曾用此组织同肋巴活佛组织的"草登草哇"相对抗）捕去，送给了国民党中央军第三军第十二师。不久，敌人把他押往临洮。因年辣椒在临洮、康乐一带的群众中有很高的威望和影响，敌人怕生变故，在还未押解到临洮城时，就把他枪杀在临洮城附近的鹁鸽崖。这位藏族人民优秀的儿子牺牲时，享年 59 岁。

高歌沙场解民难　大笑饮刃写春秋
——邢生贵传略

邢生贵，汉族，1912 年 5 月生于临潭县冶力关乡岗沟湾村的一个贫苦农民家里。少年时，他是远近闻名的唱"花儿"能手。每年农历六月莲花山"花儿"会上，都能听到他动人的歌声。他唱的

“花儿”婉转悠扬，激昂豪放，动人心弦，深受“花儿”迷们的欢迎。他性情开朗，知天乐命，是一个典型的“乐天派”。1942 年，甘南农民起义酝酿时期，他用“花儿”传播进步思想，抨击国民党的暴政，激励人民起来参加抗暴斗争。

1943 年 3 月 27 日，在肋巴活佛的领导下，甘南临潭、卓尼的藏、汉、土族等各族农牧民举旗造反，邢生贵担任义军营长。3 月 29 日，义军浩浩荡荡进军，直捣国民党临潭县政府所在地新城，邢生贵同王万一率领先锋十二人，乘天色微明，扮作赶早集的人先行混入城内，袭杀了守城门的保安队。继而义军猛攻县党部，保安队毫无准备，仓促应战，被邢生贵和王万一率领的义军先锋打得血肉横飞，四散逃命。国民党临潭县县长徐文英携其妻向南门逃命，被义军一部乱枪打死。由于义军里应外合，顺利地攻下了国民党临潭县城新城。

1943 年 4 月 29 日，义军进军武都，途经闾井堡时，堡内保安队看到义军多为农民，枪支又少，以为不堪一击。于是，他们派一个连的保安队，从闾井堡一直跟踪义军而来。为消灭尾追之敌，由王仲甲组织，邢生贵率领大刀队和敢死队五十多人埋伏在古浪坝两边的坑洼草丛中，大队义军佯装不知，继续前进，以迷惑敌人。当敌人进入埋伏圈时，各族义军健儿一跃而起，刀枪棍棒齐举，喊杀声震天动地。邢生贵抡起一把砍刀，第一个像勇猛的雄狮般冲入敌群，左劈右砍，杀得敌人失魂丧胆，尸横遍野。有的保安队员还未明白是怎么回事就成了他的刀下之鬼。战斗结束后，邢生贵手舞足蹈，又唱起了动人的“花儿”，赞扬义军的英勇机智，讽刺保安队的愚蠢，逗引得义军们个个笑逐颜开，群情振奋。通过这场战斗，义军威名大震，沿途保安队闻风丧胆。大队义军顺利地通过宕昌，进抵武都。

由于国民党的重兵围剿，义军被迫从武都撤回策源地，分散转入地下活动。1943 年 8 月 8 日，邢生贵被保安队从康多附近的一幢磨坊中捕去，押解到临潭县府驻地新城。为了不让其他参加义军的人受到牵连，他一人承担了毙杀徐文英的罪名。被国民党岷县专员胡受谦残忍杀害。当他走向刑场时，昂首挺胸，视死如归，面不改色，高唱着："脚户骡驹走四川，杀了吃人的狗县官；棉花挂在刺上了，给穷人把气出上了……"使在场的许多人感动得流下了热泪。他牺牲时，年仅31岁。

抗击暴政　血染泉滩
——任效周传略

任效周，汉族，1892年10月生于临潭县八角村一个比较富裕的农民家里。青年时曾在鲁大昌部下当兵，后在冶力关、八角、康乐、临夏等地做木材生意。他耳闻目睹国民党的黑暗统治，穷苦人无以为生的艰难境地，使他对国民党的统治逐渐产生不满。1941年，他在八角一带组织哥老会，担任该哥老会的"大爷"（哥老会会员对其首领称为"大爷"）。他时常用自己办木行赚来的钱，接济生活无着落的穷苦人。1942年，甘南地区大旱，饥民遍地，怨声载道，民不聊生。任效周同肋巴活佛、汪鼎臣等联络，秘密组织各地哥老会，开展抗粮抗款斗争，当时在临潭东北路一带很有影响。任效周处事老练，熟谙老故，且极为精明，遇事不乱方寸，深谋远虑，起义后成为肋巴活佛的得力助手。

1943年3月27日，甘南农民起义在冶力关泉滩爆发。任效周积极响应，率领八角哥老会会员和当地农民二百余人参加起义。他被任命为司令，兼第一师师长。任效周在誓师大会上讲了话，明确喊出了"天灾人祸，饥民遍地；官逼民反，民不得不反。若要不反，免粮免款"的口号，并宣布进军的目标是："先打县府（新城），然后到武都接应尕张（指张英杰，驻武都国民党骑兵独立营营长），最后去延安投靠共产党"。1943年3月29日，义军攻下新城（国民党临潭县驻地）后撤往石拉路、大桥关一带休整。任效周帮助肋巴活佛整顿义军，严明纪律，分编连排等组织，增强了义军的战斗力。1943 年 4 月 5 日，义军向岷县开进，途经冷地口时，与岷县专员胡受谦的保安队狭路相逢。由于义军缺乏作战经验，武器又少，一时大乱。敌人架起两挺机枪扫射。正在这紧要关头，任效周凭他过去在鲁大昌部下当兵的经验，组织义军从正面两侧同时进攻。霎时，喊杀声震天动地，敌人以为被包围，惊恐万状，惊惶失措，纷纷掉枪调头溃败，各自逃命。义军乘机撤出危险区，绕道继续向岷县前进。

1943 年 8 月初，义军经长途跋涉进抵武都，同各路义军胜利会师，准备攻打武都。这时，国民党两个正规师向义军猛扑过来。由于敌我力量悬殊，义军为了保存实力，被迫撤回策源地，并分散转入地下斗争。任效周、汪鼎臣和王万一三人隐姓埋名，参加了马步芳的骑兵队（一说任、汪、王三人未参加马步芳骑兵队，只是经朋友帮助借用其军服，以避国民党的追捕，后被人出卖而被捕）。1943 年 9 月 6 日，任效周等三人随马步芳驻康乐木行督办马先生（其名不详）一起到康乐办事，被国民党十二师从康乐莲麓乡地寺坪捕去。敌人企图从他们嘴里得到肋巴活佛和其他义军首领的下落，经严刑拷打七天后，他们坚贞不屈，一字未吐，敌人阴谋落空。1943 年 9 月 13 日，任效周在冶力关泉滩英勇就义，时年 51 岁。

投笔从戎　为民请命
——汪鼎臣传略

汪鼎臣，汉族，1891 年 8 月生于临夏康乐县莲麓乡丈卡拉尕村一个清贫的书香人家。小时在莲麓乡一家私塾读书。他聪颖好学，写得一手好字，被人们称为“秀才”。及至成年，在鲁大昌所办的

“庆太号”木行里当先生，目睹国民党军阀的黑暗统治，他毅然辞了差事，回家后靠舞笔卖字获取微薄的薪金，以维持生计。

1941年夏，汪鼎臣经人介绍参加了冶力关哥老会。他为人谦恭，处事谨慎，又会舞弄笔墨，逐渐赢得哥老会头目马大爷（哥老会会员对其头领称为“大爷”）的信任。这样，他也渐渐成为该哥老会重要人物之一。

1942年，甘南各族人民在天灾人祸的压迫下，生活在水深火热之中。在冶力关马大爷的支持下，汪鼎臣同肋巴活佛、任效周等秘密联络，积极发展哥老会成员，扩大哥老会组织，开展抗粮抗款斗争。到1943年初，在临潭东北路一带以哥老会为核心的秘密组织极为活跃，影响越来越大。1943年3月27日，在肋巴活佛等领导下，甘南各族人民联合起来，共同举起反抗国民党暴政的大旗。汪鼎臣率冶力关哥老会会员六七十人参加起义，被任命为副司令。他亲自撰写布告，并发动组织冶力关、斜角滩、足古川、八角等地民众支援义军。此后，他一直处理义军内部的书信笔墨事务。

1943年8月初，义军在国民党重兵镇压下，被迫从武都撤回策源地，转入地下斗争。汪鼎臣、任效周和王万一三人隐姓埋名，参加马步芳的骑兵队（一说任、汪和王三人未参加马步芳骑兵队，只是经朋友帮助借用其军服，以避国民党十二师的追捕，后被人出卖而被捕）。1943年9月6日，汪、任、王三人随马步芳驻康乐木行督办马先生（其名不详）一起到康乐办事，被国民党十二师从康乐莲麓乡地寺坪捕去。敌人企图从他们嘴里得到肋巴活佛等义军首领的下落，经严刑拷打，一无所获。1943年9月13日，汪鼎臣在冶力关泉滩遇难，时年52岁。

本文选自中共甘南州委党史资料征集办公室：《甘南党史资料》，第二辑，1989年9月。

甘南农民起义中的临卓义军

宁生才　整理

1943年，在甘肃南部，爆发了一场大规模的轰轰烈烈地以“抗日反蒋”为宗旨的农民大起义。参加这次起义的有汉、回、藏、土、东乡、撒拉、蒙古族等各族贫苦农民近十万多人，革命烽火烧遍两河一江（洮河、渭河、白龙江）流域的十余县，其规模之大，影响之深远，在甘肃近代史上是前所未有的，它震撼了西北大地，威慑了国民党在甘肃的反动统治，唤醒了灾难深重的甘南各族人民，在甘肃农民革命斗争史上增添了光辉的一页。在这场农民革命斗争中，肋巴活佛领导的临潭、卓尼两地起义军的英勇事迹给甘南人民留下了不可磨灭的印象。

一、农民起义的社会背景

1942年年底，抗日战争正处于战略相持阶段。

作为祖国大陆之腹地的甘肃，当时不仅是抗日的大后方，又是我党同共产国际联系的交通线，战略位置十分重要。1935年和1936年秋，中国工农红军北上抗日两次路经甘南，在这里播下了革命的火种。红四方面军还在临潭县及其所属的冶力关、新堡、王家坟一带建立过苏维埃政权，红军“红军不欺压穷人”，“汉回番民团结起来”，“打土豪分田地”的主张，激发了人们的革命热情，甘南人民懂得：要求得自身的解放，就必须走红军的道路。由于红军的影响，农民自发的反抗斗争此起彼伏，蒋介石对甘肃的统治更加残酷，除亲自三次来甘视察外，还先后派其亲信朱绍良、谷正伦入甘主持政局，并派出大批特务入甘，为蒋家王朝效劳。

1942 年甘南地区大旱，卓尼、临潭、岷县、康乐、临洮等县粮食歉收，国民党反动政府不但不向灾民赈济，反而巧立名目，横征暴敛，到处饥鸿遍野，民不聊生。许多人被逼得卖儿卖女，背井离乡。

二、起义前的准备

肋巴活佛，祖籍甘南拉卜楞。1916 年 10 月 17 日出生于青海民和县马营弘化寺一个贫苦人家，兄弟四人，排行第三，取名三哥。六岁时他随全家逃荒到甘肃积石山下的吹麻滩，一家人靠母亲卖苦力维持生活，七岁那年，三哥被和政县松鸣岩寺的喇嘛以该寺第十七世怀来仓活佛的“转世灵童”接去“坐床”，当上了十八世怀来仓活佛。

松鸣岩寺历来与卓尼水磨川寺（现康多寺）有宗教关系，肋巴活佛坐床后，于 1927 年到卓尼水磨川寺学经，由上冶三寺寺主扎贡巴活佛，取法名“贡却·单增”，并取经名金巴嘉木错。1928 年，“河湟事变”中，松鸣岩寺被毁，肋巴活佛便居住水磨川寺。

肋巴活佛虽在上层宗教社会，但由于他出身贫寒，自幼跟随父母漂泊于甘肃、青海一带苦渡生涯，饱尝穷人生活的艰难凄苦，在他幼小的心灵上，早就对旧社会的黑暗埋下了不满的种子。加之父母兄姐先后都惨死在国民党军警和财主之手，更使他对国民党反动派怀有刻骨的仇恨。他当上活佛之后，同情民间疾苦，不记民族隔阂仇怨，广行施舍，扶弱济贫，深受附近数县各族人民的爱戴，被人们称作为“大慈大悲的佛爷”，穷人的“阿拉合”(即穷人的佛爷)。

1936年中国工农红军北上抗日，经过甘南时，为穷人办事，开仓济贫，给肋巴活佛以很大的启示，他感到“神佛是救不了穷人的”，单靠自己的努力是改变不了贫苦人民被压迫、被剥削的状况，必须走红军的道路，组织起来，才有力量。

1940年秋，肋巴活佛在卓尼县康多、勺哇一带秘密串联贫苦牧民，组成“草登草哇”(七部落社团)，将有枪有马有斗争精神的人们组织起来，开展抗粮抗款的斗争，并联络临潭冶力关汪鼎臣、池沟村的黄建伟(二人均系哥老会大爷)、八角村的任效周和康乐线家湾的王万一等人积极发展革命力量。

1941年初，肋巴活佛两次去武都鼓动张英杰，要求张提供武器，伺机攻取武都。张英杰是国民党驻武都骑兵营营长，因鸦片生意，与武都专员孙振邦矛盾重重，张得知肋巴活佛有武装，便同意了肋巴活佛的倒孙主张。两人又与武都甘泉镇哥老会头领王德一(人称王阴阳)及当地绅士马尚智取得联系。此后，张英杰派心腹柳国英(人称柳连副)到冶力关经营“军风号”木行，充当联络员，经常往来于康多、武都之间。

1942年2月间，肋巴活佛通过卓尼司令部警卫员韩尼麻(康多人)邀请卓尼土司亲属杨继祖到水磨川寺观赏正月十五酥油灯会，以借机动员说服杨继祖策动土司部下起义或给予支持。这次计划虽未能如愿，但他对可以利用的力量，都竭尽全力，努力进行了争取。

1942年夏，肋巴活佛与隐居在临洮的史鼎新(曾任国民党第八战区长官部高级参谋，因不满国民党反动派的暴政在家暗中发展力量)接触，并与王仲甲、肖焕章、王星恒会面，就共同举义之事进行了联络和密谈。同时肋巴活佛认识了回民马福善、马继祖父子，他们之间多次密谈，共商起义大计。

同年，肋巴活佛等人领导的抗粮抗款的斗争更加活跃，影响越来越大，国民党地方政府时有所闻。临潭县冶海乡乡长赵虎臣曾多次向临潭县县长徐文英报告说，东北路有“土匪”活动。徐文英从另一方面得知，只有“哥老会”活动，并没有什么“土匪”出现，而“哥老会”在当时是允许活动的民间组织，于是徐文英对此事也就不了了之。

三、起义的爆发和发展

1943 年元月 18 日，在马福善、马继祖、吕百元、吕百林、边永祥和东乡农民马木个等人率领下，回汉农民数百人在临洮卧龙寺起义，喊出了“官逼民反，民不得不反。若要不反，免粮免款”的口号，接着在临洮边家湾打响了甘南农民起义的第一枪。王仲甲、肖焕章在衙下集积极策应。肋巴活佛闻讯后于元月 26 日派年旦增（水磨川上加林人，又称年辣椒）参加了王仲甲等在临洮苟家滩召开的秘密会议，经研究做出了 1943 年 4 月 6 日（清明节）全面起义的部署。1943 年 2 月 21 日，肋巴活佛在冶力关辛家庄唐连福家楼上召开了有四十多名骨干参加的秘密会议，会上传达了苟家滩会议精神，并决定积极准备，按时举行起义。3 月 22 日，冶力关祁邦等人缴了冶海乡乡长赵虎臣的乘马，惊动了临潭县国民党政府，肋巴活佛不得不决定提前起义，临卓地区农民起义的帷幕立即拉开。

（一）会集冶力关　起义在泉滩

1943 年 3 月 23 日晚，肋巴活佛率领“草登草哇”的三十九名藏、汉、土族僧俗群众，以朝“常爷庙”为名，从康多星夜出发，24 日早晨赶到冶力关。由于起义时间提前，肋巴活佛即同汪鼎臣、黄建伟等紧急商议，分头去八角联络任效周，康乐线家湾联络王万一。同时向冶力关、哈家滩、足古川及甘沟等地下达命令：“官逼民反，死里求生，一家一人，跟上造反。”其间，肋巴活佛去衙下集，向王仲甲汇报了行动计划。3月27日，冶力关、哈家滩、足古川、八角、甘沟等地的农民三千多人手执大刀、长矛、斧头、镰刀等云集冶力关。冶海乡乡长赵虎臣吓得失魂落魄，急逃新城。

起义农民在肋巴活佛、任效周、汪鼎臣、王万一等人领导下，在常爷庙杀猪一口祭祀“常爷”（明朝开国将领常遇春，因灭元朝，建立明王朝有功，传说封为十八位“龙神”之首，临潭、卓尼群众在冶力关盖庙塑像供奉），意为“保佑起义成功”，并将常爷庙的“龙神”大旗作为义军大旗。同日下午，义军在冶力关村边的泉滩召开起义誓师大会。会上正式宣布：肋巴活佛为总司令，任效周为司令，汪鼎臣、王万一、黄建伟为副司令，李士俊（兰家山人）为参谋长。下编三个团：第一团长马子良（关街人），副团长赵秉清（关街人，后变节）；第二团长姜希濂（家庄人）；第三团长丁易姓成（哈尕滩人）；执法队长卢文尉（石庙人），年旦增担任总司令卫队营长。邢生贵（岗沟湾人）、吴吉昌、杨茂青（均系冶力关堡子人）、康志贤（寨子人）、朱文昌代（关街人）等为营长。会上任效周讲了话，宣布了起义宗旨：“反对国民党，接洽共产党，抗日反蒋”；明确提出“天灾人祸，饥民遍地，官逼民反，不得不反。若要不反，免粮免款”的口号。人们便称这支起义军为“饥民团”。会上又宣布了进军的目标：“先打新城，后到武都接尕张（张英杰），然后去延安投靠共产党”。

（二）进军新城　首战告捷

1943年3月28日，义军在肋巴活佛的率领下，浩浩荡荡向国民党临潭县政府所在地新城进军，途中康乐人线子路率领三十余骑，前来会合，壮大了义军。当晚大队人马在甘沟、羊沙一带做短暂休息。先锋骑兵三百人由肋巴活佛率领，直插新城，大队人马随后跟进。29日黎明，县长徐文英刚起床，赵虎臣突然闯进来，结结巴巴地说："报告……县长，反了……冶力关土匪反了。"徐文英听后大发雷霆："你老报告有土匪，老不见土匪，回去好好把你的乡长当去。"赵见徐文英不听他的话，只好晦气而去，刚走下楼，北城门枪声大作，喊杀声四起。徐文英这才知道农民真的反了。原来义军先锋王万一、那木九瓦咒等十二人，扮作赶早营（早集）之人混入城内。肋巴活佛等埋伏在城外，等城内枪声一响，纷纷跃身而起，一拥而入，守城之敌猝不及防，退入县府院内。这时义军大队人马也陆续赶到，猛攻县府，黄建伟口衔大刀，跃身翻墙，将义军大旗高高插上文昌阁顶。肋巴活佛策马挥枪，率一部义军绕城飞奔，堵住南门。

此时，县府内一片混乱，硝烟弥漫，砍杀声和嚎叫声连成一片。徐文英夫妇持枪顽抗，逃至南门庙，被义军击毙。县党部书记长赵廷栋、邮电局长苟克俭等罪大恶极者亦被惩处。

战斗结束，义军打开监狱释放了全部在押犯人，并告知犯人："我们造反胜利了，杀了狗县长。你们愿参加造反的就参加造反，愿回家的就回家。"经宣传，有些犯人也参加了义军。同时开仓分粮，接济贫民。义军出师告捷，深受人民欢迎，当义军撤离新城时，晏家堡、党家沟一带的群众为义军送茶、送饭，抬羊挂红。当时，义军整装开拔石拉路、大桥关一带休整。

（三）冷地口遇敌　马坡村聚义

义军撤离新城后，临潭东路一带的农民纷纷暴动，响应肋巴活佛起义，石门乡的窦巨川、下王旗的王芝寿各带四百多人前来会合，起义军迅速壮大到四千多人。随着起义人数的增多，肋巴活佛针对在攻打新城时，存在纪律不严的问题，利用石拉路、大桥关六天休整之机会，严明了纪律，分编了连排等基层组织，并号令义军，“不准拿群众财物，不准践踏群众田地……”

1943年4月5日，义军按原计划从石拉路、大桥关出发经阎家寺、马旗沟等地向岷县开进。当先头部队行至冷地口时，与岷县专员胡受谦的保安大队遭遇。义军由于武器不足，加之缺乏作战经验，一时大乱，不少人跑向两面高山。保安队架起轻重机枪向两山上扫射。部分义军被逼在一座小山上，受到很大威胁。正在这紧急关头，肋巴活佛、黄建伟等率领后续部队赶到，他们一面组织所有武器向敌人开火，一面命令后续部队一部分登上两面高山，喊杀助威。敌人听到枪声大作，喊杀声四起，以为被包围，吓得爬在山下，只顾盲目打枪，不敢前进一步。黄建伟乘机拔出手枪冲到受威胁的那部分义军中，迅速组织起三十多人的敢死队匍匐前进，距敌十多米，义军一跃而起，刀矛并举，枪弹齐发，杀向敌人。敌人见义军来势很猛，不敢招架，纷纷向后溃退下去。义军乘机将龙神大旗插在山冈上，以迷惑敌人，全部义军很快撤出不利地带。当敌人组织第二次进攻时，肋巴活佛已率义军撤出战斗区域，避开敌人向梨园、磨沟一带急进。翌日，义军兵分两路向门楼寺、峡城进军，与王仲甲等领导的义军会师。

自从马福善部打响甘南农民起义的第一枪起，两三个月内，各地农民起义如狂飙烈焰，席卷甘肃南部十余县，波及兰州近郊西果园、夏官营、阿干镇等地，起义军很快发展到十万余众，为了集中领导，统一指挥，各路义军首领于1943年4月19日汇集皋兰南乡马坡举行军事会议。参加这次会议的主要有王仲甲、肖焕章、肋巴活佛、马福善、马继祖、毛得功、毛克让、杨华如等，还有各部团以上义军领导骨干百余人。这次会议主要决定了以下几个问题：

第一，成立“甘肃农民抗日自卫军”。

第二，公推王仲甲为总指挥，指挥以下设十路司令，肋巴活佛为洮岷路藏兵司令。

第三，确定了“开展抗兵、抗粮斗争”，“分粮食，打富济贫”，“打倒土豪劣绅”等口号。

第四，制定了军事计划，决定挥军南下，占据松潘、茂州，伺机而动。会议还决定在大队人马南下后，马继祖部向会宁、海原、固原等回民聚居区进军，争取向陇东方向发展，沟通与陕甘宁边区的联系。

（四）黄建伟途中生变　古浪坝伏击追敌

当义军进军岷县途中，黄建伟因与王仲甲有前怨，怕王仲甲借故报复他，因而当大队义军至卓尼柏林口时，黄建伟命令所部二百多人停止前进，让过大军后，率部返回策源地打游击。黄建伟突生变端分裂而去，这在义军中造成了不良影响。

肋巴活佛为稳定军心，向大家进行说服教育，当着众人严厉谴责了黄建伟的分裂行动，他说：“黄点名成（外号）既小心，又贪心，什么个不是……他走了无损于我们义军的一根毫毛，没有胡萝卜，照样做筵席。”

1943年4月29日，肋巴活佛领导的临卓义军经过岷县中寨、小寨时，包围了梅川堡。梅川堡是南下的要道，又是岷县的咽喉，背山面水，地势险峻，堡内有胡受谦的一个保安大队驻守。起义军三面围攻，由于武器不足，力量有限，从早攻到晚也未攻下梅川堡。半夜，岷县又派援军赶到，义军被迫放弃攻打梅川堡，向申都、闾井前进。在闾井堡战斗中，因肖焕章的先头部队损失很大，大队义军只好撤离战斗，绕道继续南下，闾井堡守敌见义军大都是农民，枪支很少，手持长矛大刀，以为不堪一击。当义军撤退后，堡中守敌即派一连敌军尾追其后，义军发现后有追兵，便组织大刀队、敢死队埋伏在古浪坝两边路旁坑洼草丛中，大队义军佯装不知，继续前进，当敌人追至义军埋伏圈时，埋伏的义军一跃而起，刀枪齐下，砍杀得敌人措手不及，有的敌人还未知所以，就被义军杀得血肉横飞，头身分离。整个战斗不到二十分钟，一连敌人全部成了义军刀下之鬼。这一战斗缴获机枪五挺，步枪一百余支。

5月23日，义军吕百元、姚登甲、吴建伟等部被国民党军队包围在宕昌滩歌镇，义军战士奋勇冲杀几次，均被敌人密集的机枪堵回，义军伤亡惨重，无法冲出突围。正在这危急时刻，肋巴活佛率临卓义军赶到，带头冲入敌阵，杀得敌人鬼哭狼嚎，尸横遍地，连破敌人好几个据点。在义军的猛烈攻势下，敌人全线溃败而逃。义军乘胜追击二十里，毙敌四十人，俘虏五十多人，缴获机枪七挺，步枪二百余支，手榴弹数百枚，吕百元等义军被救，接着向武都挺进。

（五）西井会议重新整编　肋巴活佛转战策源地

1943年6月17日，起义大军进驻武都村坝，驻武都的国民党骑兵营长张英杰，在高涨的革命形势影响下，率部起义，并同甘泉镇起义的王德一前来迎接大军会师草川崖。至此，各路义军云集陇南。总数达十万余人。

各路义军会师后，在西井村召开会师大会，重选领导人，公推张英杰为总司令，王仲甲为副司令，刘鸣为参谋长。西井会议对全军又进行了整编，改番号为“西北各民族抗日义勇军”。共编三个路军，一个藏兵师，肋巴活佛为藏兵师师长。

按西井会议决定，攻打武都时，由于国民党调三个正规师向义军猛扑而来，起义军无法同装备精良的敌人对抗，为了保存力量，被迫放弃攻取武都的计划。6月20日义军大队从甘泉镇一带转移，经礼县前往武山一带。

由于起义军缺乏统一领导，加之在敌人重兵来犯时。投机分子乘机破坏义军内部团结，致使起义军内部发生分裂。面对这种状况，为了保存力量，肋巴活佛决定率领临卓义军撤回策源地。

7月9日当肋巴活佛率义军行至蒲麻梁时，同保安队狭路相逢，敌人架起机枪疯狂扫射，义军被阻，无法顺利通过。这时，肋巴活佛急中生智，立即派两名神枪手，摸到敌人背后，又命令大队义军佯攻正面，枪声、喊杀声交织在一起，打得敌人抬不起头来。两名射手乘机摸近敌人，双枪齐发，敌指挥官和机枪手双双毙命，敌人顿时大乱，义军乘机冲杀过去，敌人未来得及逃跑，不到半个时辰保安队全被消灭。这次战斗，缴获机枪两挺，步枪二十多支，为各路义军后撤扫平了道路。义军顺利通过漳县、渭源，云集洮河以东。在北至临洮城，南到黑甸峡，全长八十里河岸上寻找渡口，抢渡过河。

（六）胡受谦控制新城　黄建伟进攻羊沙

自从肋巴活佛领导的临卓义军攻克新城，杀了徐文英等之后，岷县专员胡受谦十分震惊，即派保安二团进驻新城，并任命其团长张民戎兼临潭县长，总揽军政大权。张民戎进驻新城后，强迫群众在新城四面山头修筑碉堡，以防义军再次攻城。1943年6月，省政府派郑执中为临潭县长，张民戎专管军事，同时派保安大队长曹植霖率部前往北山镇压义军。曹植霖率保安队行至羊沙，被黄建伟率领的义军包围在羊沙堡内，战斗打响后，义军佯装不敌，向甘沟方向撤去。保安队以为义军无力战斗，不堪一击，遂派一个连跟踪追击。当敌人追至窑化沟山狭林密之处时，杀声四起，埋伏的义军从两面林中杀出，敌人措手不及，一个连被杀得死伤过半，其余落荒而逃。义军回师追击逃跑之敌二次，包围羊沙堡，四面攻打，张民戎闻讯派兵前来救援，黄建伟率义军撤往冶力关。

与此同时，驻康乐的保安队企图越过朱家山，从侧面进攻冶力关，又被驻朱家山的义军“眼窝司令”用伏击战术击溃敌人一个连，致使康乐之敌不敢轻举妄动。

1943年8月23日，黄建伟闻讯肋巴活佛率大队义军从武都返回。于是，率部前往洮河西岸接迎大军过河。8月15日，肋巴活佛所率义军顺利从卓尼包舍口渡过洮河返回策源地。

四、革命的火种在地下燃烧

甘南农民暴动初期，国民党甘肃省政府只以“普通民变”视之，只调集地方保安团队和部分主力部队进剿。当起义呈现燎原之势后，谷正伦不得不向蒋介石发电告急。这时蒋介石正调兵遣将，部署大军向延安进攻，准备掀起第三次反共高潮。接朱、谷急电后蒋介石极为震惊，令范汉杰直接受命于胡宗南，调集兵力向起义军进攻。自4月中旬起，敌人陆续调集六个师、八个团及各县自卫队等主力军二万多人，地方部队八千多人，并调兰州空军八大队二十三中队侦察轰炸，配合地面部队作战，对起义军进行残酷镇压。

甘南农民起义，由于缺乏正确的统一领导，加之敌人重兵镇压，在付出伤亡三千多人的血的代价后终于失败了。但是，革命人民并没有在敌人的血腥镇压下屈服，他们继续坚持斗争，迎接黎明的到来。临卓起义军余部在肋巴活佛的领导下转入地下斗争，分散活动，同国民党反动政府的“清乡”队展开了激烈的斗争。

（一）周体仁“清乡”“北山事件”爆发

1943年9月初，国民党胡宗南部第三军军长周体仁率第三师、第十二师、第五十九师各一部抵达临潭一带，命十二师吕继周部进驻卓尼北山地区。吕部一到康多、勺哇一带后，一面训示各地："饥民匪首王（仲甲）、肋（肋巴活佛）、马（福善）无论逃往何地，一经发现，就地处决。"一面电邀卓尼保安司令到北山参加所谓"剿灭残匪"的军事会议。卓尼保安司令部接电后，写信给北山土官杨麻周：对饥民团人员不要伤害，可劝其出境……同时派参谋杨一隽，营长杨赛告，连长杨国华、宗其秀，手枪队长梁书拉等三十多人，全副武装参加会议。

正当会议就要结束时，在肋巴活佛等义军首领的策动下，由北山土官杨麻周调北山地区藏兵几百人，一部分由杨麻周星夜带往卓尼，准备接杨复兴到北山，以北山为根据地，策动四十八旗武装暴动（最后，由于杨复兴母亲杨守贞反对，未能成功）。一部分留在北山，由恰盖角缠村的杨才尕等人从中挑选四十多个精干青年，各带匕首、斧头、大刀等武器，夜袭驻多麻寺的敌二十团营部，杀死营长、连长和士兵一百多人，同时在康多一带激愤的群众打死打伤敌人三百多人。这就是远近闻名的"卓尼北山事件"。

事件发生后，周体仁恼羞成怒，除扣留杨一隽一行外，命其残部向北山一带任意发起掠夺式的进攻，不仅烧毁了多麻寺院，而且在多麻寺附近的六个村庄放火烧毁民房十九处，掠去群众白洋六千六百八十元，抢走牛羊一千六百多头（只），马五百匹，枪五百支。事后将杨赛告、梁书拉、宗其秀等杀害于北山，将杨一隽杀害于兰州，杨麻周被捕解往兰州后，经贿赂判刑五年。肋巴活佛等被通缉。

（二）国民党血腥镇压　起义军英烈遍地

国民党当局在对起义军进行大规模军事镇压的同时，又以"宣抚"为名，进行政治欺骗。

1943年6月中旬，国民党在兰州成立了所谓“甘肃省灾区宣慰委员会”，由兰州各党政机关人员组成“宣抚团”分东南两路活动。“宣抚团”到各地之后，一面张贴带欺骗性的布告，签发“良民证”，另一方面又发放“农贷”，使部分意志不坚定的义军战士上当受骗，而更多的义军战士和首领，则拒绝敌人的诱降，转入地下，同敌人的“清乡”展开了艰苦的斗争。

当国民党第三军周体仁部进驻临潭时，为配合反动军队“剿匪”，临潭县长郑执中成立了“清乡”委员会，清乡委员会同敌人十二师互相勾结，采取搜捕、诱骗等手段，在冶力关、八角、羊沙、石门、陈旗、北山等地区勒令所有参加起义的农民“坦白悔过”，“认罪赎命”。人们为了“赎罪”，“赎命”，将一群群牛羊、骡马被迫赶往市场出售凑钱，将一驮驮牛羊皮毛和珍贵药材送进官府，流入贪官污吏的私囊。农民的财物被洗劫一空，许多人倾家荡产，卖儿卖女，流离失所，乞讨为生。更残酷的是，敌人利用“宣抚”、诱降搜抓、追捕等手段，软硬兼施，对起义农民和无辜群众进行残酷镇压。从莲花山抓来的十四名农民被枪杀在甘沟；那子村二三十名农民被赶进洮河活活淹死；从草场门口捕来的三名农民，被屠杀在新城，不少群众倒在血泊中，惨不忍睹。然而，敌人的残酷屠杀并没有使革命者屈服，他们视死如归，不怕人头落地，表现了一个革命者取义成仁、舍生忘死的英雄气概，其光辉事迹至今为人们所怀念。

义军营长邢生贵，被保安队捕去后押到新城，砍头挖心，被胡受谦祭奠了徐文英，牺牲时只有三十一岁。当他走向刑场时，昂首挺胸，面不改色，还唱着：“脚户骡驹走四川，棉花挂在刺上了，杀了吃人的狗县官，给穷人把气使上了，众位乡亲都坐着，从今后我就不在人世上了。”他走了，留给人们的不是泪，而是更多的恨。

战士刘贵西，在临潭县长郑执中惨无人道的拷问下，从不低头，审了三堂，他臭骂了县长三堂，刑堂成了他斗争的战场。战士马二郎保从监狱押往刑场的路上，大声高歌：“官逼呢者民反呢，豁上命了造反哩，阿哥们死了不要紧，还有后人们干哩。”他那无所畏惧、蔑视敌人的大无畏精神，使许多在场的人感动得流下了热泪。

汪鼎臣、任效周、王万一为了隐藏便于更好地开展斗争，改名换姓加入马步芳的骑兵队，后被坏人告密，被十二师抓去，企图从他们嘴里得到肋巴活佛和其他义军首领的去向，敌人用残酷的刑法拷问七天之久，一无所获，将他们三人于 1943 年 9 月 30 日枪杀于冶力关泉滩。

年辣椒被乌龙喇嘛组织的“草周草哇”（曾用此组织同肋巴活佛组织的“草登草哇”相对抗）抓住，送给敌十二师，枪杀于临洮鹁鸽崖。这位藏族人民的优秀儿子，在战斗中英勇顽强，狠狠打击敌人的英雄事迹，在当地藏、汉人民中留下了深刻的影响。

黄建伟被捕后在押往临洮途中逃跑，改名换姓直到解放。

甘南农民起义的主要领导人之一肋巴活佛在年辣椒遇害后，为了保存革命力量，解散其余骨干，他只带石他义离开康多转移到夏河。1944 年 1 月 13 日，肋巴活佛在俄旦寺被敌包围，突围中石他义壮烈牺牲。此后，肋巴活佛等化装成商人去宁夏市在马鸿逵军队中当营长的范新民处，化名范德民，隐藏了两年多。1946 年 5 月中旬，肋巴活佛由范母和范弟护送，回到和政，这以后肋巴活佛隐藏在松鸣岩寺附近的山洞中，由他的亲戚供给饭食，等待时机。

（三）肋巴活佛光荣入党　赴延安不幸遇难

1946 年 12 月 31 日，肋巴活佛在康克选和赵尕的眼等人的护送下，取山野小道，昼行夜宿，由和政经康乐、会川到渭源找当年农民暴动时的朋友夏尚忠。当时，夏尚忠等人在中共陇右工委的领导下在渭源一带坚持地下游击战争。1947 年 2 月间肋巴活佛一行才找到夏尚忠，随后由夏尚忠领肋巴活佛去见了毛得功、郭化如、杨友柏等游击队主要领导人。他们热烈欢迎肋巴活佛的到来，从此他们一起干革命，打游击，坚持地下武装斗争。

1947 年春，由陇右工委负责人高健君、牙含章介绍，肋巴活佛光荣地加入了中国共产党。他是陇右地下党的早期党员之一。肋巴活佛入党不久，提出要求派人到夏河寻找他的部下，以便在藏族农民中发展党员，建立党的组织。这一愿望因条件尚不成熟而未能实现。后来，他要求到延安去学习，以便将来更好地为党工作。

1947 年 6 月，中共陇右工委同意了肋巴活佛的要求，让牙含章去庆阳甘肃工委汇报陇右工作时，带他一同前往。他俩搭乘便车行至平凉安国镇三十墩，因车祸肋巴活佛不幸遇难，时年 31 岁。肋巴活佛的牺牲是中共陇右工委组织的一个重大损失。1981 年 9 月，中共甘肃省委在《一九四三年甘肃南部农民起义问题座谈纪要》中指出："肋巴活佛以活佛身份率领藏汉僧俗反抗国民党暴政，后又加入中国共产党，这在我国历史上是少见的。"

五、起义虽然失败 革命精神永存

甘南农民起义，这场在中国共产党的影响下自发的农民武装斗争，在甘肃农民革命史上是前所未有的。但由于没有中国共产党的领导，缺乏统一的领导核心，加之投机分子伺机进行破坏和分裂，致使起义在敌人的镇压和瓦解下终于失败。

在这场农民革命斗争中，有回、汉、藏、土、东乡、撒拉、蒙古族等民族参加，他们团结一致，并肩战斗，共同杀敌，谱写了甘肃革命史上民族团结斗争的新篇章。这场武装起义，有力地支持和声援了陕甘宁边区人民粉碎蒋介石掀起的第三次反共高潮的斗争。

而今，革命先烈的英雄事迹，将永远为人民所铭记和缅怀，他们的革命精神，激励着甘南儿女，永远跟着共产党，为振兴中华，建设繁荣富强的新甘南而努力奋斗。

本文选自中共甘南州委党史资料征集办公室：《甘南党史资料》，第一辑，1988年4月。

肋巴活佛俄旦寺脱险记

高乃　口述　　李耕　整理

肋巴活佛是1943年甘肃南部农民起义的主要领导人之一。起义失败后，他没有动摇，迅速转入地下和敌人继续斗争，到处奔波串联，准备再起。但是，万恶的国民党反动势力到处发动喽啰，跟踪捉拿。勇敢机智的肋巴活佛，多次在敌人四处包围和严密封锁下顺利脱险。俄旦寺脱险即其一例。1983年5月甘南州政协王占彪、罗发西、李耕、马建新四位同志两次来访我，了解肋巴活佛在俄旦寺脱险的情况，根据回忆当时情况，提供以下史实，供参考。

我叫高乃，今年66岁。在我26岁的那一年（1943年）冬天，夏河俄旦寺上来了一僧一俗。这僧人就是肋巴活佛，俗人就是他的同伴塔义（又名塔斗，因没有门牙，故外号为没牙，因家住多仓，又称仓塔义）。时间不长，俄旦寺乃旦慈治木把我介绍给肋巴活佛，我俩认识了，我俩之间的来往也多了。肋巴活佛经常告诉我，现在老百姓受的压迫很厉害，国民党的款子也太多了，要使款子少，非把县长李永瑞杀掉不可，并要说为老百姓办事，就要不怕死。从此，他经常向熟悉的人揭露国民党政治的腐朽和对人民群众残酷的剥削压迫。我虽然是国民党的甲长（强派的），但也是个受压迫、受剥削的穷人，于是我俩成了亲密朋友。按照藏族的习俗，手持枪杆，用舌舔了枪口发誓，从此结为生死之交。

在今麻当公社牙首大队克吾尔盖村有一个叫才巴合加布的人，原是一个流浪汉。他流浪到卓尼康多，因偷盗被人毒打，肋巴活佛出于对贫苦人民的同情，劝解被释。他们两人就此相识。1943年肋巴活佛起义失败后，来到山塘和才巴合加布又取得了联系，他成为肋巴活佛的亲信。

其时，在国民党夏河县政府有一个小职员叫旦曾的和肋巴活佛往来甚多，经常秘密将县政府的情况告诉肋巴活佛。经肋巴活佛介绍，我俩也认识了。农历十二月十八日我去夏河，旦曾告诉我县政府准备包围俄旦寺，捉拿肋巴活佛。当时我立即同才巴合加布（其时住在夏河卓姆山）返回俄旦寺向肋巴活佛报告了，才巴合加布说："没有此事。"因为肋巴活佛对于才巴合加布的信任程度比我强，所以没有做应有的准备。当晚天黑以后，俄旦寺突然被包围了，顿时枪声四起，震彻山谷。肋巴活佛立即拿出了二十发手枪，将子弹推上了膛，令我将大门打开，准备从大门冲出。由于敌人使劲从外往里推，门一时打不开。在此紧急关头，肋巴活佛和塔义迅速爬上房顶，我也跟着上了房，但才巴合加布却躲进房子。我们登上房顶的同时，敌人也爬上来，连打两枪，都未打中，我们开枪反击，敌人退下去了，肋巴活佛乘势跳下去，我也跟肋巴活佛跳下去，塔义从另一方向也跳下去。肋巴活佛跳下后，不幸扭伤了脚，不能行走，我俩蹲在墙脚，敌人又一次冲来，头顶子弹密集，打得墙上的土直往头上落，待敌人枪声稍疏之机，我俩又一阵猛烈地反击，敌人又退却了。我乘机把肋巴活佛背到坡边，因为坡陡，无法行走，只好从脚上拖下陡坡到大夏河畔，再背着过了冰桥到油口村后的沟口。把肋巴活佛安置在比较安全的地方后，我摸索到俄旦寺后山坡上观察动静。我发现敌人有四五十人，他们在寺院搜查后正从山坡往下走，我亲眼看见夏河保安司令部的索尕卡恰合（注：经我们调查，当天夜晚包围俄旦寺的夏河保安司令部分队长索尕卡恰合带领的保安队二十余人，还有夏河县政府警佐及警察二十余人）捆绑着俄旦寺乃旦慈治木从寺院的山坡上下来了，其中还有才巴合加布耀武扬威地跟随在一起。这时，我才明白才巴合加布叛变了，原来是他出卖了我们，顿时我火冒三丈，持枪瞄准了这个无耻的叛徒，霎时，我想到了肋巴活佛的安全和我家中的老人时，我的手软了，好吧！就让这个无耻的家伙暂在人世上再活一时吧！敌人从俄旦寺下山后，又到山塘村集中了全村百姓，一面搜查，一面检查全村人数，他们发现了我不在场时，我即迅速返回原地将肋巴活佛背着上了萨哈尔拉梁（白土坡梁），我走上一段，把肋巴活佛藏到比较安全的地方，就去侦察一下，又走上一段，又去侦察一下，就这样背着走了二十多华里，经下弄旁后山到南龙沟的南龙村找见了朋友热布旦，我俩就暂时住在他家。在路上，肋巴活佛告诉我，他是饥民团，又说不要怕，总有一天我们会胜利回来的。我俩住好后，立即派热布旦去山塘打听消息。第二天下午热布旦回来说，我的爷爷被抓走，枪马被没收。沙沟寺管家当晚下令所属各村，到处捉拿肋巴活佛和我，如有隐匿不报者，没收其全部财产。这样，我俩在热布旦家不敢久住。19日晚，我又背着肋巴活佛离开了热布旦家，准备转移到今完尕滩公社的崖玉沟久美家，因为久美弟兄二人是肋巴活佛最亲密的朋友。我背着肋巴活佛到阿子合油坊，因为冬天油坊里没有人，我就把他藏在油坊，去侦察情况。当我走到洒索玛村子的下面时，敌人集合了洒索玛村的群众正在搜查骡队（商贩），我混在群众中坐了一会儿（因为敌人不认识我，群众还不知道搜捕的是谁）后，在早布沟村的朋友劳靠家里吃了一顿饭。吃完饭后，我即动身去崖玉沟了解情况，在路上，突然发现才巴合加布带领反动队伍从崖玉沟久美家搜查后已返至途中。我立即潜入旺唐山林，迂回返回油坊，发现肋巴活佛不在了。从我离开油坊到我返回，已整整两天了，可能肋巴活佛怀疑我在路上出了问题，转移了。我俩就这样离别了，再没有见过面。

肋巴活佛不见了，我心上好像压了一块千斤重石，我到处探听他的去向，一直到卓尼康多，发现他的昂欠已被岷县专员胡受谦派的部队烧毁成为一片废墟了。于是我就回到上卡加土房牙儿尕村寨务杨昌家躲避了六个月。在朋友亲戚万般规劝下，我于1944年秋季向夏河县保安司令部缴械投降了。司令部关押了我一年多后才释放回家。

回家后，我为了实现誓言，曾数次潜入才巴合加布的村子，准备枪杀这个无耻的叛徒，以报俄旦寺之仇，但因种种原因，未能如愿。

事后得知，1943年农民暴动杀死临潭县长徐文英的消息传到夏河后，国民党官吏恨得要死，怕得要命，不时派特务到处刺探，派反动军队到处搜捕。先是夏河县长李永瑞来到达麦召开群众会，下了如果肋巴活佛这些人来到这里，任何人绝不能窝藏和借宿，如有违反者，速报县府严办之命。当肋巴活佛在俄旦寺的消息传出后，李永瑞便派人到处侦察。他们发现了才巴合加布，即用钱收买。才巴合加布本是个地痞流氓，贪财谋利之徒，见钱起意便出卖了肋巴活佛，遂导致了一场惊险事件，肋巴活佛险遭毒手。

塔义从房上跳下后，突围而去。国民党反动军队在俄旦寺抓去了乃旦慈治木，在山塘村抓去了我的爷爷贡保才让，但主要的肋巴活佛、塔义和我却一个也没抓着，李永瑞恼羞成怒，暴跳如雷，怪罪山塘土官（其时老土官已死，儿子年幼，其妻卓玛草执政）。山塘土官便带领民兵到处搜捕。19日在唐尕昂香拉村对面山坡林畔发现塔义，当即被山塘民兵周加、尕老二人开枪打死，将头割下，献给李永瑞，悬于县府门口，示众数日。

后来，肋巴活佛托人给我带来了信，附了他的念珠（证物），说他从阿子合油坊里走后在恰干木躲藏。恰干木和我躲藏的牙儿尕村距离很近，但我们互不知道。这是我俩离别后的第一次通信，也是最后一次。

叛徒才巴合加布一方面怕肋巴活佛报复，另一方面在群众舆论的压力下（因为我们藏族对出卖朋友的人是极其鄙视的）无处容身，便流浪到内蒙古去了，直到解放才返回。后又混入我积极分子行列，终因参加完尕滩尕货郎马世羊组织的反革命组织“民国党”而被捕。在狱中，他又拔掉眉毛假装麻风病人而获释，不久即死去。这样狡猾的坏蛋，没有得到人民的惩罚，甚为遗憾！

俄旦寺乃旦慈治木被国民党押了两年多后释放。解放后移住牙高沟老家，现已病故。

我的爷爷被抓走关押三天，被当地群众保释回家。

本文选自甘南州政协文史资料研究会：《甘南文史资料选辑》，第二辑，1983年9月。

回忆亲人肋巴活佛

公布加　莎茂[①]

一

怀来仓·肋巴活佛于1916年10月17日出生于青海马营红花寺一个流落户家里。

1877年，肋巴活佛的父亲罗卜藏（时13岁）随父离开祖籍夏河拉卜楞去青海塔尔寺朝圣。因饥寒交迫，老父猝死途中。罗卜藏被遗弃缅北（称碾伯，今青海乐都县），孑然一身，流浪异乡，在凄风苦雨中长大成人。他后到麻地沟，随汉俗起名康喜山，后称“康罗藏”。与当地一汉族姑娘李良存成亲，生四男二女。肋巴活佛排行老三，幼年异常聪敏，因不说话被称作哑巴，也没有取名，只用尕三哥代替。

1922年8月，罗布藏全家辗转返回甘肃，途经积石山吹麻滩时，当地三家回族财主祁三保、祁依布拉、马尕细木依仗马麒（马步青、马步芳之父）权势，抢走两个女儿，又用计摧残致死罗布

① 编者按：公布加是肋巴活佛的嫡侄，莎茂是肋巴活佛的侄孙女（公布加的女儿）。公布加跟随肋巴活佛多年，当农民起义失败后，肋巴活佛转入地下秘密活动期间，他经常给肋巴活佛通消息，送吃喝，对肋巴活佛的一些事迹亲见亲闻。这个材料对于研究1943年甘南农民起义及肋巴活佛的事迹有一定参考价值，特辑录于此。这篇史料曾向和肋巴活佛等一起领导农民起义的杨友柏同志征求过意见，并做了一些更正。

藏。其妻李良存悲痛欲绝，拉着小哑巴深夜离家，一路乞讨赴导河（今临夏）告状。多次控诉毫无结果。哑巴幼小的心灵中埋下了仇恨封建社会的种子。

1923年4月，全家又状诉到导河镇守使裴建准处。公堂上哑巴蔑视裴大人，立而不跪，突然说话。恰好这时松鸣岩寺根据推算寻找活佛转世灵童，就将他选为活佛。裴建准便准状，惩办了三家恶人，并认作肋巴活佛的院主派队伍与当地宗教头人隆重迎送，在松鸣岩寺（位于临夏太子山南麓，原隶藏区，后属和政）为三哥行了坐床大典。于是，8岁的三哥出家成了松鸣岩寺的活佛。后到卓尼水磨川寺学经，遂常住水磨川，故有些人称肋巴活佛为水磨川寺活佛。

水磨川，藏语叫康多，山光水色，风景如画，间隔二三十里有三座寺，分别叫勺洼寺、水磨川（康多）寺、多麻寺。相传班禅一世为了当地牧民西藏朝圣方便，差遣弟子所建，因此它隶属西藏大昭寺。肋巴活佛在这里受戒，取法名“贡却·单增”（即佛法僧三宝上贵持法者），拜夏河拉卜楞寺哲贡巴仓活佛为师。

肋巴活佛得经师启蒙，怀着为天下黎民百姓能过幸福生活的良好夙愿，孜孜不倦地奋发学习。他年少好学，随老师云游西藏、青海及藏汉各地，获藏传佛教最高格西学位，有很高的佛学造诣。他在巍峨幽静的水磨川寺院度过了二十个春秋。

肋巴活佛体魄健壮，举止庄重，丰额大眼，因长相魁梧，加之身世传奇，备受民间百姓敬仰和崇拜。

二

肋巴活佛虽在上层宗教社会，但胸怀天下黎民百姓，同情民间疾苦，不记民族隔阂仇怨，广行施舍，救世济贫，深受附近数县各族群众的拥戴，被称作是“大慈大悲的佛爷”，“穷人的阿拉合”（即穷人的佛爷）。老师哲贡巴对肋巴活佛甚为钦佩，特为他取名“金巴·嘉木措”（即施舍的海洋）。肋巴活佛仗义好客，结识了各民族兄弟作结盟好友，以后在他部下的义军首领，大多曾在患难中被肋巴活佛相救、资助，昂欠平房内常留宿着逃荒要饭、避债、逃丁的贫苦人。夜间，肋巴活佛经常和留宿者在一起，听他们讲述辛酸的遭遇。

1936年夏，红军路经甘南时，红四方面军还在临潭新城、冶力关一带建立苏维埃政权，宣传“抗日救国”“打土豪分田地”“番民联合红军抗日反蒋”“红军对回番民不压迫”等口号。沿途所经之地秋毫无犯，与当地各族群众鱼水情谊。肋巴活佛的好友尼玛（水磨川拉芦河人，是卓尼土司杨积庆的警卫）向他飞马报告了红军的情况，他听了激动得双掌合十，连呼：“阿弥陀佛，真是穷人的好队伍！”

飘扬的工农红旗，像燃烧的火炬，照亮了肋巴活佛救国救民的道路。他看到了要解救受苦受难的百姓，必须走红军的路。于是暗中串联穷苦牧民，组织了“草登草哇”（七个穷人部落），通过结兰兄弟张英杰，用自己的积蓄、马匹，购置枪支弹药，开始进行地下秘密武装活动，与反动牧主杨喇嘛（也叫务浓喇嘛）抗衡，保护穷苦牧民利益，以活佛的身份在民间宣传呼吁：“要把富人的天堂打下来，穷人们才能翻个身。”秘密联络了任效周（临潭八角人）、王万一（康乐杨家河人）、汪鼎臣（临潭冶力关人）、黄建伟（冶力关茨沟人、又名黄点名成）、线志录（回族，康乐线家湾人）、宋海林（蒙古族，原名××坚参，内蒙古阿拉善镶白旗十二支箭人，是临潭石门宋堪布活佛的义孙）及附近牧民年旦增（水磨川上加林人，又名年辣椒）、韩尖木措（水磨川拉芦河人）、那木九瓦咒（卓尼连柱人）、卓尼北山旗土官杨麻周等。并将与各地的联络分别设点在冶力关柳连附（临夏人，家住冶力关解家磨）、藏区二寨那蔡本布（系红教徒，康乐木家沟克守孝之父）、康乐撒巴寺主持常喇嘛（名常守大，字俊峰，法名金巴）等处。他常使“辣子”（汉语精通、组织能力较强）赴汉族地区联系。此时，他得知七个亲人离散遇难，长兄殿祥为掩护红军惨遭杀害时，悲愤地以拳击案，对送信人说：“大丈夫报仇，十年不晚！”

1941年初，肋巴活佛两次去武都鼓动张英杰，要他配合攻克武都，装备义军，投奔共产党。张是国民党驻武都骑兵营营长，因鸦片生意，与武都专员孙振邦矛盾重重；见肋巴活佛有武装力量，暗中活动，便同意了倒孙主张；两人又与哥老会头目王德一及当地绅士马尚智取得联系。张也将国民党报纸消息向肋巴活佛透露，并让心腹柳连附担任联络员，柳此时为张在冶力关经营“军风号”木行。经常往来武都、康多之间。

1942年夏初，肋巴活佛与隐居在临洮的史鼎新接触（史是国民党第八战区长官部高级参议。因不满暴政在家乡暗中发展力量），并与王仲甲、肖焕章、王星恒会面。王与家人在自己家中盛情接待肋巴活佛，就联络起义一事密谈至深夜。肋巴活佛知道了回族马福善、马继祖父子在边家湾活动串联情况后很高兴，也将二寨那蔡本布的地址告诉王仲甲。同年夏末，石生福（康乐连芦人）带王仲甲至二寨那蔡家，肋巴活佛与其密谈一日，互通了起义日期和行动计划。

1942年陇南大旱，国民党政府不但不向灾民赈济，反而巧立名目横征暴敛，百姓流离失所，怨声载道。肋巴活佛知时机已到，在自己昂欠召集任效周、王万一、汪鼎臣、黄建伟、线志录、宋海林、年单增、那木九瓦咒、韩尖木措、韩顿珠、史塔义、安罗寨、金尼直、久美兄弟二人（夏河完尕滩人）、热布旦（夏河南龙沟人）等秘密开会。肋巴活佛对大家说：“现在国民党政府逼得穷人没法活了！要得活命，就得像共产党那样拉起一支队伍，推翻国民党政府。我们是饿着肚子造反的穷苦百姓，起个名就叫‘饥民团’吧。”众人异口同声地赞成。肋巴活佛又说：“队伍拉起后，就叫‘抗日反蒋民族联军’，行动口号：‘抗丁、抗粮、抗款’，‘官逼民反，民不得不反，要若不反、免粮免款’。”会毕，大家分赴各地活动。“饥民团”的烈火在各地迅速燃烧起来。

时冶海乡乡长赵虎臣得知肋巴活佛等人的活动后，飞报临潭（旧名洮州）县长徐文英，徐急报岷县专员胡受谦。徐本人躲到卓尼。胡派人明察暗访未得真相，便将擅离职守的徐文英大加训斥。徐丢了面子，又斥责赵“谎报匪情”，因而放松了对饥民活动的警惕。

是年初冬，肋巴活佛组建藏军就绪，从水磨川小商焦兼乾家拿白布两丈七尺，缝制“佛”字袖章；仿照工农红旗图案形状，绣义军红旗两面。命韩尖木措任藏军参谋长，那木九瓦咒任副官，又让那木九瓦咒、韩顿珠当旗手，原“贴心汗衫”（忠实警卫）史塔义、安罗寨、公布拉旦、卓巴才旦等任警卫。

正月十三日，肋巴活佛率藏族军官煨桑宣誓后利用正月十五日酥油花灯会做掩护，暗中集结队伍检查装备。次日，以朝“常爷”为名，带部分人赴冶力关，在柳连附家的院子里，召集了各地领导人联席会议，这是一次有一百余人参加的决定性的会议。会议一直持续到下午。

三

1943年农历二月二十三日，肋巴活佛率军聚集冶力关，宣布正式起义。来自卓尼、夏河、临潭、岷县、康乐、和政、临夏等地的藏、回、汉、土、蒙古数千义军健儿，手举长矛大刀高呼“反蒋抗日”“抗丁、抗粮、抗款”的口号云集义旗下誓师起义，建立“反蒋抗日民族联军”，肋巴活佛任总司令；下编三个师，任效周（未到）、王万一、汪鼎臣任师长；黄建伟任后防司令；年旦增任总参谋长；线志录、宋海林任本路司令；下编团长丁荣昌、辛生贵；营长陈古讬；连长白云山等数十人；游击队长石生福。

部队组编毕，肋巴活佛挥臂大声宣布义军纪律，鼓励各族健儿奋勇杀敌。泉儿滩场地群情振奋，欢声雷动，旌旗摇曳，战马嘶鸣，农民起义的欢呼声震撼着冶力关上空。

次日向甘沟、羊沙进发。一路声势浩大，如滚动雪球，沿途参加者不计其数。行至甘沟时连奉命前来堵截的自卫队也被裹挟而入（队长党怀德）。任效周率众五百余集结羊沙等候。晚饭后，肋巴活佛命各部连夜向洮州城进军。任效周部为先头部队，行至大草滩，突与徐文英四个探马相遇，他们弃马逃走。司令部恐城内敌人警觉，急速组织三百名身强力壮的先锋队跑步前进，大部队也急行军跟进。至兔石山下阎家堡、党家沟时天色还未明，肋巴活佛就地部署，义军分两路向洮州城迂回。

这是 1943 年 2 月 25 日清晨，正值洮州集日。先锋队内由王万一、那木九瓦咒等十二人扮作卖草人开城门。肋巴活佛站在兔石山上，居高临下见城门大开，便鸣枪两响发出攻城信号。埋伏在城外的各族健儿跃身而起，喊着杀声，涌进城门，与敌激战。守城之敌猝不及防退入伪县府内。义军攀上高阜向县府猛攻，黄建伟口含大刀，跃步向前，将义军红旗高高插向文昌阁顶。肋巴活佛策马挥枪，率藏军绕城飞奔，堵住南门。

这时县府内一片混乱，硝烟弥漫，杀声震天。县长徐文英夫妇从慌乱中惊醒，持枪顽抗，逃至南门，被义军击毙。同时被打死者有县党支部书记赵廷栋，邮电局长苟克俭。其余均无伤害（一个姓蔚的趁机报私仇，杀情敌家三人。激战中肋巴活佛留下徐文英的两个子女）。义军砸开监狱，释放了“犯人”。

联军出师告捷，深得民心，撤离洮州时阎家堡、党家沟一带的群众为义军送茶、送饭，抬羊挂红。肋巴活佛将队伍拉向石拉路、大桥关一带休整。临潭石门一带窦聚川、王 ×× 率众四百余来投，各族青年纷纷参加义军。肋巴活佛号令义军：“不准拿群众财物，不准践踏群众田地……”义军军纪严明，秩序井然地在荒野地埂行军。途经石门、王家坟等地，打开富户杨生华等人的粮库，救济灾民群众，军威大振。

肋巴活佛欲取岷县，南下武都。3月2日行至冷地口与岷县专员胡受谦援洮州甘保二团遭遇。两军突遇，一时阵乱，敌军架起机枪扫射，迫使义军前头部队退居一小山包，汉族义军麻利娃中弹牺牲。危急中，肋巴活佛、任效周、黄建伟、线志录赶到，命藏军用火力压住敌人，后续部队登山呐喊，吓得敌人胡乱打枪，不敢前进。黄建伟组织三十名敢死队员，趁机跃入被困义军中匍匐前进。近敌二十米处，突然跃起，举枪挥刀向敌扑去，敌慌乱不能招架，仓皇败退，肋巴活佛率藏军乘胜追击，再次获胜。

因义军攻破临潭，岷县敌有提防，肋巴活佛遂转攻梅川镇。梅川镇是岷县第一重镇，三面环山，一面靠水，义军围攻一日，未能取胜，肋巴活佛斥责王万一等攻城不力。待至半夜，敌援军赶到，义军因武器不足后撤。旋即激战自沟（康乐、临潭交界地），与当地自卫队交火，毙敌一百余，所得枪支全给汉族义军，并将两名牺牲的汉族义军安葬在青松树下。

沿途因团防、自卫队反动武装骚扰，战斗不息。联军转向冶力关，向峡城门罗寺行进。与汉区友军王仲甲、马福善、刘鸣、毛克让、张世英、王德一遥相呼应，揭开了西北历史上各民族联合抗暴的序幕。

农民联合起义的热火燃遍了陇南二十余县，危及蒋介石的大后方，俗称“甘南民变”。国民党第八战区司令长官朱绍良、甘肃省政府主席谷正伦原以普通民变未加介意，后见农民军风起云涌，惊慌失措，便向蒋介石连连告急。此时，正值蒋介石反共高潮时期，以十万兵力围困陕甘宁边区。蒋遂电责朱、谷二人清剿不力，急调胡宗南七个正规师、两个骑兵旅，马步芳三个团，配合地方四个保安团，交通司令部一个团，驻兰空军八大队二十三中队，以及各地区自卫队开赴陇南，围剿义军。同时，国民党军委会战时新闻检查局致函国民党中央宣传部，不准所有报纸刊登甘南民变消息以免“影响人心”，严密封锁了陇南农民起义的消息。

是年3月中旬，义军激战蒲麻梁获胜（缴获武器数十支）后与王仲甲部等五路义军会师蒲麻。遂率军数万挥戈南下，直逼武都。

义军行至闾井十五里外的埋人沟，与敌十五师遭遇，敌两个营紧追不舍。两军领袖中发生异议：有的主张甩开敌人快速南下，有的认为绕敌而走，反会被敌吃掉。肋巴活佛果断地对左右说：“打！”两军拉开阵势与敌对垒。肋巴活佛不顾炮火轰击，亲临阵地指挥，赤膊挥枪与王仲甲一起指挥，发起一次次冲锋，终不能突破敌人防线，追兵也将赶到，义军前后夹击，形势十分危险。肋巴活佛急令藏军神枪手架起叉子枪，击毙敌射手和指挥官，藏军骑兵齐声怒吼，冲入敌阵，左右劈杀，连破数处，动摇全局，两军健儿跃入敌阵白刃格斗，阵地上尘土飞扬，杀声动地。血战半日，杀败阻敌，吓退了追兵。肖焕章率军乘胜追击二十余里。

此役歼敌二百余，缴步枪近百支、机枪两挺、子弹一万五千余发，军心大振。扫平了南下通路，实现了草川崖大会师。

1943年农历五月中旬，义军从草川崖回师北上，肋巴活佛率联军断后。敌五十九师盛文部，和十五师康庄部尾追。战斗中藏军才巴金与一汉藏义军领导牺牲。藏军打退敌人后行至礼县姚坪与众军会合。义军各领导人决计与自行离去的刘鸣畅谈交心，以求合作。忽报王德一被敌分割包围在杨家庙，肖焕章奋起解围，众军接应。解围后义军各领袖和王德一握手慰问。

马继祖作战骁勇，善于奔袭，屡建战功。此次率两千余众从定西辗转南下，抵草川崖时，各路义军已离去，马部与敌五十九师相遇，雨中激战损失严重，折回姚坪方与大队人马会合。与马福善父子相继南下的还有师锡伯、杨华如、安华雄等部。肋巴活佛与马继祖在这里虽初次相遇，却一见如故，两人共叙战斗友情。

肋巴活佛高兴地对马继祖说："马司令，这次我们回、汉、藏真的成一家人了。"在场各族官兵无不开怀大笑。

次日，义军各部向武山滩鸽镇行进。此时，坐镇天水指挥的胡宗南第三军军长罗历戎命令五十九师、十五师、十二师从东南北向义军包围。

义军各首领在滩鸽镇召开了会议，决定：第一，重申草川崖任命职务，并推选马继祖任前线总指挥（时患病未到）。第二，采纳肋巴活佛、肖焕章等向陇东靠近，向共产党接洽的建议。第三，消灭尾随的五十九师。是日夜三时，敌五十九师偷袭马继祖部，迫使其向滩鸽镇靠拢。时天色未明，义军众志成城，决定分头迎敌。王仲甲、刘鸣两部占领左边高地；张英杰、马继祖、王德一居中；肋巴活佛率联军占领右边高地。9 时许，敌军机枪、大炮开始向义军阵地轰击。义军腹背受敌，残酷鏖战持续到夜间时结束战斗。

第三日 10 时，敌精锐七师李士龙部从岷县赶来，义军处境危急。肋巴活佛站立西边高地放眼望着长驱而来的敌七师，决心杀开一条血路，掩护友军突围。于是命藏军架起叉子枪，弹不虚发，敌三十余官兵应声倒地。肋巴活佛一声呼唤，持枪跃上大红马，大红马扬起四蹄，风驰电掣般地向敌军冲去，藏军挥刀跃马，紧跟在后，闯入敌阵，在螺号声中往来冲杀，终于杀开了一条血路，数万义军像开闸的潮水涌出缺口。王仲甲、师锡伯、杨华如、安华雄趁机从洛门脱身。张英杰、马继祖、肖焕章、王德一撤向新寺。张英杰的部下全开了小差，身边只剩五六人。马、肖见他神情沮丧，似有心事，即离去转撤会川。

肋巴活佛且战且退，阻止敌军追击，在一豁口杀敌四百余；两百余名联军义士也壮烈牺牲，血染滩鸽镇。肋巴活佛也撤向新寺。正在村口宿营吃饭，敌军又蜂拥而至，联军义士丢下饭碗立即投入战斗，杀敌十余人。神枪手泥尕刀劈四敌，敌骇然后退。

肋巴活佛率部撤向苏苏川，经漳县大草滩过野狐桥至东昌沟。张英杰目睹激战情景对肋巴活佛说：“与其死拼，不如来个权宜之计。”肋巴活佛听出话音劝他：“我们插旗造反是反叛，国民党不会饶过的。我宁可冻死饿死在山洞，也与他们誓不两立，你还是跟我走吧。”两人有结拜之谊，肋巴活佛想挽留他，张叹气摇头。离别时对肋巴活佛说：“司令，我姓张的绝不会伤害弟兄们。”肋巴活佛知他已有异志，想起了武都之误，也不再强留，任凭他去了。

这时联军已炊断粮绝，弹药不足，关山梁（位于渭源）激战后更加疲惫不堪。待到会川罗家磨时，四天来每人每天只吃到一个洋芋，其苦可知。

时洮河水暴涨，雨下如注，肋巴活佛命部分人在妥杂山阻击，大部队在峡城门罗寺强渡过河。留守冶力关的后方司令黄建伟，闻大部队北退，带着留守的藏军和食物前来，沿河布防，架起木排，接应队伍渡过洮河。

肋巴活佛一路风尘，冒着战火硝烟抵达康乐朱家山，未及喘息便与肖焕章布兵拐雪坡，马继祖驻守紫松山，马木哥、线志录坚守红道峪沟，王德一坚守帐房山。民族团结的战斗情谊，在各族义士的心中筑起钢铁长城。藏、回、汉、土、东乡各族义士聚集朱家山一带，面对敌人的疯狂剿杀，同仇敌忾，严阵以待。

时敌五十九师兵分两路，从红道峪沟开进；敌七师从康乐马家集长驱直入；敌十二师吕继周部防守冶力关及峡城洮河渡口。朱家山炮声隆隆，硝烟弥漫，义军血战两天两夜。肋巴活佛部的回族团长马黑娃等壮烈牺牲。义军浴血奋战歼敌一个连，缴步枪四十余支，机枪两挺，战旗两面。终因敌强我弱，迅速撤出敌包围圈，将队伍拉上苗花山。

肋巴活佛抚慰安置好伤员后，马福善、肖焕章也各带数十人来到苗花山。患难相逢，百感交集，各民族兄弟在草地上促膝围坐。二人告诉肋巴活佛：“国民党政府委派赵锡光、裴建准带两个宣抚团，到各地发赈济粮，收买民心，招降义军领导人。”肋巴活佛听了坦然说道：“我虽与裴镇守使交谊很深，可与国民党政府誓不两立。谁来招降也是不投降的。”他的刚烈大义，使两个民族兄弟深受感动：“我们也答复了谈判代表，誓不投降。”三人都说：“国民党打散了我们的人，但打不散我们的心，只要我们的人在，还要东山再起！”说罢互道珍重，挥泪话别，各自转入地下斗争。

四

义军失败后，国民党政府挥起血淋淋的屠刀，通缉肋巴活佛等义军领导人，千里甘南腥风血雨，乌云密布，警岗哨卡搜索盘查，数以百计的各族义军成员惨遭杀害。

参谋长年旦增（藏族）与师长任效周、王万一、汪鼎臣（三人均汉族）宁死不供肋巴活佛的下落，受尽酷刑，壮烈就义。回族义士马家保至死不跪，被马匪活活砍死，临死前壮士回头骂道：“不睁眼睛看看，义军的弟兄有几个投降的！”旗手韩顿珠（藏族）在敌人的老虎凳上大叫：“要命有一条，要肋巴活佛阿拉合是没有。”副官那木九瓦咒从夏河回来，为了保护牧民住房不被烧毁，主动投案，吃完点心，砸掉盘子，扯开内衣，拍着胸膛说道：“来！朝这儿打。我活是肋巴活佛阿拉合的人，死是肋巴活佛阿拉合的鬼。”团长辛生贵（汉族）毅然投案，至死不讲枪杀徐文英的各族兄弟。

他从酷刑中醒来安慰老母亲：“阿妈，你别难过，你的儿子没有白活，就是死了也值得。”唱着悲壮的“花儿”向乡亲道别，从容就义。一位没有留下姓名的汉族勇士在押往洮州刑场的路上骂不绝口：“你们把有钱人当良民，无钱人当土匪。穷人是杀不完的。你们等着吧！老百姓会有出头的日子！”秋风秋雨吹打着勇士破旧的衣襟，昂首赤脚在泥泞中向刑场走去。

英雄的肋巴活佛没有向敌人屈服，在白色恐怖中，他带着部下韩尖木措、塔义、塔力、那木九瓦咒、金尼直等和敌人周旋在深山密林。敌人的凶残和暴行激起他满腔仇恨，决心要为死难的义军和各族群众报仇。于是他派塔义去联系卓尼北山旗土官杨麻周、曹达拉（旗官）、聋子头人等，又到约会的地点寺儿坝宣传：“国民党军队杀我番民，毁我寺院田庄、硬性撤除卓尼土司制度，挟持尕司令（指年幼的杨复兴司令），将我番民不当人看待，希望你们率部起来，和我们一起打击国民党军队。”此时，杨麻周已接到洮岷路保安司令全权代表、参谋长杨一隽口谕：“关于饥民团首领，省上早有命令，不论在何地，如发现就地枪决。关于肋、马、王等，只要不扰乱我卓尼地方，可劝其他往，或暗送出边界，切莫杀害。”杨麻周未按口谕执行，听从了肋巴活佛的策划和建议。肋巴活佛大喜，与杨、曹等插剑盟誓（藏族的一种悼念死难将士，兴兵出阵的仪式），誓与国民党周旋到底。这时正值八月，适逢敌十二师师长吕继周在冶力关召集军事会议。杨麻周指示麻缠才尕，暗中组织十名壮士，夜间潜入十二师团部。未动一枪，将敌一个营长、两个连长和一百多名士兵全部捅死。杨麻周自带二十多名亲信，直奔卓尼禅定寺接杨夫人与尕司令，准备以他们为首领，在卓尼北山与国民党军队抗衡，遭到杨夫人的拒绝。曹达拉面对敌团长陶 ×× 步步紧逼，气愤地回答：“要人（肋巴活佛）没有，要命到多麻山上见！”一声螺号集合了藏兵四百多，在多麻山拉开阵势，利用迷雾重创了“国军”，歼敌三百余，伤一百多，多麻寺山梁到处是敌军尸体。

吕继周暴跳如雷，扣押了到冶力关参加会议的卓尼司令部代表三十多名，枪毙了手枪队长梁书拉、警卫连长宗其秀，抓走了杨麻周。甚至通风报信的杨喇嘛（勺洼寺压床，曾组织“草周草哇”和肋巴活佛作对）也拉到兰州枪毙了。随后，国民党到处搜查、追剿、通缉肋巴活佛。

肋巴活佛离开水磨川，在松鸣岩洞穴度过了数月后，又带着部下韩尖木措、塔义、塔力、那木九瓦咒辗转到夏河，以俄旦寺为据点，组织贫苦群众，策划袭击夏河县县长李永瑞。重新串联了高乃、擦周、久美兄弟、黄咒加木措等四百余贫苦牧民，决定在同年腊月二十四日攻打夏河县城。不料，叛徒才巴合加布被敌人收买向敌告密（才巴合加布本是一个地痞，原去康多偷窃被鞭笞，他以贫苦假象，骗得肋巴活佛的信任，被肋救释）。

腊月十九日夜，拉卜楞保安司令部分队长索尕卡恰合和夏河县政府警佐带四十多人包围了俄旦寺。一时寺外枪声大作，喊声四起。小喇嘛扎周爬上房顶观察敌情，不幸中弹牺牲，坠下房顶。肋巴活佛、高乃、塔义奋起突围。塔义爬上房顶，跳出院墙，为掩护肋巴活佛，边打边喊吸引走一部分敌人。肋巴活佛、高乃用舌舔自己的枪口，互指对方胸口宣誓："死，一块儿死。活，一块儿活。突围！"两人飞身跳墙，肋巴活佛右脚不幸扭伤，高乃背起他飞跑。肋巴活佛在高乃背上，持双枪左右猛射，打退敌人。不料高乃绊倒，敌人如狼似虎地猛扑了上来。肋巴活佛单腿跪地用右手射击，左手趁机在腋下推上另一支枪的子弹，举双枪突击，和高乃打退敌人后，跨过大夏河冰桥登上北山。

二次起义未成，肋巴活佛悲愤异常，痛恨叛徒坏了大事。血的事实告诉肋巴活佛：没有共产党的领导，将一事无成。他从怀中掏出名单交给高乃，自己决定去找共产党。在北山坡的大树下，肋巴活佛深情地对高乃说："……共产党来了，老百姓不再受苦，人人有饭吃有衣穿，大家都能过上好光景。那时候，高乃你还能坐上小汽车。"高乃听着忍不住热泪下流，终将肋巴活佛转移到安全地点。在卡加擦周家，肋巴活佛安慰部下："你们联络好人等着，我找到共产党就回来。听尕张（张英杰）说过：共产党领导的八路军，在宁夏石嘴山常和马鸿逵队伍交火，到那里找共产党容易……"他手捧净水碗扮作苦行僧独自上路，踏上寻找共产党的艰苦历程。时 1944 年初。

五

肋巴活佛行乞化缘，风餐露宿，一路到了永靖炳灵寺。为了打探路程，与磕头行僧住两月之久。闲谈中，一长老见他坐有僧家仪容，站有大将风度，心中疑惑低声问：“你是……”肋巴活佛见长老年已花甲，面目慈善，也就直言相告：“我就是国民党要抓的肋巴活佛。”长老微微打战，又惊又喜，提醒他要与僧友伴行最好。

此后，由幼年僧友武嘉祥（原在水磨川寺出家，后转炳灵寺）、龙质布（原松鸣岩寺，后至青海塔尔寺）护送。肋巴活佛一行到了宁夏平罗县，靠好友范原祥（马鸿逵部团长，与肋巴活佛是结拜兄弟）帮忙，当了一个押送煤车的队长，改名“范德明”，身着汉装，跟着两辆牛车，往来于宁夏石嘴山之间，秘密打听八路军活动的地点和共产党的消息。

当他听到日本人已经投降，共产党已领导着几万军队东去的消息后，他重新为战斗的激情所鼓舞，于 1946 年春末，返回松鸣岩寺，决定再次组织武装起义，接应共产党。

1946 年腊月初五，肋巴活佛由部下姬天雄、赵原璧、王进祥、兰玉贵，当地群众康正杰、韩三喜、杨成武，侄儿公布加八人护送下，忍受着脚腿溃烂的疼痛，晓行夜宿步行到渭源，在毛家窖赵原璧家中，与中共地下党员夏尚忠相聚。

1947 年正月，高建君、牙含章介绍肋巴活佛加入了中国共产党。战友们欢聚在陇西北山贫苦农民原执业的小炕上，高兴地相互祝贺。肋巴活佛没有候补期，同志们幽默地说：“是国民党把肋巴活佛考验成熟了。”

肋巴活佛入党后，积极为党工作，他忠诚党的事业，顾全革命大局，为了适应地下工作需要，决定去延安学习。

1947年4月，肋巴活佛告别了战友，和牙含章同志化装成商人模样，搭乘国民党军车，一路翘首远望，直向延安奔去。

军车在坎坷的旧公路上颠簸行驶，行至平凉安国镇三十墩，突然失去控制，径直向路旁粗大的左公柳冲去，汽车撞毁，车上十余人遇难伤亡。肋巴活佛未能再看一眼向前走的路，就合上了双眸离开了人世。车祸夺去了他宝贵的生命，年仅31岁。

牙含章受伤住院后，通知平凉地下党员陈超群、吴建成和当地群众康新民、田森、李占学等六人，将烈士以“大商人”的身份，安葬在安国镇三十墩南壕。

肋巴活佛的牺牲，是陇右党组织的一大损失。鉴于他在民间的威望，为了避免在人民群众中引起大的思想波动，党组织决定，对肋巴活佛的遇难暂时保密。他默默长眠了三十七年。肋巴活佛虽然没有到达他向往的地方，但是用他短暂的一生，走过了一条布满荆棘的路，一条光辉的路，一条共产主义的路。他浴血奋战，救国救民的英雄事迹，将永远载入各族人民团结斗争的史册，他无私无畏、爱党爱国爱民的献身精神，将永远激励着各族人民为祖国的四个现代化建设贡献出力量和智慧。

作者说明：关于肋巴活佛起义前后的历史资料，我们在甘肃省文史资料办公室、甘南州政协、临夏州政协、平凉地、县民政局、兰州军区政治部战斗歌舞团编导组、康乐县文史办、铁道部第一勘测设计公司、青海省政协及省文史办等组织的大力支持、帮助、协作下，并与兰州军区政治部战斗歌舞团、甘南州政协文史办等组织的有关同志曾共同采访，用了三年（1981年11月至1984年10月）时间，行程两万余里，访问四百余人次，查阅资料和专报记载，通过调查、了解、核实才完成。

为此，特向以上组织及热情给予帮助的同志们表示衷心的感谢。由于时隔较久，鉴于当时复杂的历史背景和各种复杂情况，我们仅选用了与肋巴活佛牵连的人和事，力求保持历史的本来面貌，还难免有差误的地方，请指正。

1984年10月

本文选自甘南州政协文史资料研究会:《甘南文史资料选辑》，第四辑，1985年8月。

难忘的石门事件

牟世荣　口述　　牟益民　整理

我今年70岁了，但对“石门事件”还记忆犹新。记得那是1936年农历六月二十四日，我同妻子李尕毛去新城雷祖山看神会，午戏唱得正红火时，突然，游人骚动，纷纷传说：红军已到岷县，正与国民党军阀鲁大昌在二郎山激战。我们听了心情很沉重，就匆匆忙忙离开庙会赶到石门罗堡沟家中。

七月初二日，红四方面军已到临潭新城。第二天攻克旧城，并分部下乡宣传。其中一部到达东路王家坟沟，伪乡长杨森春早已携带文书、兵册、印信逃匿。红军派人到要先村将其妻和幼儿(60岁所得独子)一并拘捕到铁城区政府，还发出通告限令森春三天内归案。

七月初四日，红军带着杨森春的妻子进长路沟，翻葫芦梁，出苏古沟到达石门沟进入我村罗堡沟，司令部驻扎在潘家楼上，后勤部设在相邻的林家楼上。在到地里割田的群众都跑回家来看热闹。红军在村头巷尾书写墙头标语：“实行三五减租”，“减租反霸”，“抗日反蒋”，“打倒蒋介石”，“活捉马步芳”，等等。他们衣着简朴，平易近人，深入群众访贫问苦，宣传党的政策，组织群众，建立苏维埃政权。汪家庄子的徐元明当选为罗堡沟附近几个村的苏维埃主席，动员我村富户大宋家（宋子安）、尕温家（温保顿)、西河里(卢余德)三户各捐了一匹战马。第三天红军开到大桥关,司令部设在富户王甫家。

七月初六日,铁城乡乡长杨森春果然按红军命令怀抱乡政府印章和民团兵册前来红军司令部投案。红军首长对他讲明了党的政策后,令其带着妻子回家。红军在宣传政策、建立苏维埃政权的同时,勒令大桥关富户路边里王甫捐白元三百块,上院里王新有募捐银元二百块,还有银子若干;并将民团兵册上18～22岁的团丁全部集中训练,以期扩大红军。我村团丁有我和王佐才、杜作才、宋拉木四人。我那时是18岁的小伙子,好动不好静,吃粮当兵正合心意。第五天红军将石门上半沟的团丁全部集结。有个姓夏的同志,头戴八角帽,身穿灰制服进行整队,随即有个叫周部长的(有人说是周干民)讲话:“我们红军是共产党领导的穷苦人民自己的军队,我们要打倒土豪劣绅,拯救穷人,我们要打倒蒋介石,活捉马步芳,解放全中国……”讲话结束就开往石门口,由石拉路王元哥分队长在前面带路,通信员腰挎一把驳壳枪,紧跟着周部长。行至石河崖,周部长的坐马打了蹶,把周部长跌下马。当地人认为不吉利,周部长笑着说:“我们共产党人不讲究那一套。”当日下午就到了石门口村。

原来洮河两岸的民团都齐聚在石门口。当时整编了五个中队,石门沟为一中队,河阴五寨(磨沟至唐旗)为二中队,河阳五寨(占旗至小湾儿)为三、四中队,马旗沟为五中队,约四百多人。各中队长都从队员中指任,每个中队派了一名党代表。一中队是夏代表,二中队是穆代表,三中队是陈代表,四中队是王代表,五中队代表不知名姓。周部长住在尕桥下豆庙个子家。李岐山(山村名)的范云山是团长,也和周部长一同居住。一中队住在王家店王尕哥家。一中队的夏代表没到队住,由分队长王元哥代为传令:“明天出发去康乐朱家山,每人发饷银三元,准备五天的干粮,晚上不准出外。”我们就将门上了闩,准备好第二天的干粮后睡了。

深夜两点多，外面响了几枪，因有令不准外出，我们谁也没有乱动。事后听说河阳五寨和河阴五寨民团中个别坏人策划了叛变，他们手持斧头冲进大坡村孙辅臣家，将正在熟睡的红军五位代表杀害。周部长、范云山和通信员等听到枪声，立即窜上房射击了几枪，因夜黑情况不明，未敢坚持，由范云山做向导冒雨脱险。沿河两岸的团丁也一哄而散。我逃上山，躲在桦沟密林中。

太阳刚出山就从马旗沟来了一支红军队伍，到石门口。当地群众早已跑得一干二净。红军到了庄子院询问了老人，得知凶手躲在石门峡崖尖上的大石洞里。此地是洮州八景“石门金锁”处，三面悬崖峭壁，东临洮水，高数十丈，只有一条十分难攀的蚰蜒小路，真是一夫当关，万夫莫开。红军从正面攻击约两小时，未能攻下。遂留下一个排佯攻，两个排足登鞋爪，腰系绳子，从鸭儿山绕道爬上山顶，再用绳子逐个吊下。叛徒仗着天险易守难攻，不提防从背后响起了枪声，叛徒顿时大乱，人声嘈杂。红军抓住了凶手：马饮河的朱更金，谢家坪的何队长（名字不详），唐旗的何羊保子等人，返回了新城。烈士尸体由当地群众埋在石门口村子下面拐弯处的荒地里。

解放后，1952 年，临潭县召开第一次人民代表大会时，人民政府根据人民群众的意见逮捕了尚在的凶手四人，并罚款四百元给五个红军烈士做了棺材，重新埋葬，还立了墓碑，上面写着：“中国工农红军第四方面军长征战士王约和等五烈士之墓”。落款是：“凶犯（四人名字）罚立，一九五二年秋月吉日”。将凶犯分别判处了十年以上的有期徒刑。令人惋惜的是，这些先烈为了革命，为了人民光荣牺牲，多数人连名字也没有留下来。但是，他们的英名永远活在临潭人民心中。现在每逢清明时节，各机关单位、学校师生都前往烈士陵前缅怀先烈，扫墓祭奠。

本文选自甘南州政协文史资料研究会：《甘南文史资料选辑》，第四辑，1985 年 8 月。

甘南大事

四世嘉木样易帜拥护共和

尕藏才旦[①]

武昌城头一声枪响，辛亥革命结束了中国上千年的封建制度，一缕春风吹过了神州大地。但冰冻三尺，非一日之寒，皇权思想根深蒂固地生存了数千年，不是一夜春风就能吹散人们心中阴霾的。尤其在远离中原，信息不通，地理闭塞的拉卜楞藏区，更是乍寒乍暖，思想混乱，不知道如何应对局势的变化。

当时的拉卜楞寺寺主——四世嘉木样处在风口浪尖上，面临艰难的抉择。他面前屹立的是新兴的共和国政体中华民国，他的背后是藏区十几万僧俗民众，是顺应时代潮流，与时俱进，还是逆流而行，抱住大清王朝僵尸不放被时代淘汰，何去何从，他拿不定主意，但他很快坚定了方向，选择了一条光明之道。

对于共和体制，嘉木样四世经过了一段时间的认识过程。与此同时，清朝复辟分子在甘青藏蒙地区加紧活动，蛊惑煽风，妄图做最后的顽抗。嘉木样四世虽在感情上难舍清朝，但在复杂局面下能够理智、慎重地把握趋势，使拉卜楞地区避免了逆历史潮流而行的盲目举动。大师亲自率团赴兰州接洽甘肃省政府，宣布承认共和，遂被大总统袁世凯予以册封，顺利实现了与民国政府关系的衔接。

---

① 尕藏才旦，西北民族大学教授，现退休。

嘉木样四世从西藏回归逗留康区的水属年（1912年壬子）正月初八日，他先前派去昌都杰库道联络的随侍俄昂与清朝西宁府的一位代表、一位“师长”共同到达理塘的噶丹夏珠达尔吉琅寺向大师汇报情况，交谈事宜。大师即又派人去昌都杰库带来西宁府的函件。13日，大师及其近侍相佐与上述西宁府的两位“汉官”，就“几件重大问题进行了磋商”。18日，他再次接见那两位官员及代表自己与之讨论问题的近侍相佐，予以招待，赏赠优质褐子、银两，送两位官员上路。4月初，大师派往杰库的两位侍从返归，同来的还有一位“西宁汉人”，他们捎来西宁府的公函和拉卜楞寺大相佐的信件。4月7日，大师分别派人到安多、康区的一些地方“办理公务”。

8月中旬，嘉木样从东科尔寺派员去西宁慰问西宁大臣，了解形势发展情况。是月19日，时任陕西巡抚的原陕甘总督升允到东科尔寺慰问嘉木样，大师派出人骑迎接并会见，互赠哈达，交谈。复升又到大师住处拜会，赠红黄彩缎8方、茯茶多块并座谈。第二天，原西宁办事大臣至东科尔寺，大师派人骑迎，亲往会见，“谈论甚多”。复大臣至大师住所，赠送许多茯茶，“进行长时间商谈”。22日，去了措朵（青海湖上部）的原陕甘总督升允和西宁大臣返抵东科尔寺，大师分别拜会，设汉式宴席予以款待，与西宁大臣进行了“诸多交谈，其十分欣悦”。23日，大师让全体随员送行他俩上路。

9月底，前清西宁大臣和西宁总兵分别派人给嘉木样四世送来信函及慰问礼品。大师接见来使，询问许多情况。10月9日，西宁大臣派其两个“少爷”谒见大师，转交大臣的亲笔信。大师与两位少爷“座谈甚多”；次日，通过他俩给大臣捎去回信。11月23日，原陕甘总督升允再到东科尔寺拜会嘉木样四世，就“一些重大问题”进行了商谈。同日，大师去升允住所复与其进行“详细会谈”，给其赠银50两，作为对他的接待费用。水牛年（1913年癸丑）正月，嘉木样四世驻锡塔尔寺。原西宁大臣到塔尔寺参加酥油灯花灯会，嘉木样四世派人于途中迎接。下午，派人与大臣联系，提请会见。15日，大臣拜会嘉木样大师，“交谈许多”。大师回访大臣，又“座谈甚多”。2月中旬，嘉木样从塔尔寺赴西宁城，西宁大臣参与送行。20日，大臣派人给嘉木样主仆赠补生活物资。22日，嘉木样决定次日离开西宁回拉卜楞寺，便前往向西宁大臣等辞行。按藏文史料，以上是嘉木样四世与清官员最后交往的情况。

汉文史料载：1911年10月武昌起义，陕西革命军起而响应。清陕甘总督长庚电保已撤职的原陕甘总督升允反动武装反扑陕西。清廷即以升允署陕西巡抚，总办军务。1912年，清帝溥仪下诏宣布退位，所以，升允反扑陕西的阴谋破产。长庚交出陕甘总督印信后经包头前往北京。由陕西退到兰州的升允仍不放弃复辟之念，转往西宁，阴谋利用偏远闭塞的条件，继续策划反扑。甘肃省临时参议会和都督赵维熙为不使升允留在西宁滋生事端，约请升允参与筹划维持被裁旗兵生计。升允在西宁滞留一年后，见事无可为，乘隙离开青海，转往蒙古库伦。这些记载与藏文上述情况相吻合，升允等人在青海一年期间积极活动，其中包括对嘉木样四世的拉拢，企图煽动藏蒙部落反对共和。

上述情况表明，在民国建立初年，嘉木样四世要在政治态度上对共和体制做出及时积极而明确的反应是存在较大的困难或条件不够成熟的。因为除了认识问题，还无法立即摆脱前清上层对他的牵制。但是，嘉木样四世在与前清官员周旋的同时，设法接触民国政府，实际考察国情，从而迅速提高认识，加快了投入共和体制的步伐。

水鼠年（1912年壬子），嘉木样四世的弟子土观七世噶藏丹曲尼玛在拉卜楞寺宣布拥护共和，并派人进京向民国政府赠礼致意。袁世凯册封土观“圆觉妙智”名号，赐坐黄帷车，赏银5000

两。是年秋季起，被袁世凯政府任命为西宁镇总兵的马麒频频联系嘉木样四世，劝促接触民国政府。这时，嘉木样四世保持与马麒的沟通。9月11日，嘉木样大师从东科尔寺遣派副司寝长苏洪琼哇·宗哲携礼赴兰州接洽，行前召见，面授法旨。10月12日，宗哲与甘肃省府官员、马麒的代表同抵东科尔寺，带来省府的公函及慰问礼品。11月，土观七世专程到东科尔寺专门拜谒嘉木样，两人进行了广泛交谈。12月，嘉木样四世依约在湟源城与新任西宁总兵马麒会晤，商谈结果，嘉木样本人鉴于不便，决定由拉章宫大摄政阿莽活佛代表他去兰州甘肃省府（关于阿莽活佛赴兰州情况，目前尚无参考之文字资料）。

水牛年（1913年癸丑）2月，嘉木样四世在西宁会见西宁道尹，应邀参加宴会；土官七世被袁世凯册封，他派人前去祝贺。土官派人进京，大师捎礼慰问驻京呼图克图章嘉、拉科、察甘等大活佛，实际是从侧面表明对民国政府的态度。

7月25日，嘉木样四世遣派萨木察扎萨克喇嘛和自己的卸任副司寝长苏琼·益西智华两人作为嘉木样四世及拉卜楞寺的代表携带函件及褐子、豹皮等礼品前往北京致敬袁世凯，正式宣布拥护共和。

9月中旬，西宁镇总兵马麒和甘肃省府致函要求嘉木样四世前来兰州。10月12日，嘉木样率团赴兰。途经河州时，河州府官员接待，并告诉北京民国政府决定册封大师的喜讯。抵达兰州，留住一个月期间，拜会都督、提督等甘肃省府主要军政官员，并受到热情接待。10月26日，甘肃省府向大师转交了袁世凯总统颁发的嘉奖令和银元2000块。11月13日，派去北京的益西智华来信说他已圆满完成在北京的使命。18日，甘肃提督颁文许可嘉木样四世享用黄色坐轿、伞盖等用具。11月下旬，大师应邀去西宁，提督饯行，大小官员及军队400多人欢送。木虎年（1914年甲寅）正月，民国中央政府大总统袁世凯颁文加赠嘉木样四世“静觉妙严”之号，赏赐黄色坐轿。木兔年（1915年乙卯）3月，袁世凯颁授的银币在北京铸造完成后请至拉卜楞寺，全寺热烈庆贺。银印汉文为“广济静觉妙严禅师嘉木样沙特巴呼图克图印”，旁注小字“中华民国三年十二月，华字二百零一号正事堂印铸造局造”。

四世嘉木样易帜拥护共和，是甘南百年历史上的一件政治大事，它不仅仅代表个人，还代表了甘、青、川广大藏区的僧俗民众，影响深远，意义重大。在历史发展的重要关口，四世嘉木样识大体、明大理，毅然转向拥护共和，给甘南带来了光明前途，撒播了福音，值得重重写下一笔。

2018年4月29日

本文选自扎扎编著：《嘉木样呼图克图实录》，甘肃民族出版社，1998年。

卓尼博峪事变

苗滋庶

1937年8月，甘肃卓尼第十八世世袭土司兼洮岷路保安司令杨积庆，被甘肃军阀鲁大昌唆使杨的部下团长姬从周发动兵变，杀害杨积庆及其家属七口于博峪村土司官邸。后姬从周又被杨的民兵所击杀。这就是闻名遐迩的“博峪事变”。

一、封建割据触怒当局，结怨内外危机四伏

卓尼土司的始祖，从明朝初年由西藏率部族东来卓尼后，逐渐征服了邻近部落。于永乐年间献地投诚，归顺明朝。其第五辈土司旺秀接受明王朝“世袭土司”官位，并赐姓杨。历代相传，截至1937年统治了甘肃南部：东起岷县，南连川属松潘、茂县，西与俄哇、毛儿盖接壤，北与夏河县相毗，约二万平方公里土地。

卓尼土司虽然名义上接受明、清王朝和北洋政府、国民党政府的官衔职位，但是他们的政令和制度都不能在这个地区贯彻执行。杨土司在这里封建割据了五百多年。历世土司都在维护祖国统一，反对叛乱，保卫祖国边疆的安全和保护他辖区人民不受外部侵略，做出过一定的贡献。至今卓尼地区的老一辈人们，仍在津津乐道，怀念不忘。

抗日战争开始，国民党政府为了巩固后方，在“统一政令军令，全面抗战”的口号下，多次命令卓尼土司杨积庆“改土归流”，取消土司制度，成立卓尼设治局（正式设县的过渡政权机构），实行保甲制度。这项命令遭到杨积庆拒绝后，触怒了国民党甘肃省军政当局，决心寻找机会拔除这个封建残余据点。

卓尼土司所辖地区，有土地肥沃、气候适宜的农业区，有水草丰盛、牛羊繁多的广阔牧场，有储量很大、尚未开伐的原始森林。这块地广人稀、物产丰富的好地方，早已引起盘踞在洮岷一带的国民党军阀、新编第十四师师长鲁大昌的垂涎。鲁大昌为了吞并卓尼，扩大势力，曾多次对杨积庆进行拉拢、恫吓，软硬兼施，但均未得逞。鲁进而向甘肃省军政当局诬告杨积庆：在1936年红军过境甘南时，杨不但不协助他堵击红军，反而给红军“开仓供粮”，图谋不轨。鲁还通过在杨部工作的朋友同乡等关系，从中挑拨，企图倒杨，侵占卓尼。

1929年，“河湟事变”，回军马仲英、马廷贤在河州被国民军击败，率部来卓尼烧毁土司衙门和禅定寺，残杀了许多汉、藏族人。之后杨积庆伙同国民军李松昆部，诱杀临潭旧城一带的回民二千余人，以示报复。

夏河美武部落和卓尼完禾洛部落，因草山纠纷而经常械斗。

在杨的内部，一些高级幕僚和一些实力人物，为了争权夺利而钩心斗角。特别是以大总管赵赛高、三团团长杨英为首的一派和以姬从周为首的另一派，互不相让。在杨积庆面前，相互攻讦，彼此倾轧，使杨和一些高级幕僚离心离德，互相猜疑。在这种上下结怨、四邻交恶的情况下，杨积庆处境孤立，危机四伏。外因加内因，酿成事变的起因。

二、方秉义泄愤倒杨，鲁大昌图谋卓尼

博峪事变的发生，主要是由于鲁大昌蓄意图谋卓尼，其导火线则是由一个小人物行为失检的小事而引起。土司公署有个办理文书的小职员，名叫方秉义（字仁山），当地汉人。此人年轻颇有才干，能说会道，善于逢迎拍马，是一个权欲熏心的小野心家。且为人轻佻，吃喝嫖赌，样样在行。经常出入于一些上层人物的家中，是杨部二团团长姬从周的座上常客。方为姬出谋划策，姬对方言听计从，两人关系十分密切。方秉义的行为，杨司令有所风闻，念其精干是个有用的人才，未予追究。

1937年农历六月间，方秉义因事被人告发，杨司令派人找方，方知不妙，表面佯装镇静，与来人敬茶奉烟，虚于周旋，内心十分恐惧。乘机溜出，托人转告家中：我将远走避祸。方秉义逃离卓尼后，深知杨积庆不死，他将永远不能回卓尼。他也深知鲁大昌早有吞并卓尼的野心，姬从周对杨十分怨恨。只有游说鲁大昌协助姬从周发动兵变，才能打倒杨积庆。这样，他才能升官掌权，扬名显贵。

方秉义到岷县见鲁大昌，密谋倒杨。鲁表示极力赞助，怂恿方到兰州向省政府控告。方秉义到兰州联络了不满杨土司的陡剑平、李识音、王鼎（即王禹九）等人，要求面见甘肃省主席贺耀祖，贺未接见。方、王等又找到一个自称和贺耀祖是本家的人，他们罗列了杨积庆的罪状："封建割据，对抗中央；暗投日本，破坏抗战；勾结共产党，接济红军；剥削压榨，民不聊生"，等等。并说："姬从周团长思想进步，深受部下和藏族群众拥护。省上如能支持姬团长发动政变，并有鲁师长协助，则推翻杨土司的封建统治，易如反掌。"要求转告贺主席。不久，这位姓贺的回答说："主席说，他们地方上的事，他们自己办。"方秉义等便认为省上

同意了，随即向鲁大昌汇报。鲁认为正是实现图谋卓尼的大好时机，表示愿作后盾，必要时出兵协助。

方秉义等潜回卓尼即与姬从周密谋策划政变。姬从周性情直率，沉默寡言，头脑简单，作战勇敢，在杨的三个团长中是比较有胆识、有影响的人。1936 年姬奉杨命给国民党胡宗南部队送粮送盐，受到胡宗南的赏识。胡欲委任姬为“剿匪”司令，因杨反对而未就任，姬和杨的矛盾日益尖锐。有一次杨派姬去迭部出差，姬托词家中有事不愿去。杨当众骂姬：“整天在家当‘倒出’（当地土语，意指与近亲搞男女关系的人。此指姬因丧妻，续弦年轻寡嫂的事），何以为人？不服从派遣，何以率众？”姬从周十分羞怒。在杨的盛怒之下，他未敢直言顶撞，但恨气难消。像公牛决斗，怒目视杨，从鼻孔里哼了一声，转身走出。从此对杨更加仇恨在心。

姬从周得知甘肃省主席贺耀祖和鲁大昌都支持他发动倒杨，心中高兴，秘密串联了一伙平日与他关系较好，对杨不满的李富才、王焕英、柴生连、安国瑞、何建奎、常永华、杨尼布等中下级军官、头目等人，并密请鲁大昌派兵协助。事变的前三天（即 1937 年农历七月十七日）鲁大昌派团长陡得海率部队进驻临潭新堡（同卓尼博峪、力赛隔洮河相距二十里）。陡派武装便衣三十人潜伏博峪附近，听从姬从周和方秉义指挥。

三、姬从周发动兵变　杨积庆博峪遇害

经过周密策划，决定在 1937 年农历七月二十日晚上发动兵变。当晚天黑后，姬从周派人请土司公署警卫连长郑秉钧和手枪队长曹彦寿到家中，说明他奉贺主席和鲁师长的命令发动政变，铲除封建残余杨积庆。姬说：“事成，则我等功在国家，造福地方，上级自有酬赏。”郑、曹两人听了大惊失色，相视不语。方秉

义说："识时务者为俊杰。贺主席兼任全省保安司令，代表省上给姬从周团长下令除杨，下级敢不服从上级？而鲁师长的部队已经将博峪四面包围；三个团的官兵都同意起义，你们区区数十人如何抵抗？如果犹豫不决，将和杨积庆同归于尽！现在，箭在弦上，不得不发，成败祸福，在此一举，愿兄等当机立断！"郑、曹二人见在座的人都脸色严肃，姬从周面带杀气，不敢反抗，齐声应道："我们服从省上的命令，听从姬团长指挥。"

当即决定：第一，通知鲁大昌派来的武装便衣，埋伏在博峪的北边和西边，防杨逃跑。第二，午夜，手枪队长带可靠官兵二十人，以查哨为名进入土司衙门，用机枪封锁杨的卧室门窗。其余部队集结待命。第三，立即派人捉拿赵赛高和杨英二人，发起事变的枪响后，予以枪毙。

当晚，天阴夜黑，细雨蒙蒙。手枪队的分队长曹世虎率士兵十多人进入土司衙门，亲自用机枪向杨的卧室门窗发射了一梭子子弹。顿时，机枪、步枪、手枪一齐向杨的卧室发射。杨积庆在梦中惊醒，听到枪声四起，人声嘈杂，后院的家属呼喊救命，知已出事，未敢张声。随即把熟睡的杨复兴（杨的次子，8岁，床上只睡他父子二人）抱到窗台下墙角，他自己带上手枪乘雨夜昏暗、射击空隙，从窗跳出，越墙逃到一家外来户宁五十五家。宁见老司令只穿衬衣衬裤，冷得发抖，赶快找到一套旧衣服给穿上。杨随即转移到街长佛代子家中，叫佛代子把他的警卫员陈五十一找见，要陈到山神林来。陈到山神林见到杨。杨问："到底出了什么事？有无外边的人？"陈说，他也不清楚，没有外边人，都是姬团和手枪队的人，只听他们说赶快找寻老司令。杨说："你快回去把我的雨衣和药丸拿来。并告诉姬团长坚决打退敌人。"陈五十一回到官邸，见人们都在翻箱倒柜、挖墙掘地，找寻金银财物。陈也混在一起挖找了一些财物，拿出去埋藏后才去给杨报信。刚走不远就碰上姬从周和方秉义等。姬问老司令在哪里？陈初尚支吾，经一再追问，陈说出杨的所在。姬从周立即从阳坡、阴坡和衙门背后，分兵三路向山神林包围搜索。杨积庆久等不见陈五十一来，又沿小路到阳坡磨坊。这时天已大亮，望见尽是自己的子弟官兵，以为姬团打败了敌人，前来找寻司令。他高兴地跑出磨坊喊叫：我在这里。可是他的子弟兵并不答话，枪口对准他冲来。杨才醒悟是内变，但已无路可逃。他开枪打死冲来抓他的一名士兵。对方还击打炸杨的手枪，杨臂上负伤，乞求愿交出一切，只求留命。方秉义说：“我们什么也不要，只要你的命。”随手抓起石头将杨打昏在地。众人随着用乱石将杨打死。时年 49 岁。在这次事变中，与杨积庆同时被杀害的有长子杨昆夫妇、孙女和亲戚一人、丫环一人。杨的四位夫人和其他子女，分别在多坝、力赛等地别墅居住，幸免于难。三夫人为人贤惠，深受杨司令喜爱。事变时住多坝别墅，闻杨遇害，忿不独生，吞金殉节。

同时晚上，杨英被捕枪毙。赵赛高逃脱，秘密给北山旗报信。

四、杨麻周兴兵雪恨　维持会土崩瓦解

杨积庆被杀害的第二天，博峪村街道张贴了许多“铲除封建残余杨积庆”“庆祝胜利”等标语。姬从周、方秉义等匆忙召开庆祝大会，宣布杨积庆的所谓“十大罪状”。接着宣布成立“卓尼临时维持委员会”和二十名委员名单。姬从周自任主任委员兼代洮岷路保安司令；其余委员由方秉义等和杨的一些旧部担任。会后，杀猪宰羊，犒赏官兵，庆贺胜利，并报请甘肃省政府派员前来处理善后。同时派遣人员携带杨积庆的“十大罪状”布告，分头去各旗张贴，进行宣慰：保证各旗总管、头人仍原职不动，仍按旧例旧规办事不变，用以安定人心。姬、方等人认为这样已万事大吉，等待省上加官晋级和各旗上表拥戴。

被胜利冲昏了头脑的姬从周、方秉义等为首的“维持委员会”

成员中，为争官抢权，钩心斗角，矛盾重重；下级军官和士兵们，则因抢夺杨司令的财物，分赃不公而打架动武；杨的一些旧部有的借口年老，有的装病，都不到职上班，坐观事态发展。附近群众有的逃躲在外，有的闭门不出，也都惶惶不安。

杨积庆被害的消息传到北山旗，该旗总管杨麻周如丧考妣，放声大哭。连夜秘密用鸡毛快信通知附近各旗，集兵讨伐。同时迅速集所属头目及部族民兵数百人（土司兵马制度规定：每户一兵、一马、一枪，平时务农或放牧，遇有战争，由土司下令总管召集指挥作战），当众宣布："我们的'洪布'（土司）是佛爷派来担任我们卓尼四十八旗藏族人民的世袭父母官。现在被姬从周勾结官府汉人杀害了！杀我'洪布'，如杀我父，杀父之仇不共戴天！此仇不报，我等死后何颜见'洪布'？现在我们要报仇雪恨！"部族民兵听了痛哭失声，义愤填膺，一齐呼喊："马上出兵誓死报仇！"当天（农历八月初八），北山旗总管杨麻周挑选了二百多名精干民兵，分兵两路由北山出发。一路由巴龙、达子多，沿洮河前进；一路由草沙沟、上卓一带前进。第二天上午两路骑兵已到达卓尼城附近会合。

姬从周在博峪突然得悉北山旗骑兵来卓尼后，惊慌失措。一面命令驻木耳桥（即洮河桥）部队，坚守木耳桥；一面抽调部队在石媳妇埋伏布防。不料北山旗骑兵迅速冲到木耳桥。仇人相见，分外眼红。举刀跃马，奋不顾身，冲杀过桥。守桥姬军见来势凶猛，弃桥溃逃。有的被马踏死，有的滚下桥被水冲走。刚到达石媳妇的姬军，来不及布防，杨军已到，仓促应战。北山骑兵人人仇火燃烧，个个怒气冲天。横冲直撞，勇不可当！经过一阵猛烈战斗，杀得姬军大败逃窜。杨军亦有伤亡。稍事整顿，杨麻周即挥兵直指姬从周的指挥部（维持委员会）所在地——博峪。姬从周本打算凭借博峪的街巷窄狭，房屋毗连，骑兵不易展开冲杀；加之土司衙门的坚固城墙，固守待援（鲁大昌的一个营驻临潭新堡，距博峪很近），绝无问题。但他驻博峪的部队，听到木耳桥和石媳妇都已失守，知道大祸将要临头，提心吊胆。由木耳桥、石媳妇逃回的官兵，犹如惊弓之鸟，亡魂失魄。杨军一到，不战自乱。姬从周看到战局无法挽回，即率残部争相逃命。一路上人嚎马叫，蜂拥混乱，溃不成军。北山旗骑兵不到一天的时间，三战三捷。他们乘胜穷追猛打，不给姬军喘息的机会。杨军追到多坝前边，被洮河对岸鲁大昌部队的火力封锁了道路，无法通过，退回博峪。杨麻周亲去力赛别墅接杨夫人（守贞）及杨复兴、杨丹珠等家属移住卓尼禅定寺。并派兵坚守博峪。

不久，姬从周、方秉义等率残兵败将一百多人，在鲁军的掩护下（鲁军只在对岸助威，并未参战），由新堡反攻博峪，又被杨军击败。杨军抄小路绕道追上姬军，一直追到拉鸡坡。姬从周被击毙。残余姬军像无头苍蝇，乱撞乱碰，抵抗无力，逃跑无路。有的被打死，有的抛下武器，只身逃命。除少数骨干死命突逃外，其余纷纷缴械投降。

昙花一现的“卓尼维持委员会”，从成立到垮台仅二十多天，便土崩瓦解，烟消云散。

五、八龄幼童承袭司令　中央大员割胡逃遁

1937年农历七月底，甘肃省政府主席贺耀祖接到以姬从周为首的“卓尼维持委员会”报告后，即委派国民党中央委员兼甘肃省党部常委、甘肃省政府委员田昆山偕同贾大均前来卓尼办理善后。并嘱咐田：“中日战争刚刚开始，全国一致抗战，后方极需安定。此去卓尼办理善后，应以不再发生战乱为原则。省上已令鲁大昌立即撤回驻卓尼附近的部队，不让他再干涉卓尼的事。卓尼的事由卓尼人的意愿去决定。”甘肃省当局以为杨积庆已死，其寡妻幼子无能为力，姬从周已控制了局势，取消杨家数百年封建割据，

“改土归流”，成立卓尼设治局，已水到渠成。

田昆山等一行于农历八月初由兰州动身，初九日抵临潭新城。听说卓尼维持委员会已被北山旗的藏兵捣毁，姬从周等溃逃，下落不明。

田昆山一行到临潭县城的第二天，杨夫人（俗称大太太）由随员陪同前来新城拜见，哭诉事变经过，请田到卓尼处理善后。田好言安慰，嘱回卓尼等候处理。田昆山在新城期间，一方面派贾大均去卓尼了解情况，一方面和当地官绅研究善后办法。全部情况掌握后，田昆山由新城去卓尼，沿途受到僧俗人民的迎接，并接到许多头人和群众为杨积庆申冤的诉状。到达卓尼后受到杨夫人及僧俗群众的欢迎。近千名欢迎群众，顿时哭声震地，以表示对老司令惨遭杀害的悲痛，要求田昆山秉公处理。

卓尼四十八旗的总管、头人以及各界人士，听到省上派人来卓尼处理善后，都纷纷前来见田，一致要求由杨家继续掌管卓尼事务。一切政教、兵马制度，以及由杨家委派各旗总管、头人等旧规旧例，不得变更。

田昆山在卓尼经过二十多天的调查了解，与各方面人士接触，认为杨土司掌管治理卓尼近二十世辈，历时四五百年，素孚众望。目前，人心思杨，民意难违。经和杨氏宗族及各旗总管、各局人士反复磋商，达成协议，并报请甘肃省政府批准：

第一，撤销“世袭土司”名义，由已故土司兼司令杨积庆之子杨复兴承袭洮岷路保安司令。辖区制度等暂不变更。因杨复兴年幼（时年8岁）由其嫡母杨守贞暂行摄政，并打理禅定寺教务。以杨一隽为司令部参谋长，杨景华、赵希晋、安绪嗣为所部三个团团长。

第二，成立卓尼设治局，以临潭县长薛达代理设治局局长兼洮岷保安副司令。

由于辖区军、政、教权集权于保安司令部，卓尼设治局虽然成立，但无权过问政事，形同虚设。

博峪事变发生后，鲁大昌得悉田昆山前来处理善后，即派副官张干丞来临潭与田联系，意欲由他和田共同决定让姬从周和方秉义掌管卓尼事务。不料田昆山不让他插手，鲁大昌很恼火，指使人印发造谣中伤田昆山受贿数万元的传单，并派部队驻新堡，支援姬从周反攻博峪，企图赶走田昆山。结果失败，姬亦被打死。

善后处理后，田昆山一行1937年九月中旬由卓尼动身取道临潭回兰州。抵新城时，鲁大昌突然下令撤走他驻新城的部队和联络人员张干丞，以便让方秉义等进城要挟田昆山改变处理卓尼方案。田昆山听到鲁大昌撤走部队和联络人员的消息后，十分惊慌，很快剃去胡须（田蓄有长胡，人称田胡子），更换服装，连夜秘密动身，沿山径小路返回卓尼。稍事休息，即由卓尼洮岷路保安司令部派杨景华率骑兵护送，取道拉卜楞、河州，逃回兰州。

1980年8月

这份资料是对曾在卓尼禅定寺和卓尼土司衙门工作过多年，并亲身经历了“博峪事变”的杨道加、张志平和吴国屏等几位老人采访搜集整理的，可能有遗漏失实之处，希望知情者补充更正。

本文选自甘南州政协文史资料研究会：《甘南文史资料选辑》，第二辑，1983年9月。

我所知道的卓尼博峪事变

杨北辰

一、人物简介和历史背景

在叙述博峪事变之前，首先介绍一下事变中的主要人物与历史条件，以资参考。

1. 杨积庆，字子余，遇害之年49岁，为卓尼第十八辈世袭土司，任职甘肃省洮岷路少将保安司令。至遇害之年（1937年），杨土司统治卓尼四百六十余年。

甘肃境内，土司尚多，大小有别。临、卓两县就有三土司、五僧纲。其中杨积庆辖地最广，属民最多。1925年，冯玉祥将军任西北边防督办，驻军河北、绥远一带，派刘郁芬代理甘肃军务督办率部先行抵达兰州。杨土司暗中派人与刘联系表示欢迎，刘任命杨积庆为洮岷路游击司令（后改为洮岷路保安司令），并给杨部补充了一些武器和兵饷。之后历任甘肃省主席都保留杨的洮岷路保安司令职务。

2. 鲁大昌是割据甘肃岷县一带的军阀，是西北杂牌部队新编十四师师长。由于1936年秋，红军长征过境岷县城未破。胡宗南认为鲁部虽系杂牌，还比较可靠。抗日战争开始，胡报请中央将鲁部改编为中央陆军一六五师，归胡宗南指挥。鲁、杨素来不睦，矛盾重重。长征红军过岷县，鲁坚守县城，杨却暗中与红军妥协，互不侵犯，和平过境。由此鲁杨矛盾激化，连表面来往也逐步断绝。随之鲁的野心大发，想并吞杨家，扩大地盘，幻想取得国民党当局更进一步信任。时中日战争爆发，鲁又深恐调离岷县，开往抗日前线。适逢方秉义等人利用鲁杨矛盾亲去鲁处活动，请其帮助倒杨，鲁满口答应，愿做坚强后盾。

3. 姬从周是洮岷路保安第一团有名无实的光杆团长兼曹日仓的仓官，略识汉字，作战勇敢，颇得土司的信任，但姬在日常琐事上对杨有所不满。1936 年，姬遵照杨的命令，给胡宗南部运盐送粮，得到胡的赏识，旋即委派姬从周为有职有权的“前防剿匪司令”。然因杨传统性地不愿部属向外发展，未能就任。因此杨姬矛盾日益加剧。

4. 方秉义是杨积庆司令部秘书处的精明干将，文化较高，写作亦佳。因搞男女关系被杨关押，准备严惩。方从狱中逃跑兰州，进行控告，并同前逃兰的李元恒，积极策谋推翻杨家的封建统治。方的活动在博峪事变中起到了导火线的作用。

二、事变的经过

1937 年在卓尼博峪村，杨积庆土司的封建统治集团中发生了军事政变。以鲁大昌为坚强后盾，洮岷路保安司令杨积庆的部属姬从周、方秉义、安国瑞、常永华等人假借上级命令，诱骗杨氏在博峪的头目、总管、团、营、连长以及手枪队，亲信卫士，将杨氏等人杀害于博峪官邸。详情如下：

农历七月十九日鸡叫前后，杨积庆同二少爷班玛旺秀（杨复兴）正在卧室酣睡，顿时枪声四起，刹那间床头炕角弹头如雨。杨氏匆忙将睡在一个被窝中的班玛旺秀推向窗根，立即取出手枪，下炕卧倒。机枪、步枪、手枪，所有武器，向杨氏各卧室门口、窗口一阵猛烈射击。枪声稍稀，杨氏从老婆娃娃呼喊救命声中，赤脚光头持枪从窗口突围逃命，经马号越墙而出，躲到五十五（外来户）家。五十五匆忙给了褐褂子一件，旧布裤子一条，破鞋一双。杨穿好后立即越房到小头（即街长佛代子）家中询问情况。小头说："街上带枪的都是老人家的马弁和小队（穿军装的服役兵），一个外面人都没有。"杨说："不是鲁大昌出兵，就是回回报仇。少爷和太太们被打死了。"小头请杨藏到窖中。杨说："情况未弄清楚，家中不能久留。"即命小头："你马上叫五十一（亲信卫士）到山神林找我。"随即匆匆沿羊肠小道，逃向山神林。

杨到山神林不久，陈五十一寻来。杨问事件情况，陈五十一说的同小头说的一样。杨即命五十一立返官邸，务必弄明情况，并传令姬团长，叫他不要害怕，集中兵力，奋勇回击，一定要把为乱者赶跑；同时告知娃哥（察马长）备马侍候；回来时顺便把雨衣和烟、药拿上。陈五十一去了两个多钟头，不见回转。杨已料到定有缘故，随即穿林沿地边转移到阳坡磨坊。

陈五十一虽系杨氏的亲信卫士，对博峪事变之策谋，略有所闻，但对今夜行动，确实不知。陈匆匆回到官邸，见大家都在翻箱倒柜，抢夺财物。陈也混在其中，攫猎洋财。待陈五十一达其所欲，天色已将朦胧。此时姬从周、方秉义、常永华等事变领导人分数路寻找杨氏不得，正在惊慌不安，准备奔逃时，忽然发现五十一拿着老爷的雨衣，即问："往哪里拿？"陈含糊不答。又从五十一衣袋里检查出杨的戒烟药盒，立即把陈带到姬团长处。姬立下断语："你若说出老爷现在何地，一定重赏，今后还要重用；否则马上枪毙。"陈五十一见杨家大势已去，以实相告。

姬从周立即下令：三百余官兵从阴阳二坡和衙门背后三路向山神林搜索前进。到阳坡磨坊附近，杨氏在磨坊发现全是自己的子弟官兵，并无外人，约离磨坊十几米，杨立即跑出磨门呼喊："娃娃们，我在这里。"追捕者枪响后，杨才恍然大悟，事已晚矣！急忙把冲到身边的藏族战士击毙后，沿磨坝向豆子地奔跑。刚跑了十几步，杨的手枪枪口被来弹击炸，右手亦重伤。追捕者一拥而上，立即用乱石将杨打昏在地，气息奄奄。但尚能说话，杨一再求情下话：“再不要打了。把我抬到衙门，我给你们交代，要官给官，要钱给钱。”当此生死关头，方秉义立即开口：“杨积庆，今天抬你的时候过了，我们一不要官，二不要钱。今天要你的老命。”随即用乱石将其砸死。

姬、方、安、常等顺便把被窝中偷背杨复兴的阿古（和尚，纳浪人）仓促枪决；将三个尸体暂放阳坡磨坊，指挥官兵返回博峪。又立即到衙门卧房院中，检查现场，杨昆（杨积庆的长子）夫妇，杨昆的小姑娘，杨复兴的小妹妹和一个十八九岁的丫环死于枪弹，血肉模糊，惨不忍睹，许多在场的人感伤泪下。暂将六具尸体放入水窖，其余眷属集中于力赛官邸，派人监视。

杨氏的三太太（武威人，二十余岁）是妻妾中杨氏最宠爱者，事变后在禾多寺高僧家中吞金而死。这次事变，包括杨氏在内，共死难七人。

在博峪事变的前三天，即1937年农历七月十七日，鲁大昌从岷县派来师直属部队工兵营营长陡得海驻扎临潭新堡。该村同卓尼博峪、力赛隔河遥望，相距十余华里。陡应方秉义请求，派武装便衣三十人，直接参与了杀害杨氏事件。

三、“革命委员会”成立

博峪事变之原因，据主要领导人方秉义、郑秉钧、安国瑞在兰州给笔者谈：杨氏有两个贴心人——三团团长杨曹家代和副官赵赛高。这两个人对杨吹牛拍马，投其所好，媚上欺下，“挟天子以令诸侯”，其坏已达极点。老爷（指杨积庆）耳朵软，杨、赵有奏必准，有求必应，弄得众叛亲离。姬等原计划给老爷来个硬性死谏，除掉杨、赵为民除害，后虑这样不但达不到目的，老爷也不肯善罢甘休。经一再研商，才决定连老爷一起干掉。1937年农历七月十九日夜，在衙门里枪未响之前，计划先把杨、赵捕杀。因赵有人通风，溜之大吉；杨曹家代未能脱逃。待衙门枪响后，立即将杨枪决于博峪河滩。

1937年农历七月二十日约12时，博峪街上，锣鼓喧天，鞭炮齐鸣，标语满墙：“共和民国，铲除封建”，“暗投日本、私通共匪，人人得而诛之”。姬等杀羊宰牛，犒赏军队，庆祝胜利。下午1时整，礼炮三响，由姬从周宣布：“革命委员会”正式成立，自任委员长，并宣读了杨积庆几大罪状：“暗投日本，破坏抗战；私通共匪，反对中央……我等应卓尼四十八旗藏汉人民全体僧俗之强烈要求，对罪大恶极的杨积庆、杨曹家代等人，采取了暴烈的革命行动。望尔等各安营生，抓紧打碾，听候省上派大员处理。”

经姬从周宣布了事变的经过后，事变的全体参与者才明真相，省上并无杀害杨积庆之命。团长、头目、总管等上层人士因故装病脱离，群众哗然。委员会中二十多个核心骨干，只能掌握百十名士兵，处境极端孤立。加之几个领导人争官夺权，利害冲突，中下之间，分赃不均，矛盾重重；更因以胜利者自居，毫无警惕，终日花天酒地，彻夜吸食大烟，故于农历八月初十拂晓，被北山土官麻周率玛利娃、柴尕和武装精干数百人在沉睡中击溃。二十天的“革命委员会”，宣告解除。

麻周派兵数十名，驻扎博峪，追回衙门财物，亲去力赛官邸，把以大太太为首的眷属及杨复兴从枪林弹雨中解救回卓尼，移居禅定寺僧官衙门。

四、甘肃省当局的处理

甘肃省政府根据“委员会”的报请，派田昆山为处理博峪事变的全权委员，省主席面谕田昆山“中日战争，刚刚开始，国共两党，至诚合作，大后方极求安定团结。你到达后，务必以人民的倾向为原则”。并称：“我已电令鲁大昌，立即撤回驻博峪附近的部队，至事件如何处理，着他不许干涉。”

1937年农历八月初间，田委员等一行从兰州出发，第五日下午3时左右，在莲花山的火烧哇遇到博峪委员会派来的方秉义、王禹九、安国瑞、常永华等人，率短枪随从十余名前来欢迎。当晚宿营于临潭甘沟。翌日下榻于临潭县政府（新城）；并与来迎者说好，明天早饭后，前往博峪。第二日饭后，不见方秉义等接头，田委员派人外出了解情况，催促起程。经过了解以后，始知今晨拂晓（农历八月初十）麻周率兵打垮了“革命委员会”，追散了姬从周等人。方秉义等得讯后，立即逃走。田等无法去博峪，只得仍宿新城县衙，以观动态。

1937年农历八月十一日，天还未大亮，杨大太太守贞由侯家寺的两个阿古（和尚）跟随求见田委员。太太黑巾包头，身着香色缎长袍，面容憔悴，泣不成声。休息片刻，始见田委员。杨太太痛哭流涕，略谈事变之经过：“我杨家自西藏来卓尼四百多年，子袭父职近二十代，经历了明、清和民国三个朝代，皆以忠臣良将颁奖，从来没有背叛国家和人民。土匪（指姬从周）等竟以莫须有罪名强加给老人家（指杨积庆）头上，一家七口，杀害博峪，财物抢劫一空，家如水洗，妇孺辈已处倒悬，恳请委员大人与民做主。”田极力安慰，并答应一定为死者申冤，还给了国币二百元，着杨暂时零用。杨问委员何日莅卓，百姓等准备接驾，田说：“绝不要兴师动众，我一定来卓尼。”杨太太泪洒告别。

农历八月十二日早饭后，田委员和贾大均秘书，各坐驮轿，随行人员乘马，由新城出发途经上寨、眼藏、红堡子、草岔沟至上卓。群众皆以香案、鸡蛋、烧酒迎驾田委员。杨辖部落头人恭跪香案前，头顶申冤大状，略谓：“临卓毗连，易临灾祸。恳求委员，洞察民情；依据民心，妥为处理。”途行二十多里，就接来诉状二十余纸。到达卓尼上嘛呢子庙前，杨太太率僧俗头人及藏汉卫士百余人，还有远道而来的藏汉男女老少近千人，叩跪道旁，号啕大哭，群情激愤，笔难形容。待委员下榻卓尼寺院，哭声尚未中断。

田昆山驻卓二十余日，根据卓尼四十八旗僧俗头人，六万余藏汉群众之强烈愿望和一致的要求，还听取了毗连邻县临潭、岷县、西固、武都人民的纷纷呼吁和声援，并与杨家宗族之间，一再协商，反复研究，报请省上批准，始由8岁的班玛旺秀子袭父职，田委员亲自取名“复兴”，继承洮岷路保安司令。聘请杨一隽为全权少将参谋长，委派与事变有功者和动员麻周出兵的赵赛高、杨汝风、安婆婆九为该部的三个团长，大头目、大总管以及其他人员未动。

卓尼随即成立了设治局，由临潭县长薛达代理局长兼洮岷路保安副司令，杨一隽参谋长兼副局长。

成立设治局，取消杨家的封建统治，改土归流，是国民党早想办的事。由于民国以来，连年内战不休，到处天灾兵祸，人民万分疾苦，根本无力为之，趁杨复兴袭职之机，成立设治局。设治局虽然成立，而卓尼四十八旗人民的军政大权和诉讼事务仍操于洮岷路保安司令部之手。

五、尾声

田昆山在卓尼二十多天，同“博峪革命委员会”的领导们根本没有接上头。委员会中以姬从周为首的百十名“革命者”，被麻周从博峪击溃后，无立足之地，三三两两，各自奔逃。同时，“革命者”内部矛盾越来越大，生活也有困难。他们为了谋生，乘机抢夺驻博峪、力赛藏兵之枪马及群众的牛羊财物，更加不得人心，就是他们的至亲厚友，也不敢更不可能拥护他们了。特别是姬从周、杨烈、尕毛个在多坝的拉鸡山被麻周击毙后，纷纷各自逃命，彻底失败。

1937 年农历九月初，田昆山等由卓尼起程，仍取道新城返兰。抵新城的第二天下午，方秉义、常永华、王禹九、何干棒等二十余人各佩短枪，在鲁大昌驻新城的骑兵部队支持下强制性地求见田委员。国民党的官吏，胆小如鼠，十分害怕，然迫于形势，不得不见。田、贾商研后，加强戒备，解除了方秉义等四人的武装，仓促会见。方秉义大发牢骚，委员草草应付。

晚上 10 点左右，情况突然紧张。鲁大昌电话命令新城部队即刻撤防，并命张干丞（鲁与田联络的副官长）立即回岷县。田大恐，即命备马套车，严加警戒，匆忙剃掉胡须，沿山径小道，从大雨泥泞中，三更半夜返回卓尼。稍事休息后，由杨一隽参谋长派兵护送，取道夏河、临夏回兰州。

以上繁述，事隔四十余年，遗漏和不妥之处，必然很多，尚希知情者补充，并提出指正。

1980 年 7 月 12 日追志于卓尼博峪

本文选自甘南州政协文史资料研究会编：《甘南文史资料选辑》，第二辑，1983 年 9 月。

卓尼北山事变与“饥民团”

李振翼

1942年春，卓尼土司杨积庆遗孀杨老太太，奉国民党甘肃省政府之命，带着她的随从和侍卫，去迭部查禁鸦片。当时土司衙门只留下军需处长赵应忠、秘书安世俊、秘书处书记员吴国屏和小土司杨复兴的老师夏畲田办理日常事务。正当此时，国民党临潭县保安队的金大队长，奉岷县专员之命带着大队人马向卓尼北山进发，解决夏河与卓尼草山纠纷，行至半沟之中，被北山放哨的藏兵打死十九人后狼狈窜回临潭。原来卓尼北山地区因与夏河美武发生草山纠纷，互相设防打“冤家”，此次打死保安队士兵实属意外，但却为美武头人杨占仓（世杰）造下了可乘之机。他为了压倒对方，便勾结官府，向岷县专员送礼行贿，并与金大队长约定：杨从美武向下打，金由临潭向上打，共图“清乡”。此时，北山藏兵竭尽全力固守，再次打退了杨、金的进攻，事态进一步扩大，于是岷县专员专电报省。甘肃省政府即派省保安处长吉章简来卓尼处理。卓尼土司衙门留守人员夏畲田、赵应忠、安世俊等人，逼迫答应了所谓的“协商”条件：赔偿保安队损失，限期缴出白洋一千元、大马十五匹、快枪十五支，以了结这次事件。

第一次卓尼北山事件后，当地藏族人民对国民党反动派更加深恶痛绝，由此埋下了反抗压迫剥削的新火种。

1943年农历二月十九日，驻卓尼康多寺的松鸣寺肋巴活佛，在甘南农民起义的领导人王仲甲、肖焕章等人的宣传鼓动和影响下，率领藏、汉、僧、俗青壮年四十余人起事，在临潭八角接洽任效周，康乐杨家河联络王万一,二十一日折回八角、冶力关，与黄点名成、汪鼎臣会合。二十三日，在临潭冶力关桥滩整顿队伍，正式宣布就职仪式：肋巴活佛任本区司令，任效周、汪鼎臣、黄点名成、王万一任副司令，刘成顺任后方司令。另任命了团长、营长和连长多人。起义队伍在会上正式宣布了起义宗旨：反对国民党，接洽共产党，抗日反蒋。

起义军成立后，肋巴活佛率领他的持枪卫队和手拿大刀、板斧、短剑、长矛、腰刀和农具的广大群众数千人，在眼窝司令领导下的东乡及回族农民军配合下，二十四日从冶力关出发，日夜兼程，越大岭山，沿甘沟、羊沙，翻过大石山，直指临潭县政府所在地新城。次日清晨，攻进县城，杀了县长徐文英夫妇和县党部书记等人之后，释放了囚犯，壮大了自己，对当地人民秋毫无犯。肋巴活佛、任效周、王三等人带领起义农民渡过洮河，在会川峡城与王仲甲会合，直向武都进发。但在国民党调集大量兵力追剿堵截中，起义军在数月之内辗转激战，取得了一些胜利之后，开始出现分裂苗头。在各自为政和异己分子出卖革命的失利情况下，王仲甲、肋巴活佛率五千起义农民于是年七月间，退回洮河西岸广大山区，开展游击活动，待机再起。他们深入卓尼北山所辖的角缠、土桥和柴木车一带的藏区开展活动，并取得了当地藏族人民的同情和支持。

卓尼北山土官麻周，为人忠厚老实，说话算数。肋巴活佛曾要求麻周进行保护，并动员麻周参加暴动。麻周为自保其身，将此情况急报洮岷路保安司令部参谋长杨一隽。杨示意麻周：“上级早已有令，匪首王仲甲、肋巴活佛、马福善无论逃往何地，一经发现，就地处决；只要不扰乱卓尼地区，可劝其他往，送出卓境，不必杀害。”麻周不但没有照办，相反参与起义农民反抗活动。

“饥民团”撤出临潭县城后，省政府调胡受谦为岷县专员。他带领保安团，在各路正规军配合下加强对农民起义军的围剿。卓尼设治局局长刘修月与司令部参谋长杨一隽去新城拜见新专员，没想到杨氏却吃了胡的“闭门羹”，而与刘修月单独密谈。胡认为肋巴活佛是卓尼的，卓尼与“饥民团”有勾结，并示意刘要对杨警惕、防范。之后，胡即返归岷县。随之，伪第八战区司令长官朱绍良和伪甘肃省主席兼保安司令谷正伦派第三军军长周体仁率军万余，由皋兰、榆中一线，直逼洮西山岳地带而来。周部所属陆军十二师师长吕继周，继堵追“饥民团”之后，率其部直抵卓尼之北山地区，进行掠夺式的“清乡”活动。当地藏族群众为了守土自保，断然拒绝了这种无理行动，在此次冲突中，将该部三个士兵打死，接着伪二十团攻占了康多，并坐镇该寺，以施镇压。

1943 年 8 月底，周体仁率其部进驻临潭冶力关，电邀卓尼司令部参谋长杨一隽率领所属官佐，参加“剿灭残匪”的军事会议。杨接电后立即率团副杨极天，营长杨赛高，连长杨国华、宗其秀，手枪队长梁书拉和警卫人员三十余人，全副武装，乘马兼程星夜赶去参加会议。正当会议结束之际，北山头目麻周及角缠的才尕，暗中选拔了精悍的青壮年四十余人，于深夜潜入伪二十团的一个营部，乘其不备，未放一枪，把一个营长、两个连长和百余士兵，用大刀、匕首干掉。麻周自带武装亲信二十余人，乘马急奔卓尼，企图将卓尼小土司杨复兴母子挟持洮北做反对国民党的首领，发动卓属四十八旗，与国民党作对。杨母在赵应忠、夏畬田主持下，权衡利害，为保全地方实力，维系土司制度与国民党的关系，拒绝了麻周的请求。岷县专员胡受谦即派其参谋长刘济清来卓尼与二十五团戴效戎秘密商定，戴部在卓尼街上进驻两个骑兵连，寺上（指卓尼禅定寺）驻三个骑兵连，房顶架起机关枪，包围了麻周在寺内住处司令部手枪队的院子。另派两人监视杨复兴，不准任何人接近，而对伪设治局长刘修月则实行明防暗保的办法。刘济清要杨家交出麻周，而杨母只是用泣哭来延续时日。赵应忠向她报告：外边已被包围得水泄不通，看来不给麻周是不行的。就在这样的武力压迫下，麻周挺身而出，并说只要不伤小司令（指杨复兴），抓我走就是了。于是麻周被捕。

麻周在卓尼被扣押的同时，北山数百名武装群众在起义农民领袖的策划下，向康多、冶力关方面大举进攻，取得了很大的胜利，打死打伤周体仁部属三百余人，给敌人以沉重的打击。周体仁恼羞成怒，大发雷霆，立即下令将卓尼赴冶力关参加会议的三十余人，除杨一隽之外，全部扣押。他们认为，麻周是卓尼土官，此事肯定与杨氏母子及杨一隽有关，立即将手枪队长梁书拉、警卫连长宗其秀枪决，并令杨一隽负责将所打死之官兵，就地埋葬，打伤的送勺哇寺治疗。

接着，周体仁军部移驻临潭新城，并亲赴卓尼与刘修月密谈对北山事件采取所谓“剿抚兼用”的办法。他们在临潭张贴布告，迷惑视听，同时派兵沿临潭旧城至北山、勺哇、康多、日多玛各旗，烧杀抢劫，进行再次“清乡”活动。在临潭绅士马志青、赵明轩等人从中鼎力调解之后，周体仁提出如下条件：

第一，将麻周所属北山一带的所有武器全部没收，并勒令交出快枪五百支，骏马五百匹。

第二，罚白洋十万以偿命价。

第三，麻周等人，解省法办。

第四，以上三事，由杨一隽负责，限期交清，否则以军法从事。

条件讲好后，将卓部头目杨俊枪杀于新城南郊，将杨一隽的枪支马匹发还，放回卓尼。

杨一隽回卓后，立即为国民党没收全部枪支、马匹，分摊十万白洋和送缴事宜。在罚款尚短白洋三万余元时，临卓两县各方人士再三恳求：务请洞察人民疾苦，予以减免。周体仁不但不予减免，反而责令杨一隽，如不将短款按期扫数，定解省法办。同时派其亲信周营长协同办理。遂将北山无辜藏族群众的所有牛、羊、驴、猪和鸡等折价运往新城。周体仁为了“体察民情”提出罚款中的十分之一为小土司读书和修建义仓的费用，以示装点。国民党这批强盗们将北山人民置于水深火热、饥寒交迫之中，使他们负债累累，生产遭到彻底破坏，更无生活门路可言，创伤深远难医。当地群众每忆及此，无不伤痛泪下。

周体仁在新城处决杨极天、杨赛高、乌鲁喇嘛、年旦增营长之后，终以杨一隽催交罚款不力，在临潭新城将其扣留十余日，并同麻周一道押解兰州，以“私通共匪，阳奉阴违，手令部属，袭击国军”的罪名，于1944年春将杨一隽枪杀于兰州红山根。麻周判刑十五年，后通过关系释放回家。

本文选自甘南州政协文史资料研究会:《甘南文史资料选辑》，第二辑，1983年9月。

关于田昆山查办卓尼兵变案的经过

贾大均

1937年八月下旬，卓尼发生兵变，土司杨积庆及其长子杨少余夫妇等被杀。甘肃省政府闻变，商由国民党中央委员、甘肃省党部常委，甘肃省政府委员田昆山前往查办。时我以竞选第一届“国大代表”到兰，被邀同往。经过四十多天的奔走周旋，对这一事变的内容有所了解。虽已事隔二十多年，但轮廓尚可忆及。兹做如下叙述，以做参考。如有遗漏错误之处，尚望知者订正补充。

一、卓尼兵变发生的内因和外因

内因：卓尼杨土司世袭相承，有四五百年之久。杨积庆的父亲是由清朝武举袭封的，年老嗣乏，以族子杨积庆承祧袭职，为杨家亲房和随土司世袭的头人所不满。虽在民国初年张广建督甘时期经过数年涉讼，问题得到解决，但内部谁亲谁疏的现象始终存在。

1928年，甘肃省政府主席刘郁芬任命杨积庆为洮岷路保安司令，其长子杨少余为副司令，共辖藏族门兵三团。第一团团长杨锡龄为人正直，第二团团长姬从周有勇无谋，唯第三团团长杨英系临潭县公安局长，原是当地的汉人，因与一小上司承嗣，取得了藏籍，为人小有聪明，长于交际。杨积庆欲利用其长，为自己代办外交事项，故委为第三团团长。杨英经常搬弄同事间的隐私是非，恃宠怙恶，无视别人，渐为众矢之的。

杨积庆是一个懂得汉藏文，花样很多，手段毒辣的土司，部下多不敢轻犯其尊严。他有一妻三妾，分房散居，大老婆死后即以二房杨氏升为大房。姬从周因打仗捞劲，也为杨积庆家族所重视，杨英因妒生恨，与姬摩擦日甚。迨姬说出“杨英是外来娃，有杨家即有姬家”的话，杨积庆没予理会，这使杨英更加恃宠骄横，肆无忌惮。而姬从周想杀杨英的怒火，愈演愈炽，虽对杨积庆仍是盲目信仰，但怨其受杨英迷惑，时有入“清君侧”的打算。因此，才被奸人利用，当了变乱祸首。

外因：1928 年“河湟事变”初起时，杨积庆奉刘郁芬命令，率藏兵到夏河土木关截击马廷贤部，杨锡龄是当时较有头脑的人物，建议杨积庆不要与回族发生冲突，要和夏河取一致态度，保守藏族地区。杨积庆意在讨好国民军，不听其言，与马部接触后，掳获马廷贤的小女人（旋即自杀），引起马部两次焚烧卓尼寺院的恶果。翌年，杨办理临潭回民上庄时，向刘郁芬请示说，难民中有些青壮年不是好人，如何办？刘复电让他斟酌处理。

1930 年，蒋介石收罗流寓京津的甘籍失意军人四名，委派回省组织力量，捣乱国民军后方。鲁大昌是其中之一，由川边到临潭旧城潜藏。西道堂教主之弟马寿山与之往来，怕落嫌疑，赠马一匹送往卓尼活动。另向兰州方面透漏消息说，洮岷路保安司令部窝藏匪类，意欲摇撼杨的地位。鲁到卓尼对蒋介石大肆吹嘘，杨积庆受其迷惑，也觉国民军东下再难复返，有心扶鲁搞起武力，做自己的靠山。但杨锡龄大不为然地说：“鲁话甜心毒，门路很多，非我们能笼络的人。若不忍趁早杀之，即当驱逐出境。”杨虽有了戒心，但仍不忍加害，只是送了几支旧枪，送出卓尼了事。

鲁大昌是以帮会起家的，到岷县大草滩桥头地方，即与祁三大爷合伙串联，杀人越货。及至抢劫岷县解省巨款，和没收陇西县留驻的国民军残部郭孟侠团枪支后，有了势力，时刻惦恨杨土司瞧不起他，蓄意报复。1932 年，孙蔚如为甘肃宣慰使，在一次召开的临洮军事会议上，杨锡龄揭发了鲁在岷县种烟派款、纵兵殃民的一些劣迹，鲁更衔恨切齿。到杨锡龄二次进省公干时，鲁即暗令他驻洮沙的营长乔南坡截路枪杀。杨事前也有所闻，随带四十四马队进省，归时特别戒备，官兵一律换上新服装，自己佩戴了甘肃清乡总办邢肇棠发的参议徽章，经过洮沙辛店韭菜湾时，被乔所派的田连长截击交枪。夜间将杨和随带回家的学生一人共四十二人，一并枪杀于洮河岸畔，投尸河中，宣称都是土匪。杨积庆闻报分诉于宣慰使和清乡总办，请求查办。这时孙已移防南郑，邢无法处理，就成了冤沉海底的悬案了。

1935 年，红军由洮、岷、卓尼过境时，甘肃绥靖主任朱绍良令鲁大昌屯军腊子口、二郎山，杨积庆守铁布协同阻击。杨俟红军进入铁布，受到政策感召，即发动群众送鹦哥花园仓粮几百石，接济过境红军，鲁大昌得到消息向朱绍良告杨私通红军。但朱不久离甘，幸免大祸。

卓尼安息日会的美籍孙牧师，和杨积庆交往频繁，杨曾借机购到自动步枪等新式武器。安息日会在卓尼木耳桥地方扩筑基地，杨未阻止，群众尽拔其测绘标志，撇在河中。鲁大昌便乘机宣传杨积庆私售国土，有汉奸嫌疑。

卓尼有木尔藏、加当、德瓦三个大佛，为内蒙古群众所信仰，每年往来于张家口、热河、黑龙江等地传教，尤其木尔藏是代替杨积庆出家之大佛，关系亲密，不时回卓尼寺相与聚会。鲁又宣传杨通过木尔藏勾结日本，图谋不轨。

杨积庆的生活并不十分简单。他的经济主要来源之一，是廉价收购当地土特产，运往京津沪汉进行买卖活动。他在临潭新城开过一处洋行，常因一些小问题和当地官绅不和。尤其对地痞流氓、帮会头子和陡剑平、李识音、王鼎等无赖之徒，缺少妥善应付，常年被其控告攻击，竟成积怨难消的对立局面。杨曾对鲁说过要处死陡剑平，这时鲁便从中挑拨利用，作为倒杨工具。还有一个卓尼汉人方秉义当过杨部的书记，由于不被杨所重视，心怀怨望，暗与陡剑平勾串，盗窃卓尼机密。姬从周与杨英的不和，和姬以后同意鲁暗杀杨英的诡计，都是他做底线，但杨积庆始终没识破他的狡诈。

1936 年，鲁借召开冬防会议，请杨积庆和杨英参加，欲乘机扣留。不料杨英不肯莅会，杨积庆另派其秘书长杨一隽代替参加。鲁一见面大发雷霆说："你不是军事负责人，跑来干什么？回去告诉你们土皇帝，今后地方有事，他要负全责。"杨积庆听了，惴惴不安。同年方秉义因事被杨积庆所申斥，方即逃亡岷县，被鲁保送到兰州警察训练所受训，但仍与陡剑平、李识音、王鼎等五人相联系，做颠覆卓尼土司之活动。

二、鲁大昌在卓尼兵变前的阴谋活动

1937 年春，方秉义赴兰州受训，即以王佐清（王鼎的叔父）所开的昆仑饭店为基地，招致不满杨土司的临（潭）、卓（尼）人王鼎等听从陡剑平、李识音的幕后指挥，做倒杨活动。适有一自称是甘肃省代主席贺耀组弟弟的人，在饭店院内开设的诊疗所里治病，他们巴结招待，日渐熟悉，即罗织杨积庆许多劣迹，假托藏族人要革命，请他向贺主席代达情况。不知贺某是否转达，但给了他们一个回答："主席说：他们的事，他们自己办。"方等便认为是默许了。六七月间鲁大昌由庐山受训回兰，已知他的新十四师将要开出甘肃，急欲促起卓尼事变，以便借口后方不靖，好留一部分部队，以做日后发展的基础。因而对方、王等的活动做了进一步的具体安排后，匆匆回了岷县。王等随即大摆筵席，扬言为方秉义赴京求学送行，实际上是动员暗回洮岷举事的送别会。

方、王等到了岷县，仅同姬从周商定共图杨英的时日、信号等，并未提及其他问题，姬即满心乐意，暗作布置。他们本来只有不多的几个守卫兵，准备临时放出监犯，杀了杨英，说是监犯越狱杀的。却没料到鲁大昌别有肺腑，在预定八月二十七日那天派团长陡得海和方秉义、王鼎等，率领便衣队四十名，先到新庄张营长防地潜伏，夜间窜入博峪与姬会合。方秉义突然向姬说："现在不是只杀杨英完事，鲁师长已奉'中央'和省上命令，派陡团长来帮助你举行革命，你如情愿起义，消灭了土司，他保你当卓尼土司。不然，事情败露，你如跑到藏地，土司先杀你的家小；如逃到兰州，省上也要治你的罪。"姬本是个粗笨家伙，一经威胁，内心虽不大愿意，却不敢说出口来，只好听从他们去干。于放出监犯杀了杨英的同时，方、王等去进攻土司衙门。

出事的当晚杨积庆还在请客。饭后，行将就寝，瞥见有人移动前院摆的两挺卡其克机枪，立即查问。卫兵答："姬团长说：这两天夜紧，叫我们把机枪抬到内院。"杨笑着说："你们团长太小心了，机枪是防匪的，搬进内院干什么？"说完就和小儿子睡了。一朦胧间，听到院中枪声，连忙滚在床下，摸到自动步枪，向外打了一梭子弹，跳出窗外，逾垣而走，窜入打鱼沟水磨内躲藏。

方秉义等入内搜寻时，看见床上的小孩，遂令拉出打过。有传令兵马力娃背出藏在林科内转送卓尼寺，幸得不死（这孩子就是杨复兴）。另外一个勤务追踪到打鱼沟寻见杨积庆。杨问："是什么人作怪？是不是鲁大昌派来的土匪？"勤务说："不知道，但好像内中还有咱们人。"杨即令回告姬、杨两团长，速将土匪赶出去，如有自己人在内胡闹，抓起等他回来处置。勤务回到博峪街口，遇见方秉义等拷问杨积庆的所在，勒令引向打鱼沟水磨进攻。杨开枪还击，忽右腕挂彩，不能射击，遂跳入磨渠掩藏。方等听不见枪声，蜂拥向前，令杨将枪撇上渠岸，再将杨拖上岸来，令跪地下，举起石头迎面击毙。当杨由院内出走时，他的大儿子杨少余夫妇和一个十余岁的孩子，已被机枪扫射在东房内，他的几个女人都不在博峪，所以安全无恙。

姬、方等结束了杨氏父子性命后，天尚未明，便传知博峪住户做饭招待陡得海等暴徒，饭后回到新庄。天亮后，群众听杨土司父子被杀，惊走号呼。姬、方莫能禁，立刻召集杨部在博峪人员开会，宣布杨积庆罪状和他们起义革命的意义。并成立卓尼维持委员会，推选姬从周为主席，方秉义等为委员。又拿出他们在岷县油印的致南京军事委员会的通电，迫令大众署名；不在当场的，指定人代署。通电中罗列了杨氏八大罪状，主要是：私通红军、勾结日本图谋不轨两款，其余是虐待藏胞、烧死丫头、敲诈民财等类。并说他们为国为民，举行革命，听候政府处理等语。鲁大昌也从岷县发出电报，以卓尼土司杨积庆虐待藏族人，图谋不轨，激起兵变为词，作为声援。其实卓尼土司从来并无正式部队驻在博峪，只有几个门兵出入作护卫，从何激起兵变？所以当时有人评论：“杨积庆内部不清，歪风邪气，鼓动杀机，遭了匪害；姬从周图报私仇，开门揖盗，自落陷阱；鲁大昌乘空而入，残贼以逞。”

姬从周任了主席，形同草人，全无作用。方、王等大权独操，每日吃喝抽大烟。可怜的姬主席日夜站在门外守卫，过了几星期便被藏族人撵跑了。

当杨积庆被杀的那天，常限（汉语委员）赵希晋和杨锡龄之长子杨景华等闻警到了卓尼寺，商议发出鸡毛檄文调集藏兵赴难报仇。杨氏第三女人急欲自带藏兵到兰州为其夫鸣冤，被众阻止，愤气不过，吞金自杀。这时不但卓尼寺僧持枪保护杨氏家眷，连附近的各族头人也都赶来入卫。姬、方等势有不敌，在博峪仅仅相持了大半个月，维持委员会终被门兵捣毁了，藏兵还要联络宕昌群众进攻岷县，局势颇为紧张，附近各县，无不为地方安全担心。

三、田昆山办案经过

1937年九月中旬，田昆山向我说："卓尼兵变，土司杨积庆被杀，贺主席电'中央'派我去查办，请你同往。大约准备在九月二十间出省，路线经临洮、陇西、岷县约同鲁大昌先到临潭，等候夏河保安司令驻兰办事处长张建中，回拉卜楞请黄正清司令来临潭会商办法，传集双方当事人来临潭或者就能解决，不一定去卓尼。"过了两天他又说："我们直接往临潭和县长薛达商办，鲁大昌对此案嫌疑很大，贺先生很生气，不让他管。夏河方面也不再邀请了。"于是我们连同翻译等五人，始于九月二十一日出发。

我们行程较缓，六宿才到临潭。过临洮时，鲁大昌师的旅长王咸一派兵四名护送。到达临潭六十里的羊沙时，望见南山顶上有马队往来逡巡。因恐姬从周等假意欢迎，强迫拦入他们势力范围，不好动转，故未冒进。当即停住在一藏族小头人家，专差向临潭探问情况。晚间当地藏族人传来消息说，博峪维持委员会已被捣毁，姬、方等跑到新庄去了。田昆山恐赶来要挟，一夜未能交睫。天明向临潭前进，直到东关始见县长薛达和县党部委员包某出来迎接。到县政府田昆山忙向薛、包询问了一些情况，才安心休息了。不多时杨积庆的二女人（通称杨大太太），由卓尼赶来喊冤，田同薛达接见安慰，给抚恤费二百元，嘱回卓尼静候查办。

第二天，鲁大昌派副官长张国桢前来联系，借探消息。同田会晤后，他吞吞吐吐露出鲁不满政府的措施说："卓尼兵变内情复杂，省上应征询地方军政意见，方能措置妥善。田委员来时没经过岷县与鲁师长谈谈，他也不好参加意见，心想帮些忙，恐怕无能为力……"田说："我本想经过岷县看看鲁师长……贺主席叫我速来这里晓谕政府意旨。不然，岂但要看看鲁师长，还想与黄司令见面哩。现在我看问题不大，准备再住二三日到卓尼查明情况，报请政府核办，回时一定到岷县和他畅谈一番。”张很失望，退出后和我私谈，还是想法由田、鲁共拟办法，建议政府批准。我说：“他才要调查情况，似乎尚无主见，你可同薛县长再同他谈谈，能共同斡旋，当然更好。”

那天我见薛县长脸色苦闷，言行有所顾虑，疑别有文章。于是抽空出外，访问我的老同学刘启，他告诉我：岷县传来一股风声，鲁师长大骂田委员、薛县长不给他留面子，他要摆一着棋，叫崽娃子们认识认识。并说这个地方帮会多，鲁的耳目多，谁都不敢多谈话，你们要谨慎些。我问：“卓尼是否革命起义？”他说：“现在谁都知道是老鲁派人胁迫姬从周干的黑牌子事，藏民们晓得什么叫革命！假如真是革命，藏民怎会赶跑他们呢？老鲁向来做事达不到奸淫掳掠目的，就会用杀人放火手段。咱们老同学杨一隽是杨司令的秘书长，又有亲戚关系，你到那里去问问，就明白内情了。”我回去告诉了田昆山，他说：“省政府不让他管，骂我们有何用处。我不会看棋，会掷骰子，掷底掷面，任其自便。”

又过一天，由漳县来了个老百姓说他是蒋云台派来送口信的。见田说：“鲁师长不怀好意，蒋旅长叫你格外小心！”田听了大发脾气地说：“鲁大昌真要给我耍无赖，他有本领，请政府把我撤回，何苦一再大放气炮吓唬人呢？偏不理会，他敢做啥？”立即面托薛县长把鲁的阴谋函达兰州。我们就商议赴卓尼问题，田要薛同我先去查明实况，商定初步办法，他随后再去。这明是想耍滑头，还说免得一齐冲到堂里，不好转圜。薛推辞分不开身，结果只有我去了。我想到卓尼去首先要解决的是杨家继承问题，不然怕人家不欢迎，徒劳往返。我即和田研究，他还拉活车说：“你去照情况办，土司可改设治局成为官治，洮岷路保安司令是临时性质，不应存在。另选能孚众望的藏族头目一人，暂充设治局长，安抚藏兵。”我说：“前天杨太太向你要求政府允许他的孩子继承司令，惩办姬从周，这显然代表他们的共同愿望，不让继承，怕不能行。”他说：“政府也早接到他们的状词，情况已明白。但把保安司令给一小孩，鲁大昌更多话把，今后他再蛮干，就把小孩断送了，而且藏兵再来，还是平安不了。”我说：“杨家历史长，藏民信仰深，不让继承司令，就得允许继承土司。卓尼方面，现在重司令而轻土司，就可铜锤换玉带，先允许继承司令，然后以防止奸人捣乱为理由，提出改土司为设治局，他们定无意见。否则藏兵退不下，还会扩大糜烂地方。若鲁大昌乘机出来弹压，则我们适中其计了。杨积庆已经死去，生前是非不必再问，姬从周无论自动或被人利用，总系叛乱行为，自非代表群情，何能谈到革命？将来查实情况，应请政府勒令鲁大昌捕送兰州法办。”田最后同意我的意见。我要求他再派一人同往，他加派了包委员，还有翻译一人，我们一同走到马厂临、卓交界处，被藏兵从卓尼尕吾山顶望见，即有数十骑飞奔下山，截路盘问。翻译不懂卓尼藏族土话，我们另找到一个熟悉当地藏话的商人，转达意思，藏兵头人翻身下马，表示欢迎，引导我们到了卓尼寺。常限赵希晋前来接待，我即宣布政府对藏族人的关怀和我们的来意。各头人不断询问田委员来不来？对他们要求继承司令问题，能不能答应？我说：“田委员身体不舒服，三两日就来，你们只要把秩序维持好，他对你们的要求，满保负责。”

第二天，赵希晋、杨景华护送我们到博峪视察，但见杨积庆灵柩横放在地下尘埃故纸中。我们举行祭奠后，即转至杨一隽家访问，所谈事变经过，和以上所述相同。午后约同杨一隽回到卓尼，通过他和赵希晋向各头人及杨氏家属，商谈了几条初步意见：第一，转请省政府允许杨积庆的次子继承洮岷路保安司令，并选派适当参谋长为辅佐人；第二，土司改为设治局，暂由临潭县长兼任局长；第三，设治局经费由省库拨支；第四，藏族人一应生活组织、风俗、习惯不变；第五，设治局透过保安司令部办理交通、教育、医药、卫生、公私合资养马等事业，尤以扩充柳林小学、修通各旗道路为先务；第六，转请省政府惩办凶首；第七，藏兵退后四十里驻扎，留一部分担任卓尼警卫。以上拟议，经差送临潭后，田昆山和薛达就来了。

当田昆山到卓尼的那天，藏族总管头人、寺院僧官、喇嘛和尚以及居民群众约五六百人，聚集在五里长的尕吾山沟等候迎接。寺僧头顶香盘，夹道跪迎；总管头人结队立迎，见田来到时，哭声动地，并高呼要老司令的儿子当司令，杀姬从周、方秉义为老司令报仇等口号。田对这些欢迎的人点了点头，没下架窝子（骡轿），给群众以不好的印象。田亦自觉失当，在我介绍和杨一隽、赵希晋见面时，表示歉意，并邀各头人谈话。各头人于会见时，各述心愿，声泪俱下。田安慰一番并表示："我既由政府里来，当然要为你们负责。"田又通知要看看准备继承司令的小孩子，赵希晋说："孩子现年十三岁，聪明灵秀，是有福气的。因事变那晚受惊得病，送到内地寺院休养，没接回来。"田给这小孩起名叫杨复兴，建议省政府批准杨复兴为洮岷路保安司令，杨一隽为参谋长，薛达兼卓尼设治局长。公文交薛带回临潭差送临夏交邮，守候回音（因鲁大昌派人检查邮电）。薛去后，我们经赵希晋介绍探望了寺院管家、堪布及杨氏家属，即移住寺外宋堪布楼房。

不到一周，赵希晋忽向我说："鲁大昌已调龚得禄团扎在博峪对岸，听说要掩护姬从周反攻博峪，赶走田委员。另外，李识音等在岷县印发侮辱田委员的传单，说什么受贿几万，收我家少爷为干儿继承司令。还有些不懂事的头目，误会我和委员诳他们退兵，让鲁大昌暗来袭击，都要向后撤退，强迫我来问委员有无制止办法。"我即向田把赵的话说了一遍，他失惊地咳了一声说："我原本不想来，你们说一切都妥帖，这可上当不浅。叫藏兵杀了我，太不值得！"我说："我是上谁的当来的？"他便敛容叫进赵希晋说："你们这次事变，都知道是鲁大昌做的怪。前两天的计议，应该严密，你们内部如果没人暗通消息，外间何能知道继承司令的话。我来为谁，你们清楚。头人有误会，应该给他们好好解释，他们是否要撵走我？鲁大昌发传单，乃是小事，无中生有，未必人人都信。”我提议现在如何布置安全，他说：“我们还有什么安全？”我即向赵希晋问他作何打算？有多少藏兵？驻在哪里？能不能挡住姬从周的反攻？赵说：“我们打算死守卓尼，保护委员安全。原来调了一万门兵，只到四五千人，其余留在路上，紧急时一夜可以集合起来，姬从周就是披上老鲁的虎皮吓人，他只有罗连长编的监犯百十个人，是不怕的，只是我们没指定负责人，不好指挥。”田辨来意思所在，便说：“我本来对你们出力的人，准备等省政府公文到来，少司令就职时，发表名义。现在你说谁能负啥责就委派他干。”赵提人名，我写派令：杨景华为第一团团长，赵希晋为第二团团长，安绪嗣为第三团团长。赵又提出北山朱利七旗小土司麻布丹周打仗搒劲，派为独立营长。并指定赵希晋负保卫卓尼全责，杨景华、麻布丹周负保卫博峪全责，安绪嗣驻打鱼沟两面策应，并防花园后路。

隔了一昼夜，姬从周在鲁军掩护下，由新庄反攻博峪，经藏兵阻击，败走多把桥滩，被麻布丹周击毙，方秉义等仍逃回新庄潜伏。鲁军只在对岸观战助威并未开枪，又过了一周省政府回文到来，一切如拟办理。并指明安全问题，已早电鲁师长负责并分电临夏专署相机协助。田即通知杨一隽等择日召集各旗、寺院、总管头人开会，宣布杨复兴就职，他亲往监督讲话，同时薛达、杨一隽、杨景华、赵希晋等依次就职。

事情完了，我们原班人马离开卓尼仍取道临潭返省。行抵半途忽接张国桢差人送信说，雨后道路泥泞，能在卓尼多住几日，再返临潭比较妥善。这时田明知有问题，只好硬着头皮前闯。到临潭南门外，见城上站满军队，不知何故，快进城时，张国桢、薛达才来迎接，问悉军队是参观的。因县府房屋少，我就到小学另住。傍晚全城忽然戒严，行人断绝。夜半忽闻有人来校叩门甚急，校长徐雪卿起视转回说："龚团长亲来叫我告诉你转知田委员，他的部队现要开走，自己注意安全。"我玩味龚的意思，叫我们自动逃走，他好卸责。但两处消息隔绝，路径不熟，一时想不出别的办法。徐校长说："山上西北角有个城门，出去十里路就到藏地，我愿去县府通知田委员换上便衣，赶黎明在县府后门外等候，一同上山出城。"临走时又叹惜说："他那长的胡子怕不好化装！"我随口答："必要时剪过算了。"不料徐出街头，被哨兵拦住，站在檐下淋雨达两小时，撤哨时天已大亮。他见田时忘掉时候迟早只说："龚团长带话叫你自保安全，贾先生叫你刮了胡子等他一同逃跑。"我在学校等候不见回音，使拖泥带水，踩到县府后院，打开门进内看时，田正在背身立站，持刀自刮胡子。我说："这时你刮它做啥？"他说："徐校长来传你的话，叫我刮过，又不对了，为什么胡开玩笑？"我把经过一谈，才知道把话传错了。田又问我现在怎么办？我说："现在跑不成了，只有寻张副官长来，问出实话，再想走的妙计。"不多时候，薛达送走龚团长后与张副官长一同返回，见田剃胡子，非常惊异，问明经过，笑了一阵。田再三追问内情，张说："当我由岷县刚来和你见面时，鲁的心事，急待转圜，我提意见，你不瞅睬。现鲁的三步棋势已走到最后一着了。第一次调动龚团掩护姬从周反攻博峪，想叫你离开卓尼，把事件扩大，就非他莫属。不意弄失败了，姬也死了，其余的人还无处归结。第二次派军法官到新庄，告知陡得海带四十名便衣队暗到卓尼刺杀你和杨大婆。陡向新庄张营长一谈，因你是'中央'派的大员，没有正式命令，事后如何交代，陡遂终止。这次我得消息是等你到新城，先叫龚团开走，另有从旧城新收编的张炜一连队伍过此驻一两天再开走，我也回去，然后任方秉义变兵进城，要挟你改变卓尼处理方案。你若不允，发生危险，追查责任，与他无干。现在我看张连长若来商量个办法，今晚即送你仍返卓尼，绕道临夏回省，免再发生问题。”

田昆山听罢，即向薛县长借来一千元，交张带去犒劳张连长的部队。张去后不多时回来说：“张连长很客气说他是过境部队，不负地方责任。犒劳费全却不恭，只留二百元，给士兵会一次餐，夜间即开走。”我们听了皆大欢喜，天色将晓，张自带马匹同薛达送我们上山，一直送过新旧城交叉路口约十里，才作别返回。午间，我们又到卓尼寺，赵希晋、杨一隽等重来慰问。歇了一夜，杨景华带藏兵二百名护送，经过拉卜楞、临夏等地回省，这时已是十一月初了。

本文选自《甘肃文史资料选辑》，第四辑，兰州，甘肃人民出版社，1987。

拉卜楞寺院与马麒斗争的经过

黄正清[①]

现在的甘南藏族自治州，除临潭、卓尼、碌曲、迭部和舟曲外，夏河、玛曲等广大地区，原属西宁府循化理藩厅，为安多藏区的一部分。清末和民国初年，军事由河州（今临夏）镇遥领，政事则特许拉卜楞寺的“议仓”（秘书厅），掌管辖区内政务、民事之权。循化改县后，青海一带蒙番事务又改归宁海镇守使兼管。其后，马麒任宁海镇守使统治了西宁以后，抱着依靠回族，笼络汉族，鱼肉藏族的阴谋，把甘南藏族作为其主要财库，乘拉卜楞发生内部矛盾，派其弟马麟的部队，常驻拉卜楞寺，横征暴敛，焚杀掳掠，无所不用其极。当时拉卜楞寺所属一百零八个寺院，八大部落，十三个村庄，与马麒兄弟进行了将近十年的斗争，终于建立了拉卜楞设治局。嘉木样五世系我的胞弟。在这段斗争中，我们父子兄弟是作为马麒兄弟的对手而始终与其周旋的。自从1949年西北解放后，由于共产党和毛主席的领导，有伟大正确的民族团结政策，甘南藏族才能建立起自治政权，藏族人民不仅当家做主，而且在经济、政治各方面，也同全国各族人民一样，幸福地生活在社会主义大家庭里。为了响应敬爱的周总理生前号召

① 黄正清（1903—1997），藏族，四川顺化（今理塘）人。历任甘南州州长、西北行政委员会副主席、甘肃省副省长、甘肃省政协副主席等职。

“把亲身经历记录下来传之后代”，我把这段历史写在下面。唯以个人接触面有很大的局限，且事隔三十余年，手边原存的一部分材料早经遗失，不免有片面、错误或疏漏之处，请各方面多提供资料，使这一历史事件得到比较全面正确的证实。

一、嘉木样四世圆寂后的拉卜楞寺

1916年3月26日（民国五年农历二月二十三日），嘉木样四世圆寂，由大班智达阿莽仓活佛任拉卜楞的“斯姜”（摄政）。原任襄佐的李宗哲仍继任襄佐（管事）。拉卜楞寺本为河南蒙旗亲王（河南蒙旗亲王全衔是青海左翼盟和硕特前旗黄河南亲王，系清康熙时所封）属地，由于马麒在西宁的势力日益扩张，河南亲王的封建地位受到极大威胁，借拉卜楞宗教力量，以资撑持。李宗哲为了保持其寺院管家地位，对河南亲王以及马麒等军政上有地位的人，都极力拉拢。但寺院僧众和一部分藏族群众，对李宗哲此种做法颇有表示不满者，而李宗哲谋借嘉木样四世圆寂的时机，借用外力攫取更大的权力，以图在世活佛坐床后，继续掌权，由于他自己平日行为不够检束，引起了一场轩然大波，为马麒兄弟进一步染指拉卜楞寺造成了机会，“开门揖盗”，李宗哲给拉卜楞寺所属藏族僧众种下了祸根。

1916年5月的一个晚上，在拉卜楞“村拉”（市场）的墙壁上，发现了匿名揭帖，上写着“河南亲王王妃勒柯与襄佐李宗哲过从很密……”一时人们议论纷纷，逐渐传到河南亲王的耳中，河南亲王为了面子关系，请寺院开会查究。同年7月拉卜楞寺召开扩大会议，由大经堂夏俄（僧官）担任会议主持，河南亲王所属头人阿日觉觉及王府管家若巴曲南霍都来参加会议，阿日觉觉在会上发言说：“……贴条子诬蔑王爷和襄佐，显然是有阴谋的。今天会上，‘十八昂欠’的管家都没有到，条子是什么人贴的，不在上层，就在下层，我将会指出名字的。”他发言后就匆匆离开会场，接着若巴曲南霍发言说：“这次会议我们不过来做了一次参观，参观一些活摆神……”对会议表示极大不满。与会僧众均十分愤慨，会场哄嚷起来，叫闹不休。主持会僧官站起来大声说：“……人家说我僧官是‘摆神’啊！这是侮辱寺院，难道我真的是‘摆神’吗？”在大家的鼓动之下，当场把若巴曲南霍逮捕起来，送入监狱，将襄佐堪布仓的管家罗藏次成（会议代表）、卓匿谦昌（副官长）、贡去旦巴和卓匿得列玛等人同时逮捕。

第二天，僧众代表继续开会，决议撤销李宗哲的襄佐职务，并清算他所经手的账目。会后全体拥进襄佐堪布的院子里去抓李宗哲，但他事先闻风已逃往西宁去了，遂将李宗哲的全部家产清点没收。事情越闹越大，阿莽仓活佛以摄政身份召集僧众讲话说：“两天来僧众们的行动是欠妥当的。如果继续闹下去，势将给寺院和地方惹出祸事。”于是在他主持下，从在场僧众中推定了八十个人，作为各方固定的议事代表。有事开会共同研究解决，以免众口嘈杂，多滋事端。

李宗哲到西宁向宁海镇守使马麒泣诉了拉卜楞寺攻击他和河南亲王的情况，并认为此事纯系阿莽仓从中鼓动。马麒派翻译马寿赴拉卜楞调解此事。据说马寿原系西宁上五庄的藏族人，也当过喇嘛，后来投靠马麒贩卖药材，自称是回民。此人经常在马麒面前搬弄是非，唯恐天下不乱，等事情闹乱闹大，他好从中渔利，或居功邀赏。阿莽仓听见马麒派马寿来说事（调解一词的习惯语），当即召集了八十个议事代表商量，一致认为寺院内部事务，是我们自家的事，我们自己会解决，不要旁人来管。因此拒绝马寿调解。后来马麒又派西宁道尹黎丹来拉，当时马寿还未回去，阿莽仓即通知八部落各派代表来拉欢迎黎丹。欧拉的代表是仓金，阿木去乎的代表是安维将参和才旦萨扎，博拉的代表是叶旦木，尼玛的代表是贡索和马吉加布，美武的代表是才桑加等，先后都到了拉卜楞寺。黎丹召集这些代表和寺院上的八十议事代表开会。在会上黎丹叫大家提出已经发生的问题如何解决的意见，并劝大家息事宁人，不要胡闹。会上大家都不说话，没有结果而散。过了几天，八十议事代表和各部落代表等私下开会，认为内部发生的事情，用不着官府来管，今后外人前来说事，大家绝不答应，并同声高呼“三宝”表示决心。此事被黎丹、马寿闻知，颇为愤怒。但黎丹系一文官，处事比较老练，唯恐更生事端，乃不再说话，悄悄地离开了拉卜楞。在黎丹返西宁时，马寿密派亲随，身着藏装，暗藏于拉卜楞寺附近途中，袭击黎丹未中。黎丹受此虚惊，疑虑莫名，而马寿却乘机向黎丹挑拨说：“拉卜楞寺有意和我们对抗，他们的一切活动，都是摄政阿莽仓所指使的。”因此黎丹对阿莽仓极为恼恨。黎丹返西宁后，将上述经过向马麒汇报，马麒极为震怒，并下定决心要用武力征服拉卜楞寺和阿莽仓活佛。但此时他正有事于玉树，不得不暂搁置。直到 1918 年六月，马麒派其弟马麟率骑兵千余人攻打拉卜楞。摄政阿莽仓并没有料到马家会突然兴师动众，乃仓促通知八部落及附近十三庄出兵赴战。由于时间匆促，仅凑藏兵八九百人，在甘加滩与马麟部队打了一个上午，藏兵战败，马麟率众直逼拉卜楞寺，驻兵“塔哇”（居民区）的铁桑昂（闻思学院）大院里。是役双方均有伤亡，但数目不大。

阿莽仓失败后，即赴阿木去乎，并发动阿木去乎头人联络各部落发兵反攻。在联络中还取得了原不属拉卜楞的同仁部落的支援，以给隆务寺供一顿“经饭”为条件。同年冬，阿莽仓发动各部落民兵数千人反攻拉卜楞，同仁藏兵直攻到上“塔哇”街口，由于各部落民兵联络不周，后续民兵没有赶到，致同仁民兵死亡十余人后不得不撤退。第二天，阿木去乎其他部落的民兵，又和马麟的部队在峨庆沟打了一仗，也失败而返。此时马寿派青海的托更仓活佛到阿莽仓处招降，托更仓对阿莽仓和周围僧众拍着腔子负责说：“只要你们派人去投降，我可以负完全责任，保证马家可以息兵，从此和平了事。”阿莽仓遂派其堪布（管家）曾智赴马寿处纳款，马寿竟不容分说，将曾智扣押起来。拉卜楞的念尔娃、阿木去乎人火尔孜，在马家召集十三庄的群众向阿木去乎进兵时，曾向群众讲过“大家要看蓝天的晴处，白云的趋向”，因此马寿认为火尔孜有意地暗示十三庄群众要看风头攻击他们，乃将火尔孜和阿木去乎的才曲拉麻扎西、万冷加多三人捕送到西宁去了。马麟连打了两个胜仗后，遂在拉卜楞修建营房，长期驻兵，拉卜楞寺从此直接控制在马家的铁蹄之下了。

由于阿木去乎是阿莽仓活佛的供养地，所以阿莽仓反攻即以阿木去乎为基地，马寿、马麟等认为非把阿木去乎彻底征服，不足以显示宁海军的威力，乃同驻临夏的西军马国良部两千余人，连同他自己的骑兵共四千余人，于 1918 年 11 月，经卡加、黑错向阿木去乎进攻，先后攻破了哲哇和安郭两村，直入阿木去乎寺院，放火烧了阿木去乎寺院，并屠杀男女僧俗七百余人，抢去金银财物难以计数。同时，马部游弋和经过的卡加沟、隆哇日沟及上八沟部落，均遭抢劫焚杀。隆哇日和卡加等近三十座寺院，亦无不受其骚扰。阿莽仓逃亡欧拉，后来就死在那里。直至阿木去乎头人投降归顺，马麟才撤兵回拉卜楞坐镇，并下令派前世贡唐仓活佛为“斯姜”，更登达吉仓活佛为襄佐，宣布废除了阿莽仓活佛（直到后班禅过兰州时，卜算出我的五弟黄正明为阿莽仓四世，始由先父扶持其坐床），并放火烧了阿莽仓的昂欠，贡唐仓本为依仰李宗哲的人，从此拉卜楞寺院完全归入李宗哲亲马一派的掌握中了。

二、嘉木样五世活佛“转世”和黄氏家族入甘

马麒在统治青海的过程中，以玉树、果洛、拉卜楞等藏区为其攫取财富的主要目的地。玉树问题曾使他相当棘手。拉卜楞虽

然已在其掌握之中，但由于嘉木样五世活佛还未找到，没有直接利用的对象，且甘南连年战争，使他不能不有所顾虑，于是令李宗哲、贡唐仓等从速寻找五世活佛，时嘉木样活佛已“转生”在西康理塘的营官坝彩玛村。

贡唐仓于寻到嘉木样五世活佛后，即敦促赴拉卜楞寺“坐床”(登位之意)。先父对甘南藏区及拉卜楞寺为西宁马麒兄弟势力控制的情况，已早有所知，乃向贡唐仓等提出：“拉卜楞寺现为西宁马麒所控制，且在寺院驻有队伍。嘉木样五世年纪尚幼，家属如不随往，势必无法应付。我在此尚有官职，如不经上级批准，不能离开，最好等几年后，佛爷长大再去‘坐床’。”贡唐仓等再三敦促，并说：“拉卜楞现在平安无事，马麒驻兵是为了保护寺院，如五世佛爷坐床，马家军队即可撤走。佛爷家属，仍望一同随佛爷到拉，以便招呼。”后来贡唐仓又行敦劝，先父遂提出三项具体要求：第一，嘉木样五世坐床后，因其年幼，寺院大权应由其叔黄位吉代为掌握；第二，拉卜楞所驻的马麒军队必须撤退；第三，原拉卜楞寺的属区各部落头人和群众应与四世佛爷去世时一样服从五世佛爷。贡唐仓等因为有关撤兵等问题，又回西宁与马麒商量，认为如果佛爷不早日来坐床，根据班禅大师的卜算，将会发生于佛不利的灾难事故，因此，需要嘉木样五世早日坐床。关于退兵问题，五世坐床后即可照办。先父不能离开的问题，马麒允给川边镇守使陈遐龄打电代为辞职，希望活佛家属随来。贡唐仓等第二次来彩玛村，给先父面谈了与马麒所商的上述结果，旋又接到陈镇守使准先父离职随嘉木样到甘的电报，先父乃决定全家赴拉。为防患未然计，还和贡唐仓等订立了书面协议后才准备出发。

同年 9 月 17 日（农历八月初六），嘉木样五世由彩玛村起程，10 月 30 日（农历九月十九日）抵距拉卜楞不远之菌塞滩。按照习惯，活佛到寺之前，须在此驻三天，使迎接的僧众有所准备。我们到菌塞滩时，拉卜楞所属及同仁、临潭、卓尼有些寺院的僧众、各地藏族人民前来迎接的有三四万人。马麒派其弟马麟率马步芳等连同驻拉卜楞宁海军一千余人亦列队欢迎。11月2日抵拉卜楞寺即举行了坐床典礼。马麒还给嘉木样送了一对大骡子，并给我们全家大小分别都送有礼品。河州镇守使裴建准和西军邦统马国良等，也都派代表送礼致贺。为了进一步加强彼此关系，还由马麟提出与先父换帖结为弟兄，并令我和马步芳也换了帖。从此，拉卜楞寺由于嘉木样五世的坐床，内部的纠纷暂时转入沉静，唯宁海军驻扎“塔哇”对寺院仍旧为一大威胁。先父对此极为不满，而马麟闭口不提此事，先父一时亦莫可如何。同年腊月，马麒请嘉木样及家属赴西宁联欢。先父为拉拢关系，并乘机商请退兵，亟有与马麒会晤之必要，乃率正清及寺院各昂欠管家代表，部落头人代表等一百余人由拉卜楞出发，经循化前往西宁。在循化到西宁的两百余里途中，马麒曾设了大小接待站十余处，表示盛大欢迎。我们一行到西宁时，马麒派其子马步青、马步芳在小峡（距西宁三十里）摆队迎接。我们和马麒见面后，马氏极表亲热，但他却与贡唐仓管家等秘密计议，拟乘机撕毁迎佛时所订立的协议。在我们抵西宁的当晚，马麒在其镇守使署设宴欢迎，筵席开始时，贡唐仓的管家给马麒献了“哈达”说：“我们佛爷在军帅（尊称马氏）的护佑下，自从第四世大佛爷圆寂后一年多来，我们佛爷摄政，幸没有发生问题。现在第五世大佛爷已经坐床，我们佛爷的任务已经完成，请允许从现在起辞去摄政。”马麒当即伪为慰留说：“你们佛爷不能这样提。五世大佛爷虽然已经坐床，但年纪还小，不能亲自掌握教政，家属等也才从外省来拉，人生地疏，不好办事，你们佛爷辞摄政的话，以后再说。”他们宾主之间的对话，颇有弦外之音。先父听出了这点，乃插嘴说：“我在四川本来还担任官职，此次随嘉木样五世来甘，事非得已，人家还在等我回去。大佛爷也已坐床，既然年幼不能理事，我又生疏无法代为掌握，因此我向军帅请求，允许我全家仍回西康，等大佛爷长大，大家认为能理事时，再行返寺。”马麒听了这一席话，登时变色，但仍强装镇静说：“我向来不愿多问寺院内部事务，请你们回去后自家研究解决，我无意见。”由于有了这场对话，我们和马麒之间初步有了隔阂。我们在西宁盘桓应酬了几天，便回到拉卜楞寺。在返拉途中，先父曾对我说，马麒此次闭口不言退兵之事，且有进一步威胁我们的趋势。他和李宗哲、贡唐仓等勾结，还欲将拉卜楞寺置之卵翼之下供其榨取。我们既然跳进了这个泥坑，就必须想出自拔之道，自强之策。此番我们回拉卜楞后，一面要交好河州方面各军，一面要认真整理内部，以应付将来可能发生的困难局面。1921 年 2 月，先父率我和各方面的代表到了临夏，回访了马麟，并拜谢了河州镇守使裴建准、凉州镇守使马延勷（因母丧在临夏）、西军邦马国良。裴建准和马延勷都对我们很关怀，并设宴招待，我和马延勷还结为换帖兄弟。回来以后，对整顿寺院和联络团结各部落的工作，也由先父开始，分头积极进行。

三、马麒势力进一步向甘南发展

马麒驻拉卜楞的部队，系马麟所属。但马麟却长期住在临夏，拉卜楞方面实际由马寿负责。马寿擅作威福，生杀予夺，为所欲为，他勒令寺院停收官房税（系收作寺院供养用的），另设立茶粮局，专门征收：粮茶税，规定一驮粮食收银四钱；松潘茶一包按其大小收银一两至三两；付茶一包收银五钱。担头税，收银无定。草头税，每户每年规定三两至五两。但都不收现银，而以皮毛折价浮收，常几倍其数。另外还经常把各部落给寺院做布施的私人财物任意扣留，甚至连人都扣押起来。寺院向其交涉，则以欠其债务为词，百般刁难，使寺院受到极大影响。还随便撤换寺院内各级僧官，并停止了“议仓”的职权。

与此同时，马麒又调派西军马国良部派骑兵六十名，驻扎合作，在那里也设了茶粮局（本来合作寺、沙沟寺、上下卡加、隆哇寺等，在宗教方面不属拉卜楞，而行政方面又直属循化），由“马七太爷”（名海渊，为马麒之叔）任局长，他们勾结当地头人何尔麻定丑、拉西若、阿杂木扎洛、托巴甲等，和对拉卜楞一样，进行残酷横暴的压榨剥削。在合作也修筑了兵营，使合作人民长期遭受着人间地狱般的生活。先父在拉组织民兵时，合作方面在黑错寺襄佐万曾喜饶嘉错的首倡下，联合齐若达洛、拉果贡保、赛果道古甲等组织起合作六十七个村庄的藏族民兵，与拉卜楞联合一气，对马麒进行了顽强的反抗。后来“马七太爷”与马国良所部之间，由于分赃不均，彼此发生尖锐矛盾。马麒为了防止他和马国良之间的分歧扩大，乃将“马七太爷”调回。万曾喜饶嘉错和齐若达洛等，指挥民兵乘机将西军全部赶走，放火烧了所筑营房和粮茶局。这就种下了马麒后来派马步青焚杀掳掠合作的根子。

1923 年秋，拉卜楞一个住持差哈哇活佛因其僧徒旦巴加瑞违犯戒规，给予处罚。旦巴加瑞便潜赴马寿处喊冤，马寿遂向寺院提出干涉，差哈哇即将旦巴加瑞开除。马寿闻之更为恼怒，亲赴寺院质问，大肆咆哮。寺院僧众及各级管事无不义愤填膺。同时，自官房税取消后，寺院经费大感困难，此亦为引起僧众不满的又一因素。于是大家迁怒马寿，开会研究对付之策，并请先父代为筹划。经酝酿研究结果，派代表门兰觉卡桑木旦赴西宁，将马寿干涉寺院内部事务、横行霸道的事实，向马麒控告，请将马寿调回，免其再滋事端。马麒当即接见了门兰觉卡桑木旦，并说他将亲自赴拉卜楞和嘉木样会晤，研究处理此事。1924 年 2 月下旬，马麒果然到了拉卜楞，我们照例欢迎。当马麒与先父在迎接中见面后，其态度尚无大异，但他绝口未谈马寿之事。马麒到达后，马麟也从临夏赶来，次日马麒在马麟、马寿的包围下，乃伪装腿疼，拒绝会见任何宾客。过了两天，突由马麟向寺院提出：第一，嘉木样五世活佛家属，联络鼓动各部落番民阴谋造反，从现在起，不准他们再参与寺院事务；第二，拉卜楞所属各部落枪支一律收缴，并须缴出战马一千匹，以防叛乱滋事；第三，嘉木样活佛的八十个下布秀（差官），每人须缴出长枪一支；第四，寺院今后只管念经，不能再问民政；第五，由于以寺院为中心进行叛乱活动，特处罚拉卜楞寺缴纳白银八百称（折合四万两），又令寺院大小僧众每人捐献银五十两。以上条件立即执行。接着宣布取消先叔黄位吉襄佐职务，另以甲那华仓活佛为襄佐，大权又操在李宗哲一派手中，寺院大权既为亲马一派所掌握，对以上条件，当即雷厉风行，先收了附近十三庄的枪支；迫使八十个根本没有枪支的下布秀每人用现银一百两，夜间从马麒营中领出坏枪八十支，第二天缴上去。我和先父的枪也被迫缴去了。还佯示宽大，叫拉卜楞寺给他写下了白银八百称的欠条一纸。同时还大肆捕人，制造恐怖，先后捕去寺院派到“塔哇”的念尔娃黄祥、副念尔娃鲁秀巴、派驻欧拉部落的头人若吉和其他部落头人共二十余人。一时各部落人心惶惶，有些藏族人被迫暂入福音堂躲避。此种情况，确实令人无法容忍。但在他们的淫威之下，我们父子又受其直接监视，一时无力反抗，不得已乃密派罗占彪（即桑木旦）潜赴河州，向当时甘肃督军兼省长陆洪涛控告。罗占彪到达河州之后，先谒见了裴建准，裴对我们极为同情，当即将马麒此次在拉假借造反罪名威胁暴敛情况，代电兰州督署。陆洪涛接到此项电报，深恐事态扩大，遂派实业厅厅长车玉衡速到拉查办。车于 3 月初到拉时，马麒尚未返西宁，即被马麒接入营中，不令与群众见面。过了两天由马麟、马寿出面，在念尔娃大院召集拉卜楞寺代表、十三庄群众、各部落头人及嘉木样五世家属开会。会场上指定站立位置，将我们父子兄弟放在核心，宣布不准乱动，马麟、马寿及车玉衡站在上面，兵卫森严，有些武装士兵手里拿的绳索，有随时要绑人的态势。名为开会，实际是审问我们，还要公开逮捕我们。参加开会的藏族僧俗，看见此种局势，都偷偷地替我们父子担心。

会议开始后，马麟疾言厉色地讲：“拉卜楞寺本为佛教圣地，多少年来平静无事。自从黄家来拉后，把持了寺院，联络各部落不安分之辈，阴谋捣乱生事，还想对抗政府。我们为了保护边民，采取了一些措施，以图弭止变乱。但有人把我们向省上告了，以为是这里发生了什么祸事。省上派车厅长来查，是哪些人上告的，可以站出来讲讲，究竟这里发生了什么事情?”车玉衡接着说：“是谁告的，不要害怕。陆大帅既派我来查，我一定要秉公办理，但希望原告能把问题讲清楚。你们中间，谁是原来倡议禀告的，不要怕，站出来讲你们的道理。”前面站的僧众代表和各部落头人都面面相觑不敢发言。我父亲看见没人说话，就站起来准备讲话，当场被马寿拒绝翻译，并说黄家讲的是西康话，他听不懂。此外其他人又都不敢出来担任翻译，正在这当儿，我认为如不趁此时机把我们所受的冤屈讲出，以后就难得有说话的机会了。我的汉话虽不流利，但还勉强能说，乃挺身上前大声说：“是我们告的，马家在嘉木样四世时，曾利用拉卜楞寺内纠纷，用武力征服了拉卜楞寺，我们未来时即听说这些情况。因此寺院派人到西康寻到五世活佛后，我们当时便以马家不要控制寺院为主要要求。经过马军帅（指马麒）同意，并签了协议书之后，我们才把嘉木样活佛送来，大佛爷已坐床快三年了，而马家仍然驻军寺院，马寿且变本加厉，连寺院上喇嘛们师徒之间的小事他们都要管。随意撤换寺院僧官，取消了寺院上收的官房税，设立了粮茶局，任意征收粮茶税，扣留做布施的群众和财物，我们确实无法忍受，遂向马军帅报告。但马军帅来拉后，又听信了马寿一面之词，给我们加上了造反的罪名，要枪要马，罚银捕人，寺院上的供养，已被刮刷殆尽，各部落亦被敲骨吸髓，确实不能支持，只得上禀陆大帅替我们边民做主。希望厅长俯察藏民穷苦情形，秉公豁免罚款，并请将马寿调回，免再生事。”我用生硬的汉话讲了很长时间。当时凡是能听懂我话的藏族群众，都替我捏了一把汗。我把话讲完后，马麟怒目横视，几有不可忍耐之势。而车玉衡却对大众声言："讲得好，这些问题我都要详细调查，都要和马镇守使研究做适当处理，我如有解决不了的，再请示大帅处理。你们放心，会后还可以找我谈，总要把真实情况弄明白。"马麟、马寿虽十分恼怒，但再未说话。这个会，本来按照马寿等的计划是想当场用威力将我们父子兄弟屈服，把他们的一切非法行为，通过群众会而使其合法化，但结果并不如他们想的那么美妙。会议结束后，我和先父谒见车玉衡（时已搬出马营），更详细地汇报了马麒兄弟和马寿的罪行。车听了之后，也十分不平，他安慰我们说："你们不要害怕，马阁臣（马麒字）绝不是糊涂人，他确实是听信了马寿的一面之词，且受其包围，只要我将真相讲在他的当面，他便不会再继续为难你们。"

经过车玉衡的大力斡旋，马麒对拉方做了很大的让步。据车玉衡事后谈，马麒自己也认为他有失当的地方，所以在那次开会后不久，先停止了抓人和收枪；已抓的如黄祥等释放了，已收的钱和银两一律不退，未收的可以停收，马寿调回西宁，拉卜楞的驻军照旧不动。车玉衡为表示负责起见，一直等马麒动身之后，他才和马麟一道赴临夏转回兰州。马麒走时将马寿带回，拉卜楞暂时转入和平。但马麒军队未撤，而未来更大的灾祸，却正在孕育中。

四、嘉木样出逃和宁海军再攻拉卜楞

先父黄位中性情倔强，不愿屈服于人。他由西康来甘以前，即考虑到与青海马家可能出现不融洽的局面，计划依靠拉卜楞寺教权，使拉卜楞寺属各部落藏族独立自存，虽遭受了马麒的欺骗和威胁，但使他更加增强了斗争的决心。他知道此次马麒是在车玉衡的疏解下做了让步，问题并没有彻底解决，马麒绝不会从此善罢甘休，未来祸患，方兴未艾。因此他更以刻苦自强的精神，进一步联络各部落僧俗，作继续对抗宁海军的准备。未几，马麒果然在接受车玉衡调处后，利用李宗哲等一面从中拉拢，一面在寺院内部制造矛盾，决心伺隙再动。先父看出马麒的这一企图，严密防范。对贡唐仓等附从李宗哲的僧众，极力戒备，绝不令先有丝毫破坏活动。故拉卜楞寺院内部，虽有人事矛盾，但在先父的掌握之下，未能为马氏继续利用。

马麒回西宁不久，又派李宗哲来拉。他伪装善意劝先父说："这次发生的事情，中间颇有误会，我们如果能到西宁给马军帅剖说清楚，道个歉，寺院罚款可以免减，襄佐也许可以复职，你们父子的权力也可完全恢复。"先父毫不犹豫回答说："我已经不管寺院里的一切事情，我愿意只念'麻乃'（经名）行善，倒觉清闲。寺院里的事，有新任襄佐负责，罚款减不减是寺院里的事，与我无关，哪能用着我去向马军帅道歉呢？"李宗哲再三来劝说先父，但均被严词拒绝了。此后西宁来电要李回去，因为李宗哲虽然没有完成任务，而马麒却立等他回信，以便布置下一步计划。于是李宗哲就仓仓皇皇回了西宁。他走时又找先父问是否给马麒写信，先父回答说："你回去很好，我觉得没有给马麒说的话，没有写信的必要。"

李宗哲回西宁后，于 1924 年 5 月间给我们打来一个电报，据称班禅大师最近要到北京去，将路过西宁，叫我们去西宁迎接朝拜。我们接此电后，认为李宗哲系马麒授意而发此电，必另有诡计，趁班禅过西宁，骗我们去上当。我们估计到马麒兄弟父子对我们绝无好意，我们也绝不轻易给人以隙。因此我们决定趁此时机，离开险地到兰州去，一面迎候朝拜班禅大师，一面可以向陆洪涛告状。乃组织了一个代表团，由我率领，先行到兰，相机再促嘉木样离开拉卜楞寺。我率代表团过临夏时，曾拜访了裴建准、马国良、马廷贤（马廷勷之弟）等人，也顺便见了一下马麟，他问我班禅大师将路过西宁，我们为什么却走兰州？我说恐怕到西宁赶不上，到兰州去迎候，必要时还可向西迎去，这样就不错过朝拜机会。

我率领的代表团于同年端阳节到了兰州，住在南滩街（今酒泉路互助巷）马廷勷的公馆里。通过兰州绅士邓隆的介绍，谒见了督军陆洪涛。我将马麒蹂躏拉卜楞寺及残虐藏族人的详细经过向陆当面报告。陆洪涛告诉我说："你们这次来得很好，咱们虽然第一次见面，但你们的事情，我早有所闻。"过了将近一月光景，班禅大师并没有经西宁，而是过凉州（今武威）来到兰州。兰州各机关以及各族各界代表都到十里店去迎接。我和我的代表团也迎到十里店。班禅到兰州后驻雷坛兴远寺。我们进行了朝拜，并悉大师将在兰州住一个短时期，我就电拉卜楞促嘉木样来兰。不到五天，嘉木样活佛由先父护送来兰。这个消息传出，兰州的军政当局发起和迎接班禅一样盛大的欢迎队伍，在七里河迎接，马麒派来迎接班禅的代表和驻兰部队，也都参加了迎接嘉木样的行列。马麒的代表欢迎嘉木样下榻邓家巷马麟的大公馆，但我们谢绝了。嘉木样仍和我们一起住到马廷勷的公馆里，陆洪涛派了一排士兵给我们作警卫。

嘉木样和我们一到兰州，完全摆脱了马麒的势力范围，就毫无顾忌地将马麒兄弟对甘南的暴行，不仅报告了陆洪涛，而且向有关各方都做了控诉。兰州的绅士像邓隆、车玉衡、督军公署的参谋长魏绍武、军务厅长宋有才、各镇守使和有实力的军人如马廷勷、裴建准、马国良、马鸿逵等，都对我们表示同情。由于得到了舆论的支持，陆洪涛也下了要解决我们和马麒间纠纷的决心，因此，他曾一再函电并派员邀请马麒来兰面商解决办法，可是马麒一味推托，不予置理。后来直奉战争直系失败，以直系为背景的陆洪涛冰山已倒，自顾不暇，就无心再管此案。马麒当然就更不理睬，而且正计划他的下一步阴谋。又过了一个时期，拉卜楞僧俗代表千余人前来兰州，向督府申冤，请求陆洪涛惩办马麒，要求恢复嘉木样活佛在拉卜楞寺的一切权益。一直到年底，没有结果。我们已经看出政府的无力和陆氏的软弱，但由于我们和马麒间的纠纷已成公开，嘉木样活佛既已离寺，在问题未获得合理解决前，不能再返拉卜楞。因此，我们决定先返甘南草地再作道理。乃于是年腊月下旬离兰。陆洪涛令裴建准派兵一连护送。到临夏时正是春节，我们住在临夏过节。此次我们在兰州住了很长时间，耗费不赀，食粮全赖西军（马国良）由临夏大河家经黄河皮筏运送。自带的钱用完之后，陆洪涛从督军公署拨给白银五千两，又从马廷勷借了二千两。1925 年 2 月底，我们一行由临夏到了美武新寺，曾召集了一个会议。在会上大家一致认为官方不可靠，今后只有依靠自力更生，如不组织武力，把马麒军队驱出去，拉卜楞是无法恢复旧观的。乃决议发动各部落组织民兵，听候调遣。

自嘉木样离寺之日起，拉卜楞寺院僧众和教区群众愤愤不平，均对马麒恨之入骨。此时先父和美武头人官布才旦、双岔头人拉毛加布三人，组成了反马司令部，联络和调遣各部落民兵，青海和四川的一些部落也参加了，先后共集结各地民兵近万余人。此事马麒亦得消息，马麟乃率马步芳和马步青等带宁海军二十四营，配备机关枪、迫击炮等约万余人，由临夏出发向拉卜楞增援。先父即召集了各部落头人和全体藏族民兵开了个大会，举行宣誓："一定要战斗到底，不消灭宁海军，不活捉马麟决不甘休。"并部署兵力，分为两路：一路由欧拉、阿木去乎、尼玛、桑科等部落民兵组成迎击马麟由甘加前来的援兵；一路由美武、博拉、扎油等部落民兵组成，向拉卜楞兵营围攻。于 4 月 25 日至 27 日连续战斗。当时我因率裴部的一连士兵护卫嘉木样，未得参加。但据事后了解，在甘加截击马麟援军的战斗中，欧拉人表现了无比的英雄气概，奋勇当先，给宁海军以极其沉重的打击。唯阿木去乎的队伍中，有人从内部进行破坏，该部落民兵动摇后退，阵脚一乱，给马麟一个反攻的机会。马步芳所部为欧拉人追杀冲散，本人被迫窜入甘家滩东八角城的一个土洞内整整三天未敢出来，马麟收兵到拉卜楞后，不见马步芳，即派马步青去找，最后才把马步芳找了回来。马麟率队到拉后，围攻营房的藏兵受到里外夹击，遂主动经桑科滩后撤。马麟指挥所部追至桑科滩，不及而返。在他撤兵时，竟将桑科部落的男女老幼三百余口，全部屠杀了，又对其部下集合时讲话说："一定要歼灭番族，禁绝佛教。"拉卜楞寺嘉木样的全部财产和我家的一切，都掳掠得一干二净。同年七月，还派马步青率骑兵一千余人由美武、岗察等地进入合作，实行了血腥的镇压。当时合作藏族民兵以众寡悬殊，无法抵御，乃相率逃走，宁海军放火烧了合作的早热多、上下完玛庄、阿甲如、索完昂、牙娘、拉项麦尔、目多、赛瓦昂、铁吾龙、上下卡牙庄、曼群麻等六十七个村庄。黑错寺的吉哇院也被放火烧光了，各经堂的佛像法器，均被毁坏无余，寺院周围的麻尼轮（藏经的圆木轮）亦被全部损坏。至于寺院和村庄的财物，则更荡然无存。藏族僧俗遭屠杀者四十余人。合作周围百余里内，一片焦土，惨不忍睹！并将合作有名的森林"东周林"抵作罚款，下令士兵驻扎砍伐。直到拉卜楞建立设治局时，东周林可用木材竟被砍伐殆尽。

在甘加战役结束时，我和嘉木样在卓尼北山恰盖寺暂住。听到战争没有获胜，为支援前方，全面对抗马麒起见，我即召开了紧急会议，在会上确定两个方案：第一，组织少数民兵到处打游击；第二，电函北洋政府揭露马麒兄弟惨杀掳掠甘南藏族人的残暴行为。为了保障嘉木样的安全，我又随他移住莲花山。接着，先父和官布才旦、拉毛加布三位直接指挥军事者，又在沙莫尔叶成滩（卓尼属）召集各部落头人，研究加强兵力，再次组织进攻。这次川边的阿坝六旗、若尔盖十二部落、三乔科都参加了，共集结藏兵近二万人。当时四川省很受震动，省长杨森曾电北京段祺瑞政府。陆洪涛也有电到京。我们直接也发了电报。因此引起了段祺瑞的注意。旋由陆军总长吴光新给我们来电说："据电称宁海马镇守使麒残杀番民，焚掠寺村，迭经函电禀呈，而宁海拒绝查办，虐毒较前更甚等情。所陈各节如果属实，则该番民等处兹水深火热之中，良深恻念，执政饬查以明真相。除饬陆督详查外，仰候查明再夺。特先布复。"不久，闻陆洪涛决定派凉州镇守使马廷勷、河州镇守使裴建准、甘州道尹马继祖、检察厅厅长张某等会同查办。我们得此项消息，乃集结上述民兵屯桑科滩，积极准备欢迎委员来临。而马麟却乘机于 8 月 26 日拂晓，倾巢来攻，将我们大包围，民兵事先毫无准备，听见枪声，始从梦中惊起，仓皇上马，一声吆喊，齐力反扑，马家军遂被冲乱。有一个欧拉的民兵，紧追马麟不放，因为我们曾通知要活捉马麟，所以他始终未用刀枪，而拿缰绳套捉，使马麟得有逃走机会，结果这位民兵被马军冷枪打中殒命。

马麒兄弟经过这两次战役，虽初步打破了长期以来用武力"镇压番民"的迷梦，但又趁未走前肆无忌惮地大肆抢劫。凡马家军队所到之处，寺院无不荡为废墟，居民被其杀戮。牲畜及其他所有财物，无不抢掠一空。同年 10 月初，各查办委员决定进行调查，并正式通知马麒。马麒开始约束部队，听候查办。马寿知事态已大，将来或有于不利于彼之处，乃于 10 月 15 日威胁拉寺十八昂欠及僧官管事人等数十人，随他到西宁，捏造公禀，略称"拉卜楞此次事变，不是马镇守使主动，而藏民确因嘉木样活佛暂不回寺，群众集合迎佛归寺，竟有不肖之徒，从中鼓动，攻击马军，致引来战端，咎由自取。马使负保护地方之责，不能不出兵弹压……"这当然是替马麒粉饰。委员们对拉卜楞底蕴大都深知，唯双方均有势力，调处亦非容易，直到 1926 年夏，仍无结果。我们此时则不惜将事态扩大，乃即分电省内外有关机关，如北京北洋政府的陆军部、外交部、内务部、蒙藏院、奉天张作霖、张垣冯玉祥、驻五台的班禅大师、四川省长杨森；省内方面的陆洪涛、张兆钾、孔繁锦、马廷勷、裴建准、马鸿宾等，以及全国各报馆，以求是非公断，冀得合理解决。

五、拉卜楞设治局的建立和嘉木样归寺

嘉木样从1924年7月离开拉卜楞寺，在兰与班禅大师会晤后，于1925年春，经过美武、作盖、日多玛、完科落、恰盖、莲花山等处，最后驻锡欧拉。同年冬又由欧拉游历乔科、阿哇、安曲、毛儿盖等处。马麒军一直驻扎在拉卜楞寺及其附近，有时还到甘加、阿木去乎、桑科等地游弋，坚不撤退。因马麒在青海对藏族各部落始终采取武力征服政策，先削平了玉树，后翦伐了果洛，对拉卜楞仍想袭用故伎以武力压服，但经过嘉木样兰州之行，在舆论上取得了广泛的同情；又经过数次战斗，震撼了整个安多藏区。这与他征服玉树、果洛时的情况完全不同。但他总希望拉卜楞和玉树、果洛一样，希望黄位中与嘉木样能输诚与他，使他好掌握作为维护其统治的工具。上年两次战斗，他虽已觉武力不可恃，但并不从此收心。我们当时认为如不彻底摆脱马麒的桎梏，则寺院权益和所属部落人民生活没有宁日。嘉木样出亡时，巡视了各部落。我和先父随着嘉木样对各部落也先后分别进行了组织和鼓动工作，下决心非把宁海军撵走绝不罢休。因而自我们父子来拉后，即与宁海军前后对抗了整整七年。我于1925年秋，即和罗占彪、杨真如等，赴兰向各方呼吁，当时陆洪涛所派四大员和从旁主动参加调处的绅士邓隆、车玉衡等，均一再函电邀请先父到河州，俾便进行研究。唯先父以为马麒不从拉卜楞退兵，不退还抢去的寺院财产、不赔偿屠杀的数千民众的命价，就不能谈到其他。因而拉卜楞问题，一时成了僵局。此时正值陆洪涛因病辞职离甘，甘局正在动荡之中，马麒认为有机可乘，根本不理睬调处。我当时认为如果旷日持久，拉卜楞人民将无法生存。乃以我

为首组织了九人呼吁代表团。这时冯玉祥继任甘肃军务督办，派刘郁芬率领其第二师先行入甘。我即谒见了刘的参谋长蒋鸿遇，后又见了刘郁芬，向他们哭诉了甘南藏族人民的惨痛遭遇。刘氏当时也十分激愤，答应“一定要彻查此案”（后来听说刘即将此案转报冯玉祥及北京政府）。但不久冯玉祥走了苏联，此事又搁置了。后来听说冯到了宁夏，我曾派罗占彪去宁夏谒冯。冯即电令刘郁芬查办。刘接电后即电约马麒来兰，以便会商处理。马派魏敷滋代表到兰。我们的问题乃由恶打而开始谈判了。在第一次谈判时，我方提出十一项条件：第一，调换马麒，另派贤员；第二，驻拉卜楞宁海军完全撤退；第三，赔偿前后所杀七千余人命价；第四，嘉木样在拉寺的所有权照旧；第五，退还抢去各地方财物牲畜；第六，拉卜楞由督署另派军队保护；第七，退还抢去各寺院金银佛像古玩等珍贵物品；第八，藏民同属中华国民，只认纳国家定税，其外任何临时派税均不承认；第九，焚毁的寺院、民房均要补修；第十，依法严惩祸首马寿；第十一，退还已收的罚款，并豁免未收罚款。马方代表提出先决条件：第一，不赔偿命价；第二，不撤军队；第三，不惩办马寿。如果我们接受这三条，则可以谈判，否则即无法商谈。我们当时认为：我们所提十一条中，以撤兵一条最为重要，而对方不肯接受，于是谈判之门被马方代表关闭了，问题又搁置下来。

在停止谈判期间，我通过刘郁芬的交际处长延国符的介绍，认识了第七方面军总指挥部政治处党务特派员宣侠父（中共党员），他对我们非常热忱，对我们的问题曾做了耐心的了解，情愿给我们帮忙，并由他介绍我和罗占彪加入了国民党。他不止一次地指示我们少数民族要团结图存，首先要从提高文化着手。因此我就开始学习汉文。在他的亲切指导和帮助下，我们在兰州组织了藏民文化促进会。从此我们就以兰州市的一个社团参加了各种社会活动。这中间最有意义和给我们的问题能够得到解决的转折点，是同年夏在东教场举行的一次“庆祝誓师大会”。在那个会上，我们和宣侠父事先研究妥当，印了“甘边藏民泣诉国人书”，夹在大会的传单内，不只在会场散发，还邮寄到各机关。同时在兰州各城门及通衢都张贴了此项文件。当时马麒也派有代表参加这次大会，据闻马麒的代表们把这个传单带到西宁送给马麒看后，当他知道这个传单是和大会的传单在一起散发的，便认为是国民军假借拉卜楞藏族群众，有意“要他的将”。这样马麒才下了和平处理拉卜楞问题的决心。

刘郁芬于那天开完会的下午，发现了我们张贴的文告，就把我找去了。他很生气地问我：“为什么把你们的传单乱贴乱散？会上马麒有两个代表参加，兰州城郊还驻扎着宁海军的一个旅，如果引起误会，对国民军也很不利。”我当时说：“我代表处在水深火热中的十余万边民来兰申冤，经过先后多半年的光景，仍然没有结果。督办对我们十分关怀，但马麒仍蛮不讲理，问题还是解决不了，我们只有求诸舆论的帮助了。”刘又说：“出了事，更解决不了你们的问题。”我说：“为了藏胞群众，马麒派人把我打死，我也能对得起大家对我的委托。”刘于是颜色稍为和霁，劝我们安静一些，他一定调查解决。为了给马麒一个面子，他已令公安局把我们张贴的传单撕掉了。后来西宁派马步青来兰，我曾和马的副官认识，马步青借此来看我，我拒绝见面。后又托邓隆请客，欲和我见面，也遭到我的拒绝。接着刘郁芬又约我和马步青同桌吃饭，并派交际处长郑道儒（时延国符调国民党甘肃省党部）对我解释，我仍然拒绝了，并说：“根据我们藏民习惯，不能与仇人共席。”

由于我们在第一次谈判时，所提的条款曾通过刘郁芬总部的关系，马麒认为刘郁芬有些徧袒，他又一次利用李宗哲等在甘南散播了许多谣言。同年 7 月，宣侠父亲赴甘南草地了解，在欧拉和先父及嘉木样会晤。他所到之处都对藏族群众做了亲切的解释。

他又看到了马麒军队蹂躏边地和屠杀无辜的惨状，并征求解决甘南问题的意见，还给先父和嘉木样提示，今后要注意提高和普及文化的问题。后来嘉木样在拉卜楞办喇嘛职业学校、藏族学校，是与宣侠父的指导分不开的。宣侠父回兰后给刘郁芬报告了他的所见所闻，更坚定了刘解决拉卜楞寺与马家问题的决心。

后来宣侠父调走了，刘又派政治处长贾宗周负责处理此案。时西宁也看出了国民军对此案的重视，遂主动央请河南亲王、班禅大师驻西宁代表及西宁东关大寺阿訇赴欧拉劝说先父，并欢迎嘉木样返寺，又发动甘南各地的基督教牧师十余人也去劝说先父，均被先父严词拒绝。刘郁芬这时又一再催马麒速派大员来兰磋商。1927 年春，西宁又派魏敷滋等到兰州。在刘郁芬指定贾宗周处长的参加下开始了第二次谈判。经过电报与马麒往返商量，最后达成协议，并订立了“解决拉卜楞案件的条件”如下：“(一) 嘉木样活佛的权益及回拉卜楞日期：一九二七年六月一日以前嘉木样活佛回拉卜楞，并恢复其原有一切权益；(二) 拉卜楞驻兵问题：西宁镇驻拉卜楞部队，除留驻步兵一连 (官兵五十名) 外，其余均于同年三月一日以前撤走，另由省派驻保安队一队 (官兵一百名)，保卫地方治安；(三) 拉卜楞设立设治局：拉卜楞地方设立设治局，唯设治局局长之权限，绝对不妨害佛教，设治局局长兼军法官，由省政府委任之，有维持该地驻军军风纪之责；设治局局长有监察该地税收之权；设治局直隶甘肃省政府；设治局之管辖区域，由局长到任三个月考察地面情形，专案呈请省政府规定；(四) 设治局及保安队经费问题：设治局及保安队所有经费，暂由财政厅筹给，待设治局成立后，该局及保安队经费，即由当地收入项下坐支。”这些条件在订立时，我和罗占彪等均对马麒还继续驻兵一连，坚决不同意。后来我虽体会到这是给马麒一点落脚的小面子，没有坚持的必要，但为了给自己留有余地，就提出关于这条，必须取得群众广泛的同意后，才认为有效。同时我还考虑到，设治局的设立，在以部落为主的游牧民族中，也是容易引起误解的。为了使上述条款能够如期付诸实现，我请准刘郁芬派贾宗周处长亲到草地走了一趟，一面与先父和嘉木样说明接头谈判的结果；一面顺便进行了一些宣传解释工作。同时我们也派黄祥等到草地各部落宣传与各部落头人见面做了解释。最后群众大致都表示同意这个条款，总算确定下来了。

同年4月，省上派了一个保安大队开到拉卜楞，以恢复市面秩序。不久我和罗占彪等与新任拉卜楞设治局局长张丁阳和各机关办事人员一起动身返拉卜楞。当我们到达甘加时，附近十三庄及各部落头人都来欢迎。时宁海军驻拉卜楞部队尚未撤走，驻军负责的为“七太爷”和他的孙子马仲英。我们到后就召开了一个联欢大会。会后，宁海军除留三十名外，其余立即全部撤走。但过了不久，这三十人也于一个晚上偷偷地撤回了。

嘉木样于同年6月由先父护送从欧拉返拉卜楞寺。拉卜楞设治局除原有十三庄外，另包括桑科、甘加、柯才、尼玛、欧拉、阿木去乎、合作、上下卡加、沙沟、火尔藏、上下曩拉，连同临潭属之美武、扎盖、卜拉、多哈尔、加木关、下八沟十七个部落。拉卜楞设治局的范围比以前的拉卜楞大了一倍。1928年4月，马仲英由循化率领变兵围攻驻河州的国民军赵席聘部，掀起了河湟事变。甘肃省政府任命我为“番兵游击司令”，下辖三个骑兵团和一个手枪队，后又改为“拉卜楞保安司令”。从此，拉卜楞所属藏区摆脱了马麒的统治。

1963年10月

本文选自甘南州政协文史资料研究会：《甘南文史资料选辑》第三辑，1984年7月；原载《甘肃文史资料选辑》，第六辑。

附录：有关拉卜楞案件及藏民文化促进会的资料[①]

（一）嘉木样及西南番各头目代表向部院总长的哭陈书

甘边导河拉卜楞大寺寺主嘉木样呼图克图暨西南番各头目代表（黄正清、罗占彪等）：

窃维五族共和，自无畛域。乃我甘番不幸，自民国以来，受尽甘边宁海镇守使马麒与其弟马麟、马寿等，屠戮残杀，敲骨见髓。我番民呼吁无门，走险无力，灭亡立待，势难再默，特将马氏仇视我番民，肆杀我番族前后略情，谨为我部院总长分别哭陈焉！

马氏之威权与历史

马氏系甘肃回籍，清末时与其弟马麟均为西军马安良部下管带官。民国元年，甘督赵维熙见安良势重，因利用该弟兄以牵制安良，一跃而得宁海镇守使兼甘边蒙番宣慰使职权，立即反背安良，明折暗排，人人唾骂其无义。其时西宁办事长官廉兴与马麒为把拜交。该弟兄得陇望蜀，忘造无稽之言，将把兄廉兴押解送省，遂又兼办事长官职，从此威震全甘。历任督军非受挟制，即被慢侮。前督张广建氏初施笼络，继为挟弄，卒不安于位而去。其弟马麟，现充玉防司令，马寿现为统领，其子侄马步青、马步云、马步芳、马镛、马及亲族人等，或充司令，或充统领，或为营长，无一不依势作威，凶横残险。此马氏之历史与威权之大略也。

马氏历年残杀番族之概情

马氏既掌大权，专以提倡邪教、残虐番族为能事。民国二年，

① 下面将我们收集到有关拉卜楞案件及藏民文化促进会的资料附录于后，以供研究者参考。——编者

循化县属尕楞、卑塘二族番民因争寺界案，纵兵干涉，屠杀二族僧俗一千余人，烧毁寺院村落，抢掠器具财物外，将尕楞族山林占为私有。民国四年，伪王皇六子之案，诬坐我边都沟番氏与伪王有关，将边都大寺与三沟人民两千余家焚烧屠杀殆尽。民国六年，伪王吕光案内将贵德县全城人民屠杀尽净外，借追吕光为名，发兵到潞仓番族，示毙帐房番民三四千，抢掠牛羊数万。民国七年，诬坐佛僧阿莽仓以谋叛之罪，将我沙沟、卡家沟、隆哇日沟暨上八沟共十七族番民剿杀十分之七，并烧毁阿木去乎、沙沟、卡家、隆哇日等处大小寺院共计三十七座，事后又对各族罚银一百万两。此役也，番民血流成河，骨积如山，计损失不下数千万两。民国十年，无故兴兵办我果洛乎番族西宁道属七县人民计二十余万户，每户派民骡一头驮运军粮，若不愿当差，每骡折银八两，闻收银八百余万两。兵马经过之地，人民十室九空，及到果洛乎界，则果番早已搬移帐房远避，乃将毗连之良番阿什将族三千家屠杀而归，诱致女王为马麒之玩品，赶来牛马不知几何？并派罚银五百万两，以皮毛折半价计算，不下五六千万矣。又返抵隆务寺，兵马屯扎于寺院，将隆务十二族强迫罚银五万两。此不过举其共知共闻之大端，而其搜求残杀倾家破户者，无日无之，犹难枚举也。

马氏在我番地内特设之苛政

马麒在番地各处设立粮茶局，每食粮一驮收银四钱，每松潘茶一包按其大小收银一两到三两不等，副茶每包收银五钱，皮毛担头税收银无定章，最苛者曰草头税，每户每年派定银三两至五两，但不收现，纯以皮毛折价，浮收盘剥十倍于三，又复变本加厉，以官兼商，收买牛马皮毛，强迫发价。该弟兄二人去年发运天津之皮毛，红利已过二百余万两。马永昌系一营长也，借势夺买羊毛，闻去年得利七十余万两。其余可想而知。呜呼！我番族膏脂已竭，只存蚁命，尚难保留，天之待遇我番民，何其浇薄，而五族一家美谈，何其虚妄也。

马氏近两三年蹂瞒拉寺之冤屈

拉寺教权远跨川甘，僧徒约计五千余名，以寺佛嘉木样呼图克图统掌之属辖大小寺院，共计一百零八座。我番族信仰嘉佛者，不下数十万人。马氏自民国七年剿灭十七族人民后，令马寿在拉寺屯兵二千多名，寺务大小，莫不干涉，佛规僧例，取消殆尽。襄佐、僧官、格贵、更拭卜等职务委任撤换，原我寺主之特权。近两年来，任免统由马寿做主。马寿为人凶横贪残，颠倒黑白，拨弄是非，遇有番民大小事件，则受两造之贿，而案情终无了结者。各番目每月均有氆氇、大马之贡献。若马寿稍不遂意，轻则罚银，重则撤换。去年正月间，马麒由河到拉，该马寿借此机会，派收粮料柴草无数。数百里之人民，背柴送草，稍一缓慢，则鞭打从事，妇女等冰天雪地冻馁死亡者，百十余人。并派各处千百户每人大马一匹，氆氇一匹，元宝一个，限三日要亲送来辕朝拜军帅等谕，番目等只得遵命而行。有卡家头目迟到二日，诬坐案情，匪刑拷打，几致死亡，旋罚银一千两，送到循化县管押。计此行共收礼物合算银约在八万两以上。而马氏犹不满意，令马寿将拉寺僧众诬坐以私买枪马，谋为不轨之罪，罚银十万两，快枪一千支，大马一千匹（枪每支折银一百五十两）。众僧逼于威权，势出无赖，只得拼凑缴纳讫。当凑银时，僧人不计大小，每人摊派银五十两，衣物袈裟变卖尽净，逼迫逃散者约有两千人，逼入福音教登希免苛派差徭者共八百余户。马氏从拉寺满载而回，路经保安隆务寺，又罚派枪马各五百支，限三日内交齐。此去年正月间事也。至六月间班禅大师抵兰，番民纷纷谒拜，嘉佛亦借此进省面诉冤情，而班禅转求甘督关照。甘督遂派员赴宁劝说数次，马麒置若罔闻，要索更繁。导河县汉回官绅，因见嘉佛势成骑虎，屡出调停，而马氏卒未允。从此嘉佛不敢回寺，特恳甘督派兵保护（派马兵三十名），前赴南番募化度日，势逼处此，情非得已，而我番族并未敢有非分之举动也。

马氏最近屠戮拉寺焚烧村庄之惨状

马氏既逼我嘉佛投奔无路，且忌甘督派兵保护，竟敢加甘督以纵奸养恶之词，挟恨仇视，更甚于前。本年三月间，将我拉寺数百年库储宝物器皿，毁夺一空，管库僧人，拷打处死，捉去僧徒，韭刑苛罚。各属番民见嘉佛不能回寺，僧徒不能立足，特约集僧徒千余人，又于四月二十四日冒死往寺保护，讵宁军开火迎击，毙死番民五十余名。二十八日，马麟率带马步兵及回民门夫约过万人，拉来大炮四尊，机关枪四架，由甘家川进兵，猛扑寺院，杀死僧俗千余名，附近十三庄及寺院均被焚掠，并逐杀僧俗男女老弱约近数万人，寺内佛像经卷器具什物，毁掠无存。五月初二日，又进攻桑禾乎帐房，杀死老少数百，抢去牛马羊只无数。初六日，进兵卡家沟，驻麻隆寺，声言要剿尽番族，灭绝佛教云云。此番族之祸方炽，而番族之残命难保者也。

番族之呼号乞援及公愤

番族饮恨，忍痛不敢呼吁者已非一日。去年虽有哭诉班禅转求甘督关照之举，除未生效力外，反演成此次剿办之残剧。现我西南番民四十余族求生不得，唯有誓死抵抗宁军，以期幸免宰割。果洛乎与玉树二十五族及河南郡王属部蒙古族青海十八家王公均已联合一致，誓不为马氏虐政下之子民。若中央政府再不主张公理，不拯救我番民于水火之中，则我番民亦只有自卫自谋，别图生存办法。特此将前后略情沥陈，万恳我。

部院总长设法，速救愚番，维持佛教，免遭灭亡，共享共和幸福，甘边幸甚！大局幸甚！

番族代表拉卜楞寺主嘉木样呼图克图暨

甘边各寺各族千百户头目等泣血公叩

（二）解决拉卜楞案陆洪涛给导河镇守使裴建准的电

导河裴镇使鉴：

顷准成都杨督办阳电开：兰州陆督办勋鉴，据驻松统领谢森隆电称，据关外五十二部落土官等报称，贵省马镇守使与拉布浪寺开衅。该寺活佛飞传墨刻于五十二部落番众，饬其同时起兵助战等语。查川西松潘所辖关外草地诸部落，多与贵省接壤，番众多至数十百万，既经煽惑，保无蠢动，除飞饬该统领督率所部，严为制止，勿许附和蠢动外，相应电请贵处，飞令马使妥为和平处理，免开边衅，实为公感。杨森阳印等因，除电复杨督制止，并呈报中央外，希即迅速订期前往会查为要。

陆洪涛勘印

（三）甘肃省长督办公署为解决拉卜楞案给河州镇守使的委令甘肃省长督办公署委令第八十八号——令委河州镇守使

为令委事，案查前准

北京执政府秘书厅号电开急兰州陆督办鉴：

据狄道拉卜楞各番族领暨番民等电称：宁海马麒，漠视番族，仇害宗教，剥削民膏，十余年来，备遭残害，嘉木样为我番族生死信赖之佛，亦被逐出寺外，现又纵放数千兵马，驻扎拉寺，劫掠神器银物数十万金，搜取殆尽；复捏言番族造反，各处遍抽门丁，言剿番族，远近震恐等语。番众同属国民，岂容虐待，所称如果属实，殊非政府一视同仁之义。除严电该镇使约束兵丁，不得残害番众外，仍希查明制止，奉谕特达，并祈电复。执政府秘书厅号印。等因准此。同日又准内务外交部电同前因，正核办间，复据拉卜楞众番目及番民等代电称大帅钧签：番民屡遭宁海镇毒害，曾迭禀亟救办理，迄已年余，尚不闻有何救法。近因宁军劫掠寺院村庄难堪，番众只得往护，乃二十四日到寺，早经报闻，谅蒙垂鉴。曾奉河州裴军门电令，番众静候调处；西军帮统亦来信勒令勿乱动云云。番众遵候调处，殊中马麒奸计，于二十八日突由西宁开来马步二千余兵，里攻外应，兼有大炮六七尊架，向四方轰击，寺院毁坏不堪，村庄被焚百九十家，番民被枪死伤千余人，劫掠寺院村庄财物难计其数，三千余僧已尽空手逃去，各处人民逃窜者不计其数。番众亦暂退，各将家口移往远方，誓与宁方不能两立。该军驻扎寺内，耀武扬威，目中无人。唯番众遭此戮害，我帅尚无救法乎？或真待彼灭我番族也？祈赐鉴察迅示，不胜迫切待命之至！拉属众番目及番民等共叩等情。据此，业经令委高等检察长张荩臣、凉州镇守使马廷勷、道尹马继祖会同查办在案。兹复准执政府厅蒸电开，兰州陆督办鉴奉交蒙藏院呈称，据嘉木样呼图克图暨各土官电称，宁海镇守使苛虐番民，宁司令马麟带领马步军队三千余人，并大炮机关开火扑杀僧俗一千余人，又逐杀男女老幼数万，焚掠寺庄，蹂躏佛像经卷。且言追剿各番，铲除尽净，祈速施救护等情到院。查西宁拉卜楞寺一带番众向称宁谧，所称如果属实，激动番民关系殊大，应请电令甘督查明制止等因。查此案前据拉卜楞各番族电称，宁海马麒残害劫掠情形，业于六月号日电讯制止在案，兹准前因情词迫切，亟宜从速查明，严行制止，俾免酿成事端，致贻边患。奉谕特达执政府秘书厅蒸印等因到署，除电复执政并令行张检察长暨宁海镇守使、导河保安稽查总公所分别知照外，合亟加委该镇守使，刻即前往，会同前委各员彻底查明，据实呈复，以凭核办，并仰与张检察长等电商定，于何日在何处会齐，以免参差，切切此令。

陆洪涛

中华民国十四年七月二十四日

(四) 甘边藏族向甘肃军务督办冯玉祥将军的乞诉书

具禀甘边拉卜楞佛僧嘉木样委任僧俗总代表黄正清、杨真如、罗占彪暨番族全体，为番族惨遭劫杀，生死含冤，乞念边氓余生，准予撤换，以去贪狼而顺舆情，并乞查明被灾地方及杀伤人数，劫掠财物，彻底究办，责成抵偿，以申公愤而苏民命事。窃查宁海镇守使马麒跋扈之尤，贪残暴戾，尤胜虎狼，自兼蒙番宣慰使职衔以来，如虎生翼，其势愈大，其毒愈烈，兼因其弟马麟、通事马寿为彼爪牙，相助为虐，挟制番民，视同鱼肉，苛派加收，横征暴敛，诸如粮茶局、草头税，军麸军料、僧人丁税，种种名目，层见叠出。历今十年，番民之脂膏已竭，而马麒之贪谋益炽，既寝皮而食肉，复敲骨而吸髓，可怜番民如失牧之牛羊，一任饿虎之咀嚼。最可恨者利用拉寺奸僧黎赞中等相济为虐，表里作奸。该奸僧等欺佛幼稚，既欲夺权，又图谋命。幸佛父黄位中窥破奸谋，保佛外游，漂流异乡，始克脱险全生。该奸僧等乘嘉佛在外，竟将数百年库储一切宝器珍玩，尽数献归马麒，为固彼权位之计。该马麒犹未满欲，复向寺僧干骨取油，苛派快枪一千杆，大马一千匹，快枪每杆折银一百，共折银十万两。寺僧畏惧马麒，已同虎口之羊，屏息听命，除变卖所有交银六万两外，下缺银四万两，一时计穷力竭，束手无策。而马麒贪念正炽，弗予稍减，鞭打敲催，立逼寺僧上告，蒙陆前督体恤番氓，批示准予豁免一切，并指令马麒照旧办理，不得再事苛派，致滋扰累等因在案。番民奉示之下，感颂无地，意谓一经豁免，略有生机。不料马麒藐玩上令，置若罔闻，由此摧敲益急，番民无可支持，饮恨入骨。咸谓斯马曷丧均欲，与之偕亡。然番民之痛恨方深，马麒之残暴愈加。盖马麒久欲并吞番族，独霸西边，早将回军布扎拉寺，并扼四围要道，为今日屠番之地。今夏四月，番民痛佛流离，拥护入寺。孰意马麒借此为由，竟敢擅开兵端，大率部下虎狼之师，进攻拉寺，希图一举灭番，为独霸树威之先声，因将桑库十三庄既黑错九旗、陌务五旗、南番二十四寨地方，次第攻破，焚毁尔院、民屋、帐房，屠杀番民不计其数，劫夺牛马财物数百万之巨，此等惨状，诚千古未有之奇祸。所有该马麒残破地方，屠戮番民，劫夺财畜大概情形，迭经飞电通报在案早在督办洞鉴之中，毋庸赘述。代表等应候查办，曷敢琐渎。但情难已者，代表等于该马麒初次攻破桑库及十三庄地方之后，随即电呈，原欲制止马麒之残杀，而救番民于九死之余，已蒙

中央电示，饬由陆前督委员查办。无如马麒目无中央，抗拒上令，并敢藐视陆督，不服查办。于奉命四五日内，复将黑错、陌务暨南番一带，一律洗荡，寺院民庄，酿成一片焦土，杀伤人民，七千有奇。其冒死脱难者，皆系虎口余生，无家可归，现俱随佛逃难异乡。拉寺三千七百僧徒，除逃亡不计外，所剩无几，仍被马麒大军围困在内，断绝四路粮运，已成釜中之鱼，延颈待毙。惨矣哉！番民处此求生无门，求死无路之际，适逢督办莅甘之幸。遐迩番民，额手称庆，咸怀来苏之望，意谓殄除权要，拯救灾黎，申冤雪耻，在此一举。不意马麒胆大包天，竟敢乘机招谣，向各寺、各庄，公然派款，扬言新督荣升，例应送礼，复将拉寺大小库储，凡稍有价值之物，尽数席卷，不留一线，苛派之数，不下巨万。似此破坏督办清声，实属罪大恶极。代表等此冒死来辕，泣诉冤情，所以要求之要旨有二：一、国家不惜廉俸，设官养兵，原为保卫民命。今该马麒镇守宁海已十余年，迄未调换，竟将国家之官职，视同私人固有之地位，一味把持不舍，且敢仇视番民，脂膏任其揭取，性命任其残杀，地方任其残破，番民何辜，受此荼毒，殊非国家设官卫民之美意，若不另行撤换，窃恐番民如失牧之牛羊，终供虎狼之一饱；二、马麒无故私动官军，擅杀番民，多至万命，焚毁民庄寺院，不可算数，劫夺牛马

财物，数百万之多，若不依法抵偿，何以彰国法而伸民屈。代表等据此理由，冒死上禀，伏乞

督办电怜做主，准予彻底严办，以伸公愤，而昭奇冤，并请迅予撤换，以顺舆情，而苏民命，则番民全体生者戴德，死者卸结，永感再造于没世矣！临禀不胜迫切待命之至！谨禀督办甘肃军务善后事宜

冯

（五）甘边藏民向冯玉祥、刘郁芬的请愿书

为请愿事，窃自民国六年至十四年，甘边藏民继续受宁海镇守使马麒之惨杀，焚毁寺院，劫掠村庄，妇孺老弱之无辜被戮者计六七千人。如此巨大之悬案，迁延至今，不特无相当之解决，而此一年来，马麒对于藏民之压迫行为，未稍敛戢，拉卜楞一带派重兵逻扑，四出骚扰村寺，使流离失所之藏民抛妻弃子，露栖于黄河以南之草地，呼天无门，呼地不应，我藏民之痛苦遂至于此？代表等认此事为一重大之政治问题，如果长此迁延，不有公正之解决，恐藏民对于省方必致渐失其信仰，其影响于国家前途实不能以言喻。

当清末叶，达赖喇嘛因受清廷官吏之压迫，遂至生携贰之心，弃其祖国而投奔于英帝国主义，迄今拉萨政权已全在英帝国主义之手。班禅喇嘛被迫而走北京，故今日前后两藏已为国家瓯脱之地。近者英帝国主义复派人到川边果洛乎地方之藏民部落暗地煽感，谓汝等受马麒压迫，而政府置之不理，莫如与达赖一致，受大英帝国主义之保护，为可免除痛苦也。当时幸甘川藏民之领袖派人前往晓谕，始恍然大悟。若马麒必从欺压藏民为得计，而继续加以摧残，则藏民铤而走险，弃其祖国而求托庇于英帝国主义旗帜之下，自为意中之事。试问：尔时马麒是若能负此事之责任？

夫五族平等为中华民国立国原则。马麒无论如何其行动绝无违反此原则之权威。藏民之知识固属幼稚，人唯觉其可怜，必须力谋提携之以前进。乃马麒则以此为可欺，而肆力于敲剥摧残。吾人对于马麒甚愿剀切劝谕，使之幡然觉悟。须知一个民族，决非可以武力征服者。满清之淫威如何？而武昌起义以二百余人而推倒其二百余年之基业。马麒自视其力何如清朝皇帝？而必欲一意孤行，自作武力征服弱小民族之春梦也！盖用武力以残杀弱小之民族，无论其为有血性人所不屑为，而公理人道宁无可伸之日？此特马麒逞一时之快而已！

代表等对于此事之主张，以为马麒以官吏而残杀人民，当然负此事之完全责任。唯代表等以为此事之先决问题，必须马麒先将驻扎拉卜楞之军队全部退出。否则，马麒压迫藏民之行为尚未终结，何从讨论此事之结果。盖拉卜楞为甘边藏民集合最多之处，马麒之军队一日在拉，则藏民一日不敢归拉，试问今日流离冻馁而死者与曩日死于炮火枪弹者有何分别？总司令本救国救民之旨，对于此事纵不能使藏民沉海之冤立时申雪，然对于马麒继续压迫藏民之行为不加制止，何以慰藏民一线之望！且拉卜楞在历史上本为河州属地，马麒本无驻兵之权，且国家军队之驻扎任何地方，必有两种意义，今日驻扎拉卜楞之马麒军队，固不能谓为防御外侮，若云维持治安，则拉卜楞人民所受马麒之“佳惠”，唯有焚劫与惨杀藏民。因马麒军队之驻扎已成有家难归之势，即附近藏民亦时时在危岌之中，尚何论维持治安。总之，马麒及其军队已为此案之当事人，如果国法尚有丝毫存在，则马麒之军队自当立刻退出扰事地点。否则，蛮横跋扈者可以杀人而无限制，人民之生命全无保障，人世间宁尚有公理可言？此代表等关于此点宁所以必欲誓死力争者也。

代表等按本党主义——国内民族一律平等之原则，认此事关系国家前途至为重大，恳请总司令主持正义，俯念下情，使此事早日求得公平解决。此藏民之幸，亦国家之幸也。特此呈请

总指挥 赐予援助，不胜惶恐待命之至。谨呈

总司令

总指挥 刘

总司令 冯

中华民国十五年十一月 日

(六) 解决拉卜楞案件刘郁芬给黄位中的电报——附解决拉卜楞案件条件

黄代表位中等均鉴：

日前贾代表宗周返省，备述活佛及番民等拥护省政府之至诚，并对于拉案决议各事，极表赞同，毫无异词。足见番民素被佛化，深明大义，引领西向，无任感慰。嗣接代电，雒诵回环，觉其陈词痛切，苦心重重，诚有不能已于言者，唯前解决拉案中有设立设治局一项，文内说明绝不妨害佛权，则佛权之行使，自不至受何等限制。而驮子税之抽收，既系向例，理宜仍旧。至宁海军之撤留，拉案解决时已有规定，自应按照办理，以免再生异议。唯所云奸人挑播，散布谣言，已经证明，当可冰释。此后仍望剀切晓谕番民，切勿轻信谣琢，妄生事端，不胜切盼。拉案解决各件，逐条注明，一并缮寄，到时查收备案，是为至要。刘郁芬齐印。附解决拉卜楞案件一纸

中华民国十六年二月八日发

解决拉卜楞案条件

一、嘉木样活佛回拉卜楞寺日期

十六年六月一日以前，嘉木样活佛回拉卜楞寺。

二、拉卜楞驻兵问题

西宁镇驻拉卜楞队伍于十六年三月一日以前，留驻

步兵一连（官兵五十员名），增驻保安队一队（官兵一百员名）。

三、拉卜楞设立设治局

拉卜楞地方设立设治局，唯设治局局长之权限，绝对不妨害佛权；

设治局局长兼军法官，由省政府委任之，负责维持该地驻军军纪风纪之责；

设治局局长有监察该地税收之权；

设治局之隶属与县同；

设治局之管辖区域，由局长到任三月，考查地面情形，专案呈请省政府规定。

四、设治局及保安队经费问题

设治局及保安队所有经费，暂由财政厅筹给。待设治局成立后，该局及保安队经费即由当地收入项下坐支。

（七）藏民文化促进会组织大纲

一、本会定名藏民文化促进会。

二、本会之宗旨，在于提高藏民文化，使得与国内各民族有平等之地位；更进而与国内民族共同奋斗，要求中国民族国际地位上之平等。

三、总会设执行委员九人，分会设执行委员五人，组织委员会，执行本会一切事宜。各委员会由委员互推一人为主席委员，召集开会，并为开会时主席。

四、各委员会为办事便利计，得分立三部，由委员互推三人或指派会员三人主持之。

甲，宣传部　掌理本会对外对内一切宣传事宜。

乙，建设部　掌理本会文化上一切建设事宜。

丙，调查部 掌理本会一切调查事宜。

以上三部各设部长一人，根据各执行委员会之决议进行各部之任务。

五、各委员会设书记一人，掌理一切文件；会计一人掌理一切出纳。

六、中国国内不论何人，对于本会之宗旨表示深切之同情，而经本会委员会之许可者，皆得为本会之会员。

七、本会总会暂设兰州。其他藏民集居之处，总会认有必要时皆得设立分会。

八、各分会对于总会之议决案及通告须切实执行。

九、各委员会每周开会一次，但有特别事故时，得由各主席委员随时召集之。

十、本会每年开大会一次，决议本会一切进行事宜，并改选总会执行委员，各分会皆须推派代表出席，其开会执行委员会召集之。

十一、本会之经费，由会员向各方募集之。

十二、各委员会之各部办事细则，由各部自行订定。

十三、本会组织大纲有不完妥时，于在大会时提出增改之。

(八) 拉卜楞藏民文化促进会组织章程

第一章 总 则

第一条 本章程依据人民团体组织方案原则制定之。

第二条 本会定名为拉卜楞藏民文化促进会。

第三条 本会为促进藏民文化，实施普及教育，发扬民族精神，刷新民族思想及改善风俗习惯为宗旨。

第四条 本会会址设于夏河县大麦街。

第二章　任　务

第五条　本会将设藏民各级学校，并办理文化事业及有关藏民各种切要问题之研究。

第六条　本会对于左列事项，应商请政府及教育机关协助切实进行。

一、关于公共图书室、阅报室及教育馆之设置；

二、关于公共娱乐之举办；

三、关于藏民乡村教育之推进。

第七条　本会应答复政府及教育机关之咨询，并接受其委托。

第八条　本会得就有关藏民教育及文化事业发达之改良，建议于中央或地区政府。

第三章　会　员

第九条　凡熟悉藏文藏情，热心扶助藏民教育及文化事业者，不分宗教、种族、性别，得本会基本会员二人介绍，经理事会通过，均可为本会会员。

第十条　本会会员均得出席本会会员大会。

第十一条　会员出会时，应具出会声明书申述理由，经本会核准。

第十二条　会员有违犯本会章程决议或有其他不法情事，致妨害本会名誉信用者，得经会员大会决议将其除名。

第十三条　会员出会或除名时须缴还一切凭证。

第四章　组织及职权

第十四条　本会设理事五人至九人，监事三人至五人，候补理事三人，候补监事二人，由会员大会选举之。

第十五条　理事组织理事会，其职权如左：

一、处理本会会务；

二、召集会员大会并执行其决议案；

三、对外代表本会；

四、接纳及采行会员之建议。

第十六条　理事会设常务理事三人，处理会内日常事务，由理事互推任之。

第十七条　理事会之下分设左列各股，办理本会一切事务。每股设主任一人，由理事会聘任之。

一、总务股掌理文书、教育、庶务、收发、保管及不属其他各股事宜；

二、会计股掌理经费收支、预算决算及报销事项；

三、宣传股掌理训练、登记、调查、统计、刊物、通信及其他文化事业事项。

第十八条　监事组织监事会及其职权如左：

一、审核本会簿记账目；

二、稽查会务进行状况；

三、监察各职员职务。

第十九条　监事会得由监事互推常务监事一人，处理日常事务。

第二十条　本会视事务之繁简，得酌用股员及办事员共一十人。

第二十一条　本会选举之职员为无给职，任期二年，得选连任。

第二十二条　本会职员于左列各款情事之一者应即解任：

一、因不得已事由经会员大会议决准其辞职者；

二、旷废职务经会员大会议决令其退职者；

三、职务上违背法令，营私舞弊或其他重大不正当行为，经会员大会议决令其退职者；

四、褫夺公权尚未复权者；

五、有反革命行为经判决确定者。

第五章　会　议

第二十三条　本会会员大会每年开会两次，理事会、监事会认为必要或经会员三分之一以上之请求时得召集临时大会。

第二十四条　理事会每一月开会一次，监事会何两月开会一次，必要时得开临时会议。

第二十五条　理事会、监事会开会时，候补理事、候补监事均得分别列席，如该会议如遇理事缺额时，并得分别依次递补，有临时表决权。

第二十六条　会员大会、理事会、监事会均以过半数之出席方得开会，出席过半数之同意方得决议。

第二十七条　本会各种会议规则另定之。

第六章　经　费

第二十八条　本会经费除政府补助及牲畜佣外，必要时或募集特别捐。

第二十九条　本会经费收支数目每一月公布一次。

第七章　附　则

第三十条　本会办事细则另定之。

第三十一条　本章程如有未尽事宜，由会员大会议决，呈经省党部及教育厅核准修改之。

第三十二条　本章程呈经省党部、教育厅核准备案施行。

中华民国二十四年二月二十五日

（九）拉卜楞藏民文促进会组织概况表

<table>
<tr><td>沿革</td><td colspan="18">民国十三年，因地方与驻军发生冲突，嘉佛及绅耆赴兰请愿。并鉴于藏族文化落后，方定于十五年五月二日在兰成立本会，公推黄正清为会长，邵光宇、杨真如、罗占彪、黄祥等为会员。斯时，侨居兰垣组织较为简单。至十六年拉邑改立设治局，地方平静，十月间迁移来拉，十一月七日，假下他哇民房一院，成立永久会于拉卜楞，各头目亦参加于本会；并于八月附设初级小学校一处，以为推进文化之根本工作。唯会与学校之经费无着，除向各方募捐外，由会长以私人财力维持至二十年春，复移至教育局办公。二十一年三月一日，呈准本地牲畜行佣归本会接办，经费方面稍有补益。二十四年春，同人等深知组织不完，并不合中央颁发文化团体方案，呈请省党部许可，加以改组完竣，筹建会址及附设校舍。二十五年春，新址略具规模，即移新址。计创立迄今，已十有二年，除建永久会址及办理完全小学一处外，因限于经济，未达计划于万一</td></tr>
<tr><td colspan="2">成立及改组年月</td><td colspan="17">民国十五年五月三日成立、二十四年五月十三日改组</td></tr>
<tr><td rowspan="3">负责人</td><td>姓名</td><td>黄正清</td><td>邵光宇</td><td>李育栋</td><td>张文辉</td><td>丁明德</td><td>黄祥</td><td>张建中</td><td>杨俊德</td><td>马达吉</td><td>谢国光</td><td>杨真如</td><td>黄正本</td><td>黄正奎</td><td>张恒</td><td>赵克强</td><td>王慈成</td><td>李虎臣</td></tr>
<tr><td>职务</td><td>常务理事</td><td></td><td></td><td>理事</td><td></td><td></td><td></td><td></td><td></td><td>候补监事</td><td>常务理事</td><td>监事</td><td></td><td></td><td></td><td>候补监事</td><td></td></tr>
<tr><td>族别</td><td>藏</td><td>汉</td><td>汉</td><td>汉</td><td>汉</td><td>藏</td><td>汉</td><td>汉</td><td>藏</td><td>藏</td><td>藏</td><td>藏</td><td>汉</td><td>汉</td><td>汉</td><td>藏</td><td>藏</td></tr>
<tr><td>工作概况</td><td colspan="18">十六年成立初级小学一处。二十二年改为完全小学。二十四年起至二十七年建设会址，计会议室五间，办公室三间，洋式门一座，及附校教室二座，学生宿舍八间，阅览室、成绩室、图书馆、游艺室、储藏室、标本室、仪器室各三间，教员室八间、饭厅四间、厨房三间、储藏室四间、柴炭室四间、学校办公室三间、运动场一所</td></tr>
<tr><td rowspan="2">经费</td><td>数目</td><td colspan="17">4600 元</td></tr>
<tr><td>来源</td><td colspan="17">由本地牲畜行佣抽收</td></tr>
<tr><td rowspan="3">会员</td><td>党员</td><td colspan="17">12</td></tr>
<tr><td>非党员</td><td colspan="17">62</td></tr>
<tr><td>总数</td><td colspan="17">74</td></tr>
<tr><td colspan="2">指导党部</td><td colspan="17">甘肃省党部</td></tr>
<tr><td colspan="2">许可证号数</td><td colspan="17">人民团体组织许可证书民字第拾号</td></tr>
<tr><td colspan="2">备案机关</td><td colspan="17">甘肃省政府</td></tr>
<tr><td colspan="2">将来计划</td><td colspan="17">拟设立教育馆、图书馆、印刷室，及办汉、藏合璧小报，并在阿木去乎、沙沟、黑错各设初级小学一处</td></tr>
</table>

二十七年三月六日制

本文选自甘南州政协文史资料研究会：《甘南文史资料选辑》，第三辑，1984 年 7 月。

黄正清捐赠三十架飞机支援抗日战争

陈乐道　王禄明

拉卜楞寺位于甘肃夏河县，是藏传佛教格鲁派在甘肃、青海、四川一带的活动中心。寺院最早建于清康熙四十八年（1709年），它不仅因藏传佛教圣地而著称，而且以热心兴办民族教育和爱我中华扬名海内外。

1937年7月7日，卢沟桥事变爆发，日本帝国主义发动全面侵华战争，国共合作，举国动员，同仇敌忾，共赴国难。

日本图谋利用中国多民族多宗教信仰的特点进行民族分化活动。在宣传抗战救国的活动中，作为爱国民族宗教人士，黄正清发挥了独特的作用。

1937年冬天，由拉卜楞寺和所属一百零八寺组织了一个二十余人的慰劳前方将士代表团，由黄正清之弟黄正基为团长，制作了八面锦旗，携带大批慰劳品，先到重庆，向蒋介石致敬；然后分赴各个战区，进行慰劳，直到次年秋季才返回拉卜楞寺。那时交通很不方便，加上战争影响，代表团将近一年的辗转奔波，十分辛苦。黄正基竟因劳顿过度，身染重病，医治无效而去世，年仅28岁。

1935年4月7日，黄正清参加“蒙回藏族联合慰劳抗战将士代表团”，与蒙古、新疆、藏、康等地区14位少数民族代表发表

《敬告全国抗战将士书》，以激励士气。嘉木样五世在抗战初期赴西藏拉萨学法时，曾“念经敬斋，祈祷抗战胜利”，回到拉卜楞寺后，不断向僧俗揭露日军暴行，倡导团结抗战，对于稳定安多地区的广大藏族人民，起了积极作用。

特别是 1944 年，蒋介石在全国发动抗战捐献运动。是年，黄正清组织拉卜楞致敬团，亲自担任团长，带领辖区内头领四五十人，其中包括其弟阿莽仓活佛，以及那格仓活佛、黄祥、康万青等，1 月 5 日到达重庆。9 日上午，黄正清率代表团 26 人参加中央训练团高级班开学典礼仪式，觐见蒋介石，并捐献飞机 30 架（每架 3 万元），支援抗战。

蒋介石对他们的爱国热情大加赞赏，号召各族同胞发挥“爱护国家之热忱，团结一致，同心协力”，以完成抗战大业。随后，黄正清发表致辞：“伏恳提掖草地民胞，扶植自治，展进边区政治、经济、文化、建设，以提高国民知识，改进国民生活水准，臻诸进化之域”（《中央日报》1944 年 1 月 10 日第 2 版）。同时，重庆各大学邀请黄正清前往演讲，他向广大师生表达了安多藏族的抗日爱国感情，当时，《中央日报》等各大报纸都做了报道，在国内外产生了广泛影响。

为了表彰五世嘉木样和黄正清的这一抗日爱国举动，国民政府任命嘉木样五世为蒙藏委员会委员，黄正清为军事参议院少将参议，并于 1946 年赐“输财卫国”匾额一块，至今仍保存在夏河拉卜楞寺。

本文原载甘肃省档案馆编：《晚清以来甘肃印象》，兰州，敦煌文艺出版社，2008；选自黄选平主编：《陇原抗战烽火—甘肃抗战史料选编》，兰州，甘肃文化出版社，2015。

回忆我在西北大厦觐见彭德怀总司令的经过

扎古录·康主　口述　　格日才让　整理[①]

1949年5月，西安解放。7月，中国人民解放军以排山倒海之势，向西北长驱直入，所向披靡。8月，兰州宣告解放。8月底，卓尼土司衙门委任我为善扎旗总管，我前往卓尼衙门报到并取“噶书”（即委任状）。这时卓尼土司衙门对外采取观察时局、伺机行事的态度，但为防范军阀鲁大昌的偷袭，集中口外四旗藏兵（即车巴旗、迭当善扎旗、桑旺盆地别力达加旗、北山旗）两千余人在素布娄（今老虎湾）守防待命。

9月9日，杨复兴率洮岷路保安司令部参谋长杨生华，团长杨景华、雷兆祥、赵国璋，参谋张志平，副官陈世昌和头目乔都盖以及部分旗长、总管、司令部官员前往岷县与岷县周祥初联合起义。9月11日，在岷县中学礼堂召开起义部队排以上军官参加的大会，正式宣布起义。

9月13日，从岷县返回卓尼时，我们口外四旗的大小总管前往岷县野狐桥迎接，四旗的两千余藏兵在卓尼上卓尼梁等候，到

---

① 康主，甘肃省卓尼县扎古录镇人，民国时期卓尼善扎旗总管，农民。中华人民共和国成立后，担任卓尼县政协第一至十二届委员会委员（九、十届常委），已故。格日才让，政协卓尼县委员会文化文史资料和学习委员会主任。

达卓尼时受到卓尼民兵司令部全体官员、设治局全体职员、学校师生、寺院僧人和其他各旗藏兵的夹道欢迎。

9月14日，在禅定寺召开了千人庆祝大会，卓尼四十八旗总管、旗长、头人和各旗藏兵均参加了大会，宣告卓尼和平起义。

卓尼和平起义后，四十八旗总管、旗长、头人和各旗藏兵驻扎卓尼，在绍藏村附近进行军事演练和骑兵赛马。9月20日，各旗藏兵陆续返回。洮岷路保安司令部从各旗总管、旗长、头人中调选年轻精干、资格阅历深的人员，准备觐见第一野战军司令员彭德怀将军。我当时28岁，所以被洮岷路保安司令部选中，和我一同选中的除洮岷路保安司令部司令杨复兴，高参秘书杨生华，团长杨景华、雷兆祥、赵国璋，参谋张志平，副官陈世昌和禅定寺头目乔都盖等外，还有卓尼·贡布丹珠（即杨国华）、甘藏·云次瑞（即杨积德），口外四旗的有车巴沟尼巴村的阿扎日措、尕乍村的喇嘛肖、石矿村的贡布扎西、当尕村的班玛次旦、善扎塔扎村的才华道知（即杨才华）、桑旺盆地旗沙冒后村的西赛旺德、北山旗才目车村的桑吉、勺哇村的石旦巴等总共22人。还有一些人现在记不起来了。

我们一行于1949年农历八月十二日从卓尼出发，乘坐一辆解放牌卡车，当夜住宿于岷县木材商杨老板旅店，卓尼贡布丹珠、甘藏云次瑞等四人是杨复兴的警卫，杨复兴与杨老板关系甚密，像兄弟一样，所以杨老板对我们十分热情。杨老板在岷县县城不仅有旅馆、商店、饭馆，而且还有一个窑子店，他的钱财来源主要靠木材和窑子店的收入。13日，天还没有亮，我们就起程上路了，经过一天的颠簸，傍晚时到达了兰州，住在兰州的西北大厦。西北大厦是当时兰州最豪华的建筑，位于兰州城外北山坡上，两层楼房。

我们一行入住西北大厦后，天天盼望着彭总的莅临，可是等了十几天还是没来。夏河方面也有阿巴阿洛（黄正清）为代表的

38 人和我们一样，等待彭总的莅临，不过夏河的 38 人中 18 人是唱歌跳舞的男女演员。我们两地的人都住在西北大厦。大约是农历八月底公历 9 月 20 日，有消息说，今天大家不要去上街，彭老总今天到呢。于是，工作人员给我们送来了很多鲜艳的塑料花，每人两束，分发给所有的觐见人员。中午十二点左右，来了一架直升机，真是彭总乘坐的专机。我们卓尼、夏河两地的全体觐见人员手持鲜花站在大厦门口的马路两边，夹道欢迎乘坐小车的彭老总。彭老总中等身材，年约五十，两眼炯炯有神，神采奕奕，当天随同的还有贺龙、习仲勋、甘泗淇、张德生、范明等领导，彭德怀的食宿也安排在西北大厦。当天中午一点左右，未来得及休息的彭老总邀请我们参加了座谈会（其实是宴会），宴会厅里排着长长的“一”字形桌子，长十几米，上面摆满了名烟好酒和各种果糖，桌子的两边坐着所有觐见彭总的卓尼、夏河两地人员，彭总莅临宴会后，坐在下方，很谦虚地说：“你们的到来，我表示感谢，都是第一次见面，从前日本帝国主义及国民党八百万军队已经彻底消灭，西北还打垮了马家军，现在基本上没有敌人了，天下比以前更平安了，既然大家都来了，就不要急于回家，在兰州逗留两三个月学习党的政策。”同时，彭总还反复强调：国内各民族一律平等，各民族要互相信任，要团结起来，共同走社会主义道路，建设新中国。并勉励我们今后要好好学习党的政策，和党合作共事，树立为人民服务的思想。他对我们的到来一再给予表扬，并向我们全体觐见人员敬酒碰杯。

在觐见中彭总对杨复兴率部起义的明智之举，给予了高度的评价，并回忆起他当年跟随毛主席中央红军主力团长征路过杨土司辖区迭部，得到土司暗中开仓让道的事情，不胜感慨。当他得知曾经支援过他们的老土司杨积庆以“私通红军”等罪名死于非命时，深表惋惜；得知杨复兴是杨积庆的儿子，并率部和平起义，看到他还很年轻时，勉励杨复兴努力学习，为党为人民勤奋工作，并委托在座的一野联络部长范明同志负责关心杨复兴的学习、工作等事宜。

宴会结束之际，我们拿着本子请彭总题字、签名作为纪念。他又强调说：今后的工作需要你们，离不开你们，所以你们都不要急于回家，在兰州多留一段时间，学习党的政策。宴会结束，他将要离开西北大厦时，我们手持鲜花在马路两边夹道欢送。杨复兴司令和黄正清司令与彭总双手紧握，依依惜别，不一会儿，彭总乘机返回。

彭老总离兰后的第三天，我们卓尼觐见代表中的杨复兴、杨生华和夏河觐见代表中的阿巴阿洛（黄正清）等同志，参加了西北大厦革命大学举办的第三期藏民问题学习班，我们其余的人就搬迁至马家花园。马家花园是一所学校，我们在马家花园学习了近一个月，约在农历九月初回到了卓尼。

彭总是我一生中所见到的职务最高的官员之一，五十多年过去了，在西北大厦觐见彭总司令的一幕至今仍记忆犹新，有些细节历历在目。

本文选自《卓尼文史资料选辑》，第九辑，2016年9月。

甘南人物

杨积庆从封建土司到“革命烈士”的果敢事迹

李宗宪[①]

1935年9月，中国工农红军（一方面军）及1936年8—9月（二、四方面军）先后途经卓尼十九代土司杨积庆辖区迭部境内，行程约二百八十公里，他们不但丝毫未受到杨部藏兵的阻击，而且还以优礼相待，例如主动撤退藏兵，开仓供粮，抢修栈道，提供干练向导，指引行军路线、攻克天险腊子口，为实现红军北上抗日的战略方针做出了重大的贡献，立下了难以磨灭的功绩。

但是，长期以来，却对杨积庆支援红军的功绩未能给予充分的肯定，并给记载这一段历史注成是非不清，究其根底，不外乎有两种原因：一方面是“左”的“唯成分论”“阶级斗争论”造成的对民族中上层人士的不信任。另一方面是杨积庆终被残害，许多知情者皆故去，矢口无证，具体情节鲜为人知，其间还潜藏着一种偏颇观点。即临、卓两县历史上同属洮州，在民国初期，同属临潭县，但县长管不着土司，况且土司在军事上又是洮岷路保安司令，大少爷杨琨又是甘边番兵警备司令，又管临潭军务，政治关系、民族关系就这样错综复杂，加之杨积庆内外树敌较多，

① 李宗宪，甘肃省临潭县流顺乡人，民国时期卓尼设治局文书，卓尼起义投诚人员。

遂造成褒贬不公，功过看法因之是非莫辩。

20 世纪 80 年代以来，由于编写民族问题五种丛书，编修州、县地方志，收集研究党史资料，所以对这一段历史不可避免地成为让人反思的一大题目。在其他同志调查的基础上，甘南州志办公室、迭部县委党史办等同仁又一次赶赴迭部县，沿当年红军所走过的路程，做了一次很认真的实地考察，并通过当年一些健在的知情人、当事人、流落老红军及迭部县志办、党史办和县、乡领导同志等座谈，调查结果，进一步证实了历史遗迹的可信性。

首先略谈迭部这块地方：

迭部在本州南部，白龙江横贯全境，迭山横亘北半部，岷山纵列南半部，故与川北山水相连。白龙江在境内流程 110 余公里，流程面积 4202 平方公里，主要支流有达拉沟河（上游称包座河，源出四川）、益哇沟河、哇巴沟河、腊子河、多力禾沟河、安子沟河等，全境自然形成崇山峻岭，原始森林茂密，虽云山大沟深，气候却甚宜人。

迭部是祖国内地经由陇南山地通往青、康、藏广大地区和西北通往大西南的交通要道，也是甘、青、川、康藏族聚居区通向内地汉族地区的门户。

明朝永乐年间吐蕃噶氏之后裔姜太（史称些地）“率叠番达拉等族内附”，封些地为世袭指挥佥事兼武德将军赐姓杨，从此便成为卓尼杨土司之先祖。迭部地区因之成为洮州卫卓尼土司领地，继而以军事征服和宗教“驯服”两种手段，在迭部原有部落的基础上建立了上迭六个“旗”，下迭八个“旗”的基层政权，选派常宪总管征收旗民粮款，并在曹日、崔古修有粮仓两处，供其囤积食粮。

红军长征过甘南时，正值杨家十九代土司杨积庆统辖斯地，他自 1902 年承袭土司职权以后，一直延聘地方汉族文人为其幕僚。其中充任过红笔师爷的计有牛慧远（阿子滩乡那子卡人），高凤西（临潭南乡人）；给他当过参谋的有刘寿南、李棣如、寇风林等受过“孔孟之道”的影响较深。同时，他又处在中国社会急剧向半封建半殖民地化演变，旧民主主义向新民主主义转变时期，受大革命洪流的冲击，中国共产党和它所领导的中国工农红军北上抗日的浩然正气的激励，使他接受了一定的民主主义的思想，但是杨积庆本人毕竟还是一位封建土司，而且是一个受封已有五百多年历史，传承十九代的地方统治者，由于阶级的局限和各种条件的制约，他不可能在当时的历史条件下成为一个“革命家”，所以他的基本方针还是“守土自保”。“守土”就是守住历代土司开创、开拓，政治、军事、宗教三位一体的卓尼土司衙门所节制的内十二“掌尕”、外四“掌尕”、四十八“旗”，一万余平方公里“杨家地盘”，不受异族或异部的侵犯；“自保”就是保着自些地以来五百余年的封建统治，既不被蒋家王朝“改土归流”，也不被军阀（鲁大昌）吃掉，其间自然包括不能被共产党“赤化”。

卓尼杨土司从明代直至清末，“一遇调遣，则备马裹粮，奔走效命”，所以“西北边防、实甚赖之”（见《洮州厅志卷十六·番族》）。故而避过了清末和民国时期“改土归流”的政治风暴。

民国初年，甘肃省议会以“封建土司与共和制度相悖”为由，拟“改土归流”，但因政局不稳，此决议案在卓尼终未得实施。刘郁芬（甘肃督办）驻甘时，由于杨能随机应变，终于化险为夷，故而又避过了一次灭顶之灾。20世纪20年代后期，他又不遗余力地按照冯玉祥、刘郁芬等人的计谋行事，并尽量投其所好，所以“取缔封建”之议，又付诸东流。

红军长征到川北阿西、巴西、包座时，毋庸置疑，土司杨积庆是非常恐慌的；深恐自己的“王道乐土”骤然变成“赤色世界”，于是他急令驻兰办事处王佐卿处长打探红军动向，并讨取“应变策略”，他征得有关人士的献策后，审慎权衡利害，蒋介石集中数十万精锐兵力前堵后追，未能消灭红军；区区卓尼些许藏兵，既缺少武器，又未受正规训练的数千乌合之众，岂是红军对手？前车之鉴已经很多，如欲抗击，必然定使土司政权毁于一旦；若不堵截，国民党中央及甘肃当局岂不追究责任？军阀鲁大昌、马步芳岂不以“通共”为“罪”名加罪于己？处此左右为难的夹缝中，欲求企冀自存，他得出的“锦囊妙计”就是既不与长征红军摆阵硬拼，又得做出一副如临大敌的“架势”或虚张声势，以接触“告捷”的姿态迷惑其上司与周围反动势力，这便是杨积庆土司对待红军的主要“策略”。

但是根据多年来在各地调查的情况来看，土司杨积庆在对待红军的态度，实际上要积极得多，现将各种情况归纳如下：

（一）一九三五年先后曾任司令部驻兰办事处处长王佐卿回忆说：“红军在川北时，老司令（即杨积庆）曾派心腹来兰征询对策”。由于王佐卿素与当时国民党陆军新编第一军（军长邓宝珊）参谋长——国民党爱国将领续范亭将军过从甚密，遂曾直言讨问计策，续范亭故指出：“红军是抗日义军，北上抗日，正气浩然，为全国人民（反动派例外）所景仰，只可支援，绝不可为敌。”土司得到此信后，便密召参谋刘寿南（因与杨系姑表，又是洪帮大爷）找到熟悉迭部情况的刘得胜（字有风），化装成藏族人，急赴甘川交界处。又据林伯渠回忆：“红一方面军行至甘、川交界处时，杨土司派刘有风来迎，并指出杨土司粮仓所在地（指崔古、曹日）。”

（二）据土司的洮岷路保安司令部书记官吴国屏在《我所知道的给红军供粮的回忆》（卓尼党史资料征集办公室整理、油印件）也表明红四方面军进入迭部前，下迭掌宪杨景华曾派心腹玉禄、苏奴吾子来送信，请询对红军抱何态度。土司回复：“不要堵击，开仓避之。”故给红四方面军过境在迭逗留十多天，全用曹日仓粮接济，吃掉二三十万斤。

（三）据卓尼县原任政协副主席杨佐清调查获知：红军在进入迭部前，忽一天博峪衙门中来了三个骑马商人装扮的求见土司，接见后谈不多时，商人装扮的便掏出一封信交与土司，土司为了严防泄密起见，当即喝退随身警卫人员，并引商人装扮者进入内室密谈，熟知这三位商人装扮的人，气宇轩昂，谈吐非凡，谈话时间较久。在离别时杨土司一直亲送到大门外（通常送客只呼声“送客”，自己绝不移步，即使是素来相交熟人也只能送到客厅门口，这次竟破例送到大门外）。因此，引起属员大多怀疑来人不比寻常。此后过了不多时间，土司让他手下亲信杨公布速去迭部曹日粮仓传送密信，不久时间红军到了，粮仓上的存粮，都让红军吃了。

（四）又据解放前曾任临潭县电报局长马思芬谈：“红军过境时，临潭新城李棣如是卓尼杨土司的参谋长、红笔师爷，此人善操文墨，足智多谋，当时年近六旬，正是运筹帷幄的高峰时期。”因李与马情关至戚，李曾对马说：“红军行军上万里，国民党数十万大军时在前堵后追，未能消灭得了，这是天意！”我们还能堵得住吗？何况红军的装备、给养虽非常困难，就是不去抢老百姓的财物，真是奇闻，一定会成大事。后来朱德、徐向前部队到迭部后，杨土司选派了一个久居车巴沟贡巴寺的河西汉人，谓称贡巴嘉，从卓尼一气驰赴迭部麻牙，给红军送信，接洽之后，红军部队很赞赏并给贡巴嘉赠送了礼品。

（五）卓尼县商会原理事长李斌（字子全）回忆说，1949 年 9 月（民国三十八年）在兰州西北大厦承应西北野战军高级将领接见卓尼各界代表时，一野司令员彭德怀曾问他：“有个杨土司，杨积庆来了没有？”驻兰办的姚天骥处长回答说：“没有了。”彭又问：“怎么没有的？”姚答：“1937 年内部哗变中牺牲的。”彭德怀啊呀一声，惋惜地说：“可惜！可惜！我没有遇到。”姚便紧接着介绍了杨复兴。彭拉住杨的手说：“可惜你的父亲了，毛主席和周总理还叫我多多询问呢。”1950 年杨复兴到北京还受到毛主席和周总理二位国家领导人的接见。

（六）吴国屏补充：1950 年 9 月下旬，中央派慰问团携带周总理的信来卓慰问，信的大意是“红军长征时，杨土司开仓供粮，接济红军，解决了困难，特表示感谢”云云。同时给杨复兴送了红色和紫色缎子四匹，毛主席的丝制绣像一幅；给杨景华、雷兆祥、赵国璋三位团长各送丝质西湖风景绣像一幅、金笔、笔记本和茶杯等日用品；给司令部其他官员也都送了金笔、笔记本、茶杯和纪念册等。

（七）1983 年，州政协副主席李仲兴，文史资料办公室主任罗发西，文史资料编辑李耕等前往迭部，走访原曹日仓仓官，但仓官早已故去，兹据其妻说：“红军来时仓房无人，红军打开仓便吃了粮食，也没付什么钱；但吃了群众家的饭都给了钱。”

（八）李斌还补充说：“1935 年红一方面军行至四川若尔盖，国民党军胡宗南部署在松潘一带截堵，因严重缺乏食盐，甘肃省当局命令杨土司设法给胡宗南部运送食盐，是派乌拉公开运送，但杨又密派刘达杰、杨尕保也去给红军送了食盐。”

有关社会史料工作者出版书刊的记载：

从 1981 年初开始，《甘南藏族自治州概况》编写组的同志和 1985 年下半年以来成立的甘南藏族自治州地方史志编纂委员会办公室对卓尼土司杨积庆支援红军一事做过大量的社会调查；州党史资料征集研究办公室，卓尼县委党史办、州政协文史资料征集办公室、迭部县委党史办等部门都做了大量的调查研究；西北师范学院政治系党史教研室王述维同志对红军过甘肃做了较详细深入的调查。众口一词，对卓尼土司杨积庆支援红一方面军，主动放弃截堵并提供仓粮支援接济一事，是肯定无疑的。

国家民委民族问题五种丛书之一即《甘南藏族自治州概况》（甘肃民族出版社 1987 年 8 月第一版）第三章第三节中记述道：“举世闻名的中国工农红军二万五千里长征，于民国二十四年九月，民国二十五年八月，先后两次经过甘南迭部、临潭、卓尼、玛曲等广大地区，历尽千辛万苦，用鲜血和意志写下了革命英雄主义的壮丽诗篇。”又：“民国二十四年八月二十九日，红一方面军等离开川北阿坝草原，沿包座河北进来到了甘南藏族自治州迭部达拉沟……”“九月十一日，党中央在俄界发出《中央为贯彻战略方针再致张国焘令其北上电》的电文……召开了中央政治局会议……九月十五日司令部命令红军第二师为前卫，第四团为先头部队，向岷州前进，以为时三天急行军，夺取腊子口。第四团由旺藏出发，越白龙江上的独木桥，经九龙峡（即石门）直至麻牙寺，一支小部队佯攻代古寺，大部队突进然尕沟，以杨土司在崔古仓所贮粮食作了战前补给。”

甘南州政协出版的《甘南文史资料选辑》第五辑刊载了李振翼《甘南简史》在“白龙江畔行军与腊子口战役”一节中写有：第四团先期由旺藏寺出发，通过白龙江上的独木桥，石门（即九龙峡）飞栈，直抵麻牙寺，为了迷惑敌人，一方面佯攻代古寺；另一方面大部队急入然尕沟，在崔古仓打开了杨积庆土司在该村的小粮仓。

西北师范学院政治系党史研究室王述维在《红军过甘肃》中写道：“九月十三日，党中央和毛泽东率领一、二军团及中央纵队八千余人，离开俄界地区，沿达拉河向北前进，在达拉河流到白龙江处，曾和敌人接触。之后，红军沿白龙江东下，跨过白龙江北岸，经旺藏寺、石门、麻牙寺到了崔古仓。这里是卓尼土司杨积庆贮存着二三十万斤粮食，红军把粮分给了战士，后进黑拉村、吾乎向腊子口前进。”

卓尼县政协编印的《卓尼文史资料选辑》第一辑中写道：“一九三六年（民国二十五年）红军长征由洮、岷、卓尼过境时，甘肃绥靖主任朱绍良令岷县鲁大昌屯军腊子口，杨积庆守迭部协同堵击，并由鲁大昌统一指挥，红军进入迭部后，杨看到红军纪律严明，不进寺院、不扰民，提出口号是‘北上抗日’，便撤藏兵节节后退，未与红军交火，并暗中为过境红军开放了迭部曹日仓仓库粮食数百石，接济了过路红军……”

红军过境后，鲁大昌立即向朱绍良控告说：“杨积庆阳奉阴违，不但违命不去堵截，反而开仓供粮，私通红军。”鲁大昌处心积虑想侵占卓尼，抓住这个要害，以为杀杨的借口，事出，恰巧朱绍良调离甘肃，幸免追究。

卓尼县委党史办公室编辑的《新民主主义时期卓尼大事记》的前言中提道：“卓尼藏族人民，为了维护本民族的利益，同历代的封建王朝和国民党反动派进行了不屈不挠的斗争……特别是中国共产党领导工农红军进行二万五千里长征以来，在党的革命路线和民族政策的影响下，卓尼境内曾出现了同情革命，支持革命和开展革命的活动事件。在我县留下了光辉的一页。”书中还记载：“公元一九三六年八月初开始，红二、四方面军在朱德、任弼时、刘伯承、贺龙、关向应等同志率领下，沿着红一方面军长征路线，先后经过迭部，土司杨积庆在我党民族政策的感召下，不但没有堵击，而秘密让开道路，提供了许多粮食，支援了红军北上。”

迭部县委党史办高巍同志在《红军长征经迭部》一文中写道：“二、四方面军经过达拉、尼傲、麻牙、花园、洛大和腊子等地区时没有发生什么大的战斗和冲突，当红军经过麻牙的崔古仓时，还开了杨积庆土司的粮仓、补充了粮食。”（铅印件）

卓尼县委党史办《大事记》载：“八月二十日，红四方面军十二师，十师和妇女先锋团占领临潭新城、旧城，卓尼土司杨积庆秘密派人星夜到新城红军总部呈送书信和礼物（马两匹，六七只羊）表示友好。从此，红军在临潭进行反富打霸，故未涉及卓尼管辖区。”

《甘南文史资料选辑》第五辑《甘南简史》所载：“红军占领临潭新城后，卓尼土司杨积庆秘密遣人星夜去新城向红军首长呈送书信、礼物（马四匹、羊十只）表示友好，红军亦有书信和回赠礼品（手枪和子弹）。”

知情人士吴国屏在他所写《我所知道的给红军供粮的回忆》一文中历述：“民国二十五年夏，我从兰州乡村师范肄业回来，经人介绍到杨土司房科（即办公室）工作，约在农历六月间的一天，下迭部仓官杨景华派心腹玉禄、苏奴吾子（该两人是迭部尖尼沟左力寺管家）来博峪衙门给杨积庆送信，他们一到，把信交给副官赵希云，送信人即往木耳村杨景华家投宿，赵希云将信立即转呈杨积庆，杨拆阅后觉得事关重大，即追问：‘送信的人哪里去了？’赵希云答：‘他们到木耳村住店去了，准备天明即回去。’杨积庆恐怕他俩泄露来卓的原委，立即命我赶往木耳村把他俩叫回，且嘱咐我：‘要按天黑回来，不要从大街上行走，顺着林边绕道去经堂院后门口等着，你一人先来报告给我。’我即奔木耳村杨景华家叫出玉禄和苏奴吾子。约在午夜十点左右，按司令所指的路线行动，我又从前门走进报告，这时司令一人独坐在自己卧室等候，显得情绪特别紧张，见我即问：‘那俩人叫来了没有？’‘叫来了现在后门等着。’他才舒展眉头，拿起手电筒和一封书信，我陪同走到后院，命三总管包世吉打开后门走出去，这俩人见到司令便爬倒叩头，司令说：‘再不要叩头，快起来，你俩连夜急奔迭部，将这封信交给旦子（即杨景华藏乳名称），绝不能耽误。’玉禄和苏奴吾子满口应承一定办到。他俩走后，司令犹恐他俩重返木耳村过宿，故又派我拿了他的手电筒一直追奔至博峪小沟门，方见他俩朝禾陀寺方向行进，我又赶上去特别叮嘱了一番，返回报告给司令，他才舒了一口气，才就放下了紧张的心情。这时已到午夜二十四点左右，我走到房科，见书记官张书铭还没有睡，他便问我：‘事情办妥了吧？’我说：‘办妥了。’张接着说：‘这事千万不能外传。’我问：‘旦子来信说的啥？’张说‘红军已到四川秋吉、召藏一带，可能要来迭部，请示司令怎么办，司令看了信当时就烧了，他口示我执笔，写了回信，指示旦子如果红军来了，不要堵截，开仓避之……'”过后不久，约到农历七月初头，红军果然到了迭部，听说是朱德、徐向前的红四方面军和红二方面军一部，行军十多天。红军到迭部后，仓官杨景华按杨土司指示，将曹日仓的麦粮暗中接济了过境红军，当时这座仓设有两个库，共装小麦四五十万斤，红军走后，一个库内的粮食完全用光，另一个库内的粮食也用去了大半。红军总政治部还在仓板上写下：此仓内粮食是杨土司庄稼粮，希望各单位节约用粮。还在仓内留下两捆江西苏维埃纸币，表示支付粮款。后来杨土司为了掩饰开仓接济过境红军的问题，遂将这些纸币和两挺机枪以堵截红军的战利品，交给甘肃省政府备案。

土司杨积庆为中国工农红军两次过境都做出了相应的贡献，这是毫无疑问的。例如中国工农红军第一方面军自1935年9月5日，先后进入迭部，18日凌晨攻克腊子口天险，19日翻越大喇山，离开甘南。红军二、四方面军于1936年8月9日攻克腊子口，20日攻克临潭县城，红军在迭部期间，除了非杨属的小股反对武装隐藏暗放冷枪外，杨土司的藏兵从未进行抵抗。红一方面军还有幸得到了崔古仓粮食的补给；二、四方面军同样得到了曹日仓粮食给养。杨积庆作为国民党政府委托的洮岷路保安司令，一个封建土司，在中国革命的重大转折时刻，竟然冒着掉脑袋的风险，为方便红军顺利通过防区又在粮食补给方面做出了难能可贵的支援，并尽可能地减少了红军因作战和冻饿而引起的无谓牺牲。在这里还可以肯定地说：为中国革命做出了一定的贡献。那为什么在解放后几十年来人们仍讳莫如深，把这样豪迈而有口皆碑的光荣事迹，却不敢公开地还其历史真面目呢？对杨积庆做出历史的、公正的评价，这除了杨积庆死于旧社会，不少当事人也在事情紧急之时销声匿迹，不知去向，所以历史事实难以由当事人出来作证而未得出结论外，多年来人们头脑中的“阶级斗争论”“唯成分论”等思想影响仍干扰着问题的澄清，这是显而易见的，也是不揭自破的。

我们不妨回首反思当年，中国工农红军长征的壮举，在中国革命的历程上写下了光辉的一页。红军战士历尽千辛万苦，进入甘肃迭部境内人迹罕至的高山峡谷地带，饥饿和交通险恶的状况，给红军带来更大的不利因素，正在红军面临危急关头，使中国革命处于前所未有的困难时刻，受到进步思想教育以及中国共产党民族政策感召下的卓尼土司杨积庆，竟选出站在革命工农大众一边，训诫属下，为红军让开了北上抗日的道路，并提供了大量的给养——粮食，不仅使俄界会议得以顺利召开，同时使部队得以足裕的口粮补给，最后摧毁了军阀鲁大昌部队重兵把守的腊子口天险，进入广大汉族地区，继而顺利抵达革命圣地——陕北吴起镇，完成了二万五千里长征，这更标志着中国革命已进入了新的历史时期，中华民族反对日本帝国主义侵略的民族战争，也进入了一个新的阶段。

我们在纪念红一方面军长征过甘南六十六周年，二、四方面军长征过甘南六十五周年的时候，再回顾历史，再进一步探索纷繁的往事，明辨是非，澄清事实，褒扬有功革命者，针砭逆历史潮流而动者，给予像杨积庆这样一位开明封建土司以公正的评价是历史的需要，我们共产党人向来是唯物主义者，是动机和效果统一论者。杨积庆由一个“守土自保”的人变成欢迎红军、犒劳红军、撤退守军、开仓供粮的人，这在他的思想演进上无疑是一个巨大的飞跃，是一个由保守向革命的升华。如果杨积庆当时按其上司的意旨办事，数千藏兵固守在迭部悬崖峭壁的栈道上，或在险峻的白龙江畔驮队错不开的羊肠小道上，姑且不用枪械，即使用滚木石块，也会给红军造成巨大伤亡。杨积庆为自己的历史写下了光辉的一页，也为甘南各族人民革命斗争史上写下了光辉灿烂的一页。中国革命在他去世后十二年中已取得了全国性的胜利，这对杨积庆这位为支援红军而受到内外倒杨势力“声讨”，最后遭到残害的堪称了不起人物的亡灵是一个告慰！对所有支援过红军而牺牲了生命的人也是一个告慰。无怪乎1949年在卓尼和平起义后不到一月光景，一野彭德怀司令员代表党中央、毛主席、周恩来总理就寻访杨积庆，当他得悉杨已在“博峪事变”中被杀时，他表示极大的惋惜和怀念。中国革命胜利的鲜花是无数革命者用鲜血和意志培育的，也是无数党外的志士仁人用鲜血浇灌的，中国共产党人和亿万人民大众没有忘记他们的功绩，也永远不会忘记他们的名字。

本文选自《卓尼文史资料》，第七辑，2003年8月。

1944年杨复兴在迭部的武装禁烟活动

梁崇文[①]

在解放前数百年间，迭部地区一直由卓尼杨土司管辖，分上下两部分。上迭部六旗，下迭部八旗，统称后山十四旗，解放后建为卓尼县上下迭两个区。1959年，甘南州调整行政区划，临、卓两县合并为临潭县，迭部和舟曲合建为龙叠县。1962年又一次调整行政区划，临潭原分为临潭、卓尼县，龙叠县分建舟曲迭部两县。从此迭部地区单独以一个县的建制，踏上了自己进行社会主义建设光辉而艰巨的征途。迭部地处岷山与迭山之间，白龙江由西而东贯穿其中，这里有大面积原始森林覆盖，山大沟深，交通阻塞，社会发展缓慢。由于其特殊的政治、地理、交通等条件所致，长期种植鸦片，久禁不绝。在解放初期，每年一次禁烟活动，亦是人民政府的中心工作，一直到1958年经过平息叛乱和反封建斗争，才算彻底解决了这一问题。

平常封闭与外界很少来往的迭部，每当收烟季节，引来大批本县和外地赴烟场的人们，大多由益哇人（扎尕那）带领，收取酬金，负责安全，成群结队拥入迭部，安静的迭部沟，一时热闹起来，有的以现金收购，有的以生活日用品互换，有的出卖劳力，为当地群众割烟收烟，挣点工钱（以烟土支付）。而在返回的路

① 梁崇文，政协卓尼县第九届委员会主席，离休干部，已故。

上，被抢劫的事件时有发生，甚至有极少数人为了几两烟土而送掉性命，但这并不影响人们下一次赶烟场的兴趣。

1944 年，洮岷路保安司令部接省政府及岷县专署禁烟严令，先派旗长陈世禄等去哇巴沟一带劝民铲烟，遭到坚决抵制，当地群众说："你们有眼睛去看，长着鼻子去闻，种烟的不是我们一个地方，秋吉（川北）也种，谁的命令也不铲，打仗也不怕。"在此种既无法向上一级交差，统治权威又面临挑战的情况下，年仅 15 岁的尕司令——杨复兴，不得不下决心亲自出马，武装禁烟了。

这次武装禁烟活动始于 7 月，司令部可说是总体动员，全力以赴。参谋长刘济清、团长雷兆祥带领警卫连经达子多、卡车沟直抵光盖山下。杨复兴由团长杨景华、安绪嗣陪同，调集拜来达加、桑旺朋地、善扎、迭当、车巴沟、恼索、土桥、日完马、角缠阿科等旗藏兵千余人经麻路、贡巴寺、石巴沟在光盖山下买日松土地方与刘雷会合。岷县专署派视察员张某随军同行，所有旗长一律参加，有的带兵，有的搞联络后勤。

哇巴沟藏族人得知司令部集兵前来禁烟，正在闹那胜设防，构筑简易工事，居高临下，进行抵抗。中午发起进攻，在六〇炮和机枪掩护下，组织突击队向高地冲锋。六〇炮由蒙其正（纳浪大小板子人）操纵几发炮弹命中目标，落地开花，对只见过步枪的当地藏族人来说，是遇到了"新问题"，起了很大的震慑作用。机枪亦是他们比较害怕的武器，不到两个小时，占领了闹那胜高地，藏族人逃窜，除抓获一人，就地枪决外，双方没有伤亡，指挥部随之移住哇巴沟梁上。哇巴沟森林密布，地形复杂，利于伏击，指挥部不敢贸然进入，先头部队已进入村庄，指挥部三令五申，严禁烧房、抢劫财物。但藏兵纪律松散，令禁不止，致使年空、沙拉、吾浪、次客巴四村部分民房被烧，未转移的衣物、用具等亦被藏兵拿去不少。

指挥部在哇巴沟梁住了六七天，已有只子总管，电尕上寺温布旦子森盖、下寺温布苏奴旦巴等出面，代表当地群众与指挥部接触，承认种烟不对，抵抗更加错误，表示愿意铲烟，接受处罚，在此情况下指挥部才移住丁钢寺，在行军路上有迭当旗三名藏兵掉队，被当地藏族人杀于吾子村附近。在此期间，少数藏族人躲在林中，不断放冷枪，警卫连刘继祖被打伤，上河赵过官成被打死。藏族人还对指挥部发动了一次夜袭，亦被打散。

在丁钢寺住了四五天，又移住电尕寺，在此期间，一方面继续谈判，另一方面司令杨复兴是第一次进迭部沟，各旗总管头人寺院代表都来晋见，应接不暇，谈判结果，哇巴沟承认罚款两千元，上缴已收烟浆，铲除剩余生长的鸦片，今后再不种植，哇巴沟的问题就这样解决了。此时，插岗又发生了群众武装抵制国民党政府编保甲的事件，岷县专署专员张仰文差点被击毙，卓尼设治局局长刘修月差专人给杨复兴送信告急，杨复兴派参谋长刘济清，书记吴国屏带警卫连一班人前去插岗处理。

哇巴沟问题解决后，杨复兴带领人马向下迭进发，先住卡巴路寺，下迭禁烟的重点是达拉沟。此时哇巴沟武装禁烟情况的消息早已传遍整个迭部沟，达拉沟藏族人亦做好战、和两手准备，一方面做好动员，严阵以待，另一方面推举照藏喇嘛为代表，争取和谈。

照藏喇嘛，西藏人，在川北建有照藏寺，身为喇嘛野心不小，两眼盯着迭部沟，他已将自己的妹妹安置在尖尼沟仓院居住，千方百计积极活动想与前任司令杨积庆联婚，企图把迭部沟变为其妹封地纳入自己的势力范围，但未达到目的。

达拉沟地形更加复杂，若硬打硬拼，将要付出很大代价，因此指挥部还是采取了谈判解决的方式，照藏喇嘛随带警卫 20 人，双方在达拉沟门草滩进行谈判，以“今后不再种烟；承认罚款；收缴烟浆；禁烟部队不进达拉沟”等条达成协议（具体数目不详）。

此时哇巴沟送来罚款两千元，烟浆四坛（约八十斤），至此，禁烟任务基本上算完成，指挥部移住旺藏寺，派团长杨景华、雷兆祥和张志平、杨礼等带领四五十人去插岗协助处理抗编保甲事件，杨复兴继续接见各旗总管、头人、寺院代表。

杨、雷等行至腊子寺时，刘济清差人送来信件，得知插岗抗编保甲事件已经解决的信息，便撤回多儿沟与杨复兴会合。经麻牙、曹日仓、扎日克卡到大峪沟返回卓尼，前后历时两月有余。

一九八九年十一月三十日①

本文选自《卓尼文史资料选辑》，第三辑，1991年4月。

① 这份材料是根据陈世禄（哇巴沟旗长）、雷振声（拜来达加旗长）、陈世隆（副官）口述整理的，欢迎知情者指正。

卓尼解放前后的杨复兴

卓尼县政协文史资料研究委员会

编者按：这篇文章调查整理写出之后，曾派专人送请当时有关领导同志及主要当事人进行了审阅核实，现将各同志所提意见，分别记述如下，作为这篇资料的佐证。

一、任谦同志（当时陕甘宁边区人民政府委员，现任陕西省政协副主席）①在原稿上批示：

“卓尼解放前后这个材料，我原则上同意，文字上请再斟酌一下。”任谦（盖章）1982 年 12 月 25 日。

二、杨复兴同志（现甘肃省人大常委会副主任）在原稿上批示：

“阅”杨复兴 1982 年 12 月 29 日，阅后口头表示同意。

三、康君实同志（当时是党的地下工作人员，旋任岷县军政委员会委员），在另纸上写道：

“我看了卓尼解放前后一文，完全合乎事实，同意印发。此致卓尼县文史资料委员会”。康君实（盖章）1982 年 12 月 16 日。

四、蒋云台同志（当时为一一九军副军长，起义后为中国人民解放军独三军军长，现为甘肃省政协副主

① 此处任职时间是指本文成文时所任职务，以下同，不再作注——编辑注。

席），在另纸上写道：

“关于起义前后杨复兴的情况，据我所知的几段事实，完全辑入，达到存真求实的目的，条理清楚，文字简练……”蒋云台（盖章）1982 年 12 月 29 日

五、姚天骥同志（原卓尼洮岷路保安司令部驻兰州办事处处长），另纸上写道：

“我看了《卓尼地方文史资料》初稿，完全同意，我年迈记忆力衰退，如果万一有遗漏之处，我回忆起了，可作书而补充。此致卓尼县文史资料编委会。”姚天骥（盖章）1982 年 12 月 28 日。

姚天骥同志又谈了三点补充意见：第一点是原稿中有的不记。第二点是“马步芳任西北军政长官后，杨复兴、姚天骥二人晋见后，杨复兴回卓尼。姚天骥又被马步芳的秘书马骥派人叫去，说临潭旧城和卓尼各成立一个骑兵旅，一个回民的，一个藏民的，杨复兴未敢公开拒绝，但不愿成立，结果回民成立了，旅长是敏盛德，卓尼的未成立，就解放了”。第三点是“在 1949 年解放前夕，部分旧城回民听信谣言，怕共产党‘杀回灭教’，要求到卓尼辖区避难，杨复兴毅然答应，让回民到卓尼地区来安居，此举消除了以前回藏间的隔阂”。

“其余材料都是事实”。姚天骥 1982 年 12 月 17 日

卓尼县文史资料研究委员会

一、概况简述

卓尼是藏族聚居地区，历代实行世袭土司制度。土司管辖的除卓尼一带外还包括有上迭、插岗、下迭等地方，共分四十八旗，三十多座寺院，当时总计约七万人口。杨复兴就是这一带地区藏

族群众的领袖人物。

中国少数民族地区土司制度的逐渐瓦解，是从明清两朝“改土归流”的政策开始的，但在卓尼地区几百年来一直未受到这一政策的影响。直到1932年，土司制度才逐渐趋向改制。但由于那时国民党民族政策的反动和贪官污吏的横行，这个土司制度改革进程极为缓慢，甚至停滞不前。土司制度的真正改革是在解放后中国共产党领导下进行的。末世土司杨复兴，就是这个地区“破旧立新”的主要人物。

事须从头说起。1932年，甘肃宣慰使孙蔚如委派十九世土司杨积庆为洮岷路保安司令，司令部设参谋长一人，属员若干人，下辖三个民兵团，团以下仍然设有总管、头人，基层政权机构仍然是旗，各旗设旗长又叫“长宪”。这实际上在土司头上挂了个现代官衔，下层政权机构原封未动。群众既称“土司”也称“司令”。

1937年8月26日（即民国二十六年农历七月二十一日），甘肃土军阀鲁大昌，暗中勾结杨积庆部下团长姬从周等人杀害了杨积庆一家五口，这就是有名的“卓尼博峪事变”，藏族群众一时异常激愤，要求惩办祸首。国民党政府派中央委员、甘肃省政府委员田昆山前来调处的结果，杨积庆的司令职务由其子杨复兴继任。杨复兴就算是既继承了世袭土司，又兼任洮岷路保安司令，这时群众对杨复兴不称土司而称司令。下面基层政权仍然未做任何变动。

当时杨复兴年仅8岁，不能理事，内部事务由其母杨守贞及参谋长杨一隽管理。国民党政府早想乘机会改变卓尼土司制度为国民党的行政体制，试行过几次，均遭到藏族人反对，未能实现，这次借博峪事变就乘机在卓尼成立了设治局，作为设县的过渡。

二、困难处境和复兴办法

国民党政府在卓尼一成立设治局，所委派来的设治局官员，就以“君临臣下”的姿态，对待杨复兴的保安司令部，对保安司令部的权力和行动，进行严密监视和多方限制，岷县专员公署和卓尼设治局都成了杨复兴的顶头上司，这些惯于“刮地皮”的上司动不动向杨复兴施加压力，向藏族群众勒索敲诈，贪得无厌，供不应求，逐渐引起了上上下下藏族人民的不满，于是上层人士想维护土司统治地位，下层群众要维护土司制度，纷纷向杨复兴出谋划策，寻找出路，当时杨的部属杨景华、雷兆祥等人一致主张壮大武装力量，要实现这一目的，首先必须筹款。时国民党甘肃省保安司令部为充实地方武装，加强反共力量，发出“自卫特捐”命令，卓尼借机也发起自卫特捐。

杨复兴当时名义上是洮岷路保安司令，实际上武装力量极为薄弱，就于 1946 年春，专为发起捐款召开了卓尼党政机关团体负责人座谈会，参加会的有：卓尼参议会议长郝应隆、省参议员马全仁、国民党卓尼县党部书记兼三青团干事长、洮岷路保安司令部参谋长杨生华、设治局局长丁剑纯、三青团干事马步良、司法庭庭长施光宇、卫生院院长王恕三、甘肃省银行卓尼办事处主任李寿峰、商会会长李斌、禅定寺院僧官杨丹珠、头目乔都盖、古雅川佛杨图旦、莫儿当佛、伊利仓佛、甘肃省洮河林场经理叶玉成、柳林小学校长陶孙德以及司令部大小官员三十余人，会议地点是司令部办公厅，茶点招待，杨生华主持会议，首先由杨复兴讲话，大意是：为购买枪支，充实武装力量，保卫地方安宁，奉省上命令要发起“自卫特捐”。然后征求与会各单位负责人的意见，大家纷纷发言，一致表示拥护，就立即成立了自卫特捐委员会，主任委员杨复兴，副主任委员杨生华，委员雷兆祥、杨景华、赵国琮、陈国瑞、王季和、李斌。实际业务由保安司令部军需陈国瑞办理。会后印了好多本“自卫特捐”花名册，除迭部、插岗外，每旗各送一本，经半年时间，捐集白洋两万余元。

以后用一万二千元白洋从甘肃省保安司令部购进步枪二百支，

子弹二万发。本来省保安司令部理应给洮岷路保安司令部配发枪支，而以重价售予，显然是敲诈勒索，但当时的杨复兴除了忍受，再没有什么办法。

其余一万来元白洋，就花在杨复兴去南京晋见蒋介石的礼物和其他开支上去了。

晋见蒋介石

杨复兴在蒋介石的政权中来说，只是个微不足道的小卒子，他的洮岷路保安司令官衔，在蒋介石军队系统中又是个“不入流”的空名目，根本没有晋见蒋介石的资格。但是，杨复兴却是卓尼一带七万多藏族人民的首领，是世袭土司，在这一带藏族人民心目中的土司，比蒋介石的威信还要高，他以卓尼四十八旗藏族人民代表的名义去晋见蒋介石，名正言顺。一见蒋介石，便可提高身价，从而就可以减少国民党各级地方政府对他的各种压力和敲诈勒索，这就是他决定去南京晋见蒋介石的原因和目的。

要见蒋介石是很不容易的。首先必须要层层打通关节，打通关节就需要钱。钱从何来？当时总管赵应忠提出：“尚有自卫特捐白洋一万余元，是否可以动用？”经召集“自卫特捐”委员会研究，多数人同意动用，便派军需陈国瑞去临潭旧城购来许多晋见蒋介石的礼物，其中有雕刻精巧的土产洮砚、鹿茸、牛黄等物，价值白洋数千元，其余备作路费及疏通关节之用。

1947 年春，以杨复兴为首与杨生华等组成一个代表团，有着逊总管、乩来大加总管、北山一个和尚等共六七人。先到兰州见了省主席郭寄峤，请求要到南京去见蒋介石，郭寄峤不同意，说：“现在刚还都南京不久，委员长很忙……”借口阻挠前往。

杨复兴、姚天骥、杨生华等人共同商量疏通办法，说情送礼，找到省府秘书长丁宜中，说受藏族群众委托，不好回去，既然委员长很忙，不能接见，我们就去南京参观一趟，以增长见识。经丁宜中从中斡旋，郭寄峤才同意让杨复兴、杨生华、姚天骥等三四人去南京参观，还指示不能带头人去，并以郭寄峤的名义给南京蒙藏委员会写了予以关照的介绍信。

杨复兴等人在兰州住了十多天，适夏河县藏语翻译员吴振纲、黑错（即合作）寺院锁藏佛也到兰州，要求随同杨复兴等人一起去南京参观，经共同研究协商后，遂以“卓尼四十八旗，三十多寺院代表团”名义去南京。于是杨复兴、杨生华、姚天骥、吴振纲、锁藏佛等五人，乘民航班机到南京，住蒙藏委员会。蒙藏委员会委员长徐世英见了杨复兴一行，杨复兴等提出晋见蒋介石，徐世英将意见转报国民政府。过了八天，蒙藏委员会通知他们：蒋介石同意召见。便于 8 月中旬在蒋介石官邸晋见了蒋介石，在晋见时由徐世英引导作介绍，被正式接见的为：杨复兴、杨生华，陪同的为姚天骥、锁藏佛、翻译吴振纲，主从共五人。杨复兴等代表所辖四十八旗三十多寺院藏族僧俗人民见了蒋介石，并汇报了卓尼情况，最后要求：让杨复兴上陆军大学深造。当时杨复兴年虽仅 17 岁，但身躯高大，少年英俊，举止大方，蒋介石便说：“可以考虑，待后决定。”接见后并与蒋一同照了相，并在南京几家报纸上显著位置登出。

杨复兴在等待蒋介石接见之前，有个甘肃人罗伟，在南京办着个《国际新闻通讯》刊物，其人首先在《国际新闻通讯》头版头条，登载了甘肃藏族领袖世袭土司、洮岷路保安司令杨复兴一行莅京的新闻，并帮助杨复兴会见了于右任、邵力子、田昆山等要人，又在南京介寿堂帮助杨复兴举行了记者招待会。

就在徐世英疏通期间，蒋介石又见到报上的消息，便很快接见了杨复兴一行。

杨复兴晋见蒋介石后，乘飞机返回兰州，谒见了主席郭寄峤，然后转赴卓尼。这一南京之行，虽说花了许多钱，费了许多周折，总算达到了晋见蒋介石的目的。一返回来，不但国民党卓尼设治局的官员不敢再随意施加压力，就是岷县专员公署的上下官员，也都对杨复兴刮目相看了。

三、杨复兴的复兴阶段

1947 年冬，国民政府国防部电调杨复兴赴南京上“陆军大学”受训，接电后保安司令部开会研究，在杨复兴司令受训期间，部务交由雷兆祥、杨景华二人代理，并认为杨复兴人年轻，阅历浅，决定由驻兰办事处处长姚天骥、部属杨国华陪同，仍由兰州乘飞机赴南京“陆军大学”报到。杨复兴入学后，姚天骥驻蒙藏委员会，借以照顾。杨国华被保送上南京步兵学校受训。

1948 年蒋介石召开国民代表大会，竞选总统，杨复兴虽系“陆军大学”学员，仍然在甘肃被选为藏族地区国大代表，参加了国民代表大会。大会结束，杨复兴继续上“陆军大学”，姚天骥即飞回兰州。这时杨生华当选为国民党立法委员，住在南京介寿堂，代姚天骥照顾杨复兴。

1949 年初杨复兴“陆军大学”毕业，飞返兰州谒见了兰州党政军各界要人，并同时电告卓尼，雷兆祥、杨景华接电话后，即调集各旗藏族青年骑兵一千多人，跨骏马、着新装、背长枪、带腰刀，经过一番编组整顿，在团长雷兆祥、杨景华率领下，浩浩荡荡，远赴岷县隆重迎接杨复兴，这一举动也是向外界表示藏族民众对杨复兴拥护的意味，岷县专员孙阳升，召集岷县各级机关团体以及汉回各族群众数千人举行了欢迎大会，并盛宴招待。会后，杨复兴在自己的大队兵马维护下由岷县返回，途经临潭县的三岔、红堡子、新城、上卓梁等地，沿途均受到藏、汉、回群众的热烈欢迎和茶点招待。到达卓尼后，卓尼各机关团体学校及群众列队欢迎，盛宴招待。临潭县城回民新、老教两派选派头面人物丁立夫、马福春等人前来卓尼送礼送匾，表示庆贺，匾额上刻龙绣凤，上写“有志竟成”四字。卓尼四十八旗三十多寺院僧俗藏民及汉民群众选派代表来祝贺，有的携带本旗特产如酥油、羊腔、狐狸皮等礼物，有的敬献哈达，叩头祝贺，为时将近一月。

这一来，杨复兴在卓尼僧俗藏族及汉族群众中的威信空前提高，在外面的声誉也远扬于洮岷一带各县了。这时杨复兴才基本摆脱了他的困难处境。

杨复兴乘这一有利形势，即着手整顿军务以求进一步的发展。这时司令部参谋长杨生华被选为国民政府立法院委员后，来卓尼又就任参谋长职位，省保安司令部又给杨复兴委派一副司令刘济清。当时刘济清和杨生华就协助杨复兴举办了“卓尼军官训练班”，在洮岷、卓尼三县（局）招收藏汉族学员六十名，受训四个月后毕业，大部分分配到新成立的特务营担任排副或司务长职务，特务营辖三个连共三百多人，均系民兵中抽调的义务兵，规定一年一换，营长为杨国华。特务营成立后，枪支缺少，弹药不足，就派副司令刘济清到西安晋见西北军政长官公署副长官兼西安绥靖公署主任胡宗南，要求配发来“中正”步枪一百二十支，子弹一万二千发，由大车运到天水，再用马车转运到卓尼。1949 年 4 月，杨复兴借甘肃省主席郭寄峤调去兰州召开会议之便将以前交涉用一万二千元白洋价购的二百支步枪与二万发子弹才运回卓尼。随后于 1949 年 6 月马步芳就任西北军政长官后，原国民党在兰州的军政机关也有点惶惶不安，在杨复兴离兰返卓尼之际，省保安司令部又配发给杨复兴步枪一百支，子弹一万发，也一并运回。这时洮岷路保安司令部直属特务营，才粗具规模地装备起来了，民兵团也补充了有限的一些枪支，杨复兴的武装力量，仅仅发展到这个程度，就算是登峰造极了。

四、杨复兴起义前的担心

杨复兴经过一番苦心孤诣的努力，在藏族人民中的威信和社会上的声望空前提高，他的武装力量是在极端薄弱的基础上开始有了一定程度的发展。可是国内政治、军事形势起了急剧的变化，1949 年 5 月，杨复兴还在兰州逗留之际，中国人民解放军解放了西安。第一野战军正休整部队，部署西征，蒋介石还妄想做垂死挣扎，企图在西北负隅顽抗，遂将西北军政副长官、青海省主席马步芳任命为西北军政长官。马步芳是以他的家族为统治集团的军阀余孽，盘踞青海几十年，国民党中央政权对他调遣不动，分化瓦解无能，只好羁縻笼络，自 1936 年血腥屠杀镇压西进的红四方面军以后，势力迅速膨胀，扩充为马继援、马呈祥、马步銮、韩启功四个军，党政军权集于马步芳一身，肆意实行最野蛮的残暴统治。因此他一担任西北军政长官，不但各族人民惶惶不安，就是非马集团的其他各级军政官员也都诚惶诚恐，杨复兴不但是非马集团，而且以前对马家的统治有过非议，现在一反而为马步芳的部属，就处于十分困难的境地。

很为难地晋见了马步芳

马步芳一就职，甘肃各地国民党高级军政官员，不论内心如何，表面上大都纷纷向马步芳献旗献马，表示祝贺，杨复兴身为洮岷路少将保安司令，作为这样个级别身份的部属，在礼节上能不去晋见，但在送礼上颇感为难，少了怕不“光彩”，多了一时又拿不出。便与杨生华、姚天骥等人经过一番研究后，决定让杨复兴先晋见一面向“长官”表示祝贺。送礼问题拖一拖再说。于是杨复兴、姚天骥等共同到西北军政长官公署，晋见了马步芳，马步芳表示欢迎，接见中马步芳说：“我们现在不分藏、汉、回，都要在蒋总统领导下，精诚团结，共同保卫地方，建设西北……”杨复兴也表示了服从命令、听候指挥的意思。晋见后，便与随行人员吴国屏一同返回卓尼。

杨复兴返回卓尼不久，陕西扶郿战役打响了，胡宗南部裴昌会兵团的四个军全线崩溃，被歼大半，马鸿逵的两个军连夜遁逃宁夏，龟缩图存，一野解放大军，以摧枯拉朽之势，长驱挺进，所向披靡，杨复兴看到蒋军事上急转直下局面，意识到马步芳的末日也即将来临，便把原筹划给马步芳送礼的事，一拖再拖，以待时局的变化。

惴惴不安，谋求自保

马步芳在青海的残酷统治与对果洛藏族各部落的多次血腥屠杀，是人所共知的。他担任长官后的统治办法是：对倾向自己的一些人进行拉拢利用；对异己则不择手段地进行打击，甚至捕杀；对非自己嫡系而又稍有实力或声望的军事官员，则不择任何手段地采取瓦解消灭的政策。杨复兴是甘南藏族中很有声望的人物，又掌握一些武力，同时在卓尼洮州一带历史上曾有过一两次藏回之间的民族矛盾，由于这些因素在马步芳心目中，杨复兴肯定是要被逐步消灭的对象之一，这不但杨复兴本人清楚，其他所有关心甘肃时局的人都心里明白，这一形势对杨复兴是很大压力，迫使他惴惴不安地谋求自保办法。

甘肃军人中较有声望的蒋云台，当时和宁夏马鸿逵在兰州“三爱堂”会场上已经翻了脸，马步芳对蒋云台明里拉拢，阴谋消灭，蒋云台一面讨好应付，一面严密戒备，也在力求自保。蒋云台与杨复兴先父杨积庆有过“金兰”之交，因而与杨复兴关系也很密切。当时蒋云台任一一九军副军长兼二四四师师长，在奉命率部赴陕西参战之前，将他的家眷全部暗送到卓尼托杨复兴照顾，这显然是预防万一的解难措施。

胡马部队在扶郿战役中溃败之后，西北长官公署，妄想在陇东关山一带阻止解放大军西进，不料固关一仗，八二军马继援所属的一个骑兵旅，被解放军彻底歼灭，马步芳原想在静宁—通谓—秦安—天水一线部署一场战役的计划已经来不及了，只好将军队集结兰州，准备决战，扬言要“死守兰州”。稍有军事头脑的人谁都看得出他的“死守”就是“守死”。胡宗南残部一部分撤往河西，一部分撤向陇南，马家军孤立兰州，马步芳末日临头。杨复兴怕被马步芳“吃掉”的自保计划，就完全没有必要了。在新的形势下，唯一的出路就是准备起义，投向中国人民解放军。

五、随同周祥初率部起义

从内在因素来讲，杨复兴的起义是有一定的思想基础的，他的父亲杨积庆还同红军有过一段联系。1935 年红军长征路过卓尼藏族地区时，杨积庆本来奉命与鲁大昌部队联防堵截的，可是老杨司令不但没有真心打红军，而且在撤退时暗中把曹日仓仓库的粮食原封未动地留给了过路红军。事后，鲁大昌向甘肃绥靖主任朱绍良控告杨积庆私通红军，恰巧朱绍良调走，幸免受祸。红军的这些举动和民族政策在杨积庆和卓尼群众中留下了好的印象，这时杨复兴虽还年幼无知，但藏族群众中的流传和老先人对红军的印象还是在他的脑海中留有印象的，这个思想基础是比较扎实的，以后他在官场中虽然听到国民党的反共宣传，但毕竟是抽象的。从外在因素来讲，杨积庆、杨复兴两代人和藏族人民都是国民党官场中的被压迫和被剥削者，而且杨积庆在备受敲诈勒索之后，竟被阴谋残杀致死。杨复兴继任其父保安司令之职后，被国民党各方面的压力压得顾虑重重。当 1949 年 8 月解放大军西进，兰州吃紧，马步芳末日临头，外在条件起了巨大变化，内因就起决定作用了。杨复兴的起义思想，便瓜熟蒂落，只在待机而举。

杨复兴因与蒋云台关系较好，在这样一个政治上巨大转折的关键时期，他愿与蒋云台一致行动。这时蒋云台从扶郿战役溃败下来，部队撤到武都休整，杨复兴派人到武都去联络，当时蒋云台部队被伪陇南行署主任赵龙文所率领的三三八师与十二师严密监视，和各方面的联络只能秘密进行，蒋云台向赵龙文建议，以赵龙文名义赠送杨复兴两万发子弹。这时兰州已经解放，陇南一带的胡宗南残部纷纷向四川撤退，时间大约是8月底9月初，杨复兴又以电报与蒋云台联系，蒋立即电复："我们一起行动尚有困难，你可就近与岷县周祥初一同起义"。

当1949年8月上旬，一野第一兵团司令员王震将军率部向临洮临夏进军之际，并派政工人员刘玉华由会川土司赵天乙领路来到卓尼，秘密策动杨复兴起义，首先同杨生华进行了会谈，杨根据司令部的决定，表示了投诚共产党、解放军的意见。

1949年8月底，一野彭老总派陕甘宁边区政府委员、兰州市军事管制委员会副主任任谦为代表，赴岷县协助甘肃省保安副司令兼甘肃师管区司令周祥初筹备起义。9月3日任谦到达岷县，与周祥初商谈后，即派工作人员陆聚贤同志带了王震、任谦、周祥初的信件，由王克任、杨子华带路来卓尼和杨复兴商谈起义事宜。当时杨复兴表明了起义态度提出时间问题由任谦代表、周司令决定。9月9日任谦又派康君实同志来卓尼向杨复兴、杨生华通知起义时间为9月11日，9月10日洮岷路保安司令杨复兴，参谋长杨生华，团长杨景华、雷兆祥、赵国璋，参谋张志平，副官陈世昌和禅定寺僧官杨丹珠，头目乔都盖等官员赴岷。9月11日同住岷县的国民党旧部周祥初、孙伯泉等在岷县城原中学礼堂召开大会正式宣布起义，并向一野总部发出通电，电文如下：

中国人民解放军彭副总司令兼一野司令员，张、赵副司令员：

任谦代表到岷后，洮岷党政军极为兴奋，在九月十一日举行起义，加入人民解放军，今后誓愿站在人民立场，服从中共中央毛主席、朱总司令与西北军政诸首长领导之下，根据中国人民解放军宗旨及人民解放军宣言所载之各项基本政策，以期早日成立全国统一的民主联合政府，为民族独立，民主自由，民生幸福及全国人民之愿望，兹当起义之初，部队整编待命之时，特电奉告并盼指导。

甘肃省保安副司令兼师管区司令周祥初率一七三师、甘保二团、五团、师管区直属一、二大队，补训第四团；第一行政区保安大队，暨代理第一行政区专员兼保安司令孙伯泉，洮岷路保安司令杨复兴等全体官兵同叩（申文）

彭副总司令，张宗逊、赵寿山副司令员复电称：

周祥初司令、孙伯泉司令、杨复兴司令：

申文电欣悉。当兹胡马匪军面临最后覆灭，西北人民接近全面解放之际，你等率部起义，加入人民行列，前途光明，殊堪庆贺。彭德怀，张宗逊、赵寿山（申寒）

随即《甘肃日报》1949年9月15日以头版头条新闻发表消息，标题为："接受毛主席八项和平条件，周祥初等陇南起义，通电彭副总司令接受民主改编。"消息原文为：

（西北前线十四日电）前国民党甘肃省保安副司令兼师管区司令周祥初，代理第一区专员兼第一区保安司令孙伯泉及洮（州）岷（县）路保安司令杨复兴等接受毛主席八项和平条件及国内和平方案，于本月十一日在陇南岷县驻地率部举行光荣起义，岷县即告解放，并通电人民解放军彭副总司令及第一野战军张、赵副司令员，待命接受民主改编，为争取我国解放战争彻底胜利和建设新民主主义的新中国而忠诚奋斗。彭副总司令，张、赵副司令员当即复电，表示庆贺与欢迎。

杨复兴随同周祥初宣布起义后，周祥初部编为中国人民解放军西北独立第一军，周祥初任军长，杨复兴任卓尼民兵司令部司令员。岷县成立了岷县军政委员会，开展了接管工作，接管完毕，10月军政委员会撤销，独一军并归六二军，周祥初调任甘肃军区副司令员；岷县成立了专员公署；卓尼为岷县专区所属的一个县，杨复兴为卓尼民兵司令部司令员兼县长。1950年5月，岷县专署撤销，岷县划归武都专区；卓尼改为甘肃省直辖卓尼藏族自治区，杨复兴担任自治区行政委员会主任，开始建立地方基层人民政权机构。相沿元、明、清三朝几百年的世袭土司制度，传到杨复兴这一代，在中国共产党领导下彻底改革成为人民政权。这是卓尼藏族人民社会政治制度上的一个历史性的转折点，也是杨复兴本人政治前途上的一个历史性的转折点。

1953年10月1日甘南藏族自治州成立，卓尼成为州辖的一个县，杨复兴调任自治州副州长。随即在党组织的培养教育下，杨复兴光荣地加入了中国共产党。

本文选自《卓尼文史资料选辑》，第一辑，1984年8月。

杨复兴与国民党

格日才让

杨复兴，又名班玛旺秀，藏族，生于1929年10月18日。卓尼第二十代世袭土司。1949年以前，管辖着除卓尼一带外还包括现在的迭部全境和舟曲南半部，辖区共分四十八旗，总人口约七万三千人。杨复兴就是这一地区藏族群众的领袖人物。

1932年，甘肃宣慰使孙慰如委任杨复兴的父亲十九代土司杨积庆为洮岷路保安司令，司令部设参谋长一人，属员若干人，下设三个民兵团，一团分管录竹、北山、拱巴；二团分管柳林、洮南、洮北；三团分管上迭、下迭、插岗、铁坝；团以下设有基层政权机构是“旗”，各旗设旗长。旗长以下设总管若干人。总管以下有头人。百姓把自己的领袖称“土司”，也称“司令”。

杨复兴继承司令　国民党插足卓尼

1937年8月26日（农历七月二十一日），军阀鲁大昌暗中勾结杨积庆部下团长姬从周等人，将杨积庆及长子杨琨一家七口杀害于博峪衙门，史称“博峪事变”。事变后藏族群众异常激愤，强烈要求惩办祸首。甘肃省政府派国民党中央委员、省党部常委、省政府委员田昆山前来卓尼调处。农历八月十五日，田昆山偕其秘书贾大均和临潭县长薛达来卓尼。杨复兴部属赵希云、杨汝风、杨麻周等率领寺院僧人和各旗总管头人以及藏兵几百人，在上卓梁夹道欢迎。各旗总管头人见田昆山后，声泪俱下，喊冤哭诉，田昆山点头还礼、安慰同归。到卓尼后田昆山等一行住在禅定寺。卓尼四十八旗常宪、总管、头目、门兵、群众络绎不绝，纷纷拜见田昆山哭诉喊冤。结果杨积庆的司令职务由其子年仅 8 岁的班玛旺秀继任，田昆山给班玛旺秀起名复兴，意即由他来复兴祖业，杨复兴一名从此传世，他既继承了卓尼的世袭土司，又兼任了洮岷路保安司令。这时，百姓又对杨复兴不称土司而称司令。杨积庆二房大太太其夫被害后，能坚持申冤，守贞抚养复兴，协助管理卓尼政务，起汉名为杨守贞。田昆山一行离卓返兰之际，鲁大昌部下住新堡的窦德海团，在新城增派一个旅，威逼卓尼，目的是不让杨复兴继承司令，图谋由他管辖卓尼。威胁田昆山收回成命。由于藏兵戒备森严，鲁大昌之阴谋未能得逞。但国民党政府乘博峪事变之机在卓尼成立了伪设治局，由临潭县县长薛达兼任设治局长，杨汝蔚为民兵第一团团长，赵希云第二团团长，杨景华为第三团团长，杨一隽为参谋长，杨麻周为独立营营长。

继承司令的年仅八岁的班玛旺秀，虽然聪明灵秀，身材细长，但年幼不能理政，内部事务由其母杨守贞及参谋长杨一隽管理。杨复兴在其母的精心安排下，于卓尼禅定寺所设的私塾，拜夏田玉为启蒙老师修习汉文。拜古雅图丹格勒加措活佛为师修习藏文。

1942 年卓尼发生“北山事变”，事变后国民党政府以此为借口，整编卓尼洮岷路保安司令部。规定卓尼设治局局长同时兼任洮岷路保安副司令，任命刘济清为参谋长，规定司令部与设治局合署办公。设治局在衙门东楼，司令部在西楼，平分秋色，其目的是用设治局逐步取代土司势力，设治局成了杨复兴的顶头上司，敲诈勒索杨复兴所统领的“四十八旗”群众，引起和加深了司令部官员及藏族群众的不满，杨复兴在谨慎小心中度过命运的难关，寻求着不受人欺负的出路。其部下纷纷出谋献计企图脱摆设治局的羁绊。1943 年元月，设治局局长吴景傲以协助洮岷路保安司令部充实地方武装力量为名（其实为给自己培备实力），双方协办了一期卓尼军官教导队，杨复兴任大队长，吴景傲任副队长。国民党第八战区官部委派该部上校参谋长金作鼎任教导员，从临、卓、岷三县张榜招收学员百人，司令部方面窥察出吴的企图目的，于是大量投放部属现职官兵，积极入队受训，使这期军官教导队为卓尼培养了一大批服从司令部的军事人才。杨景华、雷兆祥、杨汝葑、安步瀛、安应吉、杨秀、赵宗荣、宗其秀等都是军官教导队受训的学员，学员毕业，吴调离卓尼，为自己培养实力的打算落空。

1944 年春（3 月）设治局在插岗编保甲，派原黑番四旗旗长赵国璋为插岗乡长，派洮岷路保安司令部书记吴国屏为副乡长。杨复兴不同意派吴国屏为副乡长，与设治局局长刘修月据理力争，刘未敢有违，转派设治局建设科科长赵文耀为副乡长，并派户籍主任寇德昌随从，一行六人前往插岗区编制保甲。

1944 年，甘肃省政府及岷县专署严令洮岷路保安司令部在迭部禁烟，司令部派哇巴旗长陈世禄等前去铲烟，劝说群众。结果遭到当地群众的坚决抵制，在此即无法向上交差，又面临下属挑战的情况下，年仅 15 岁的刚刚从母亲手中接过印鉴的杨复兴，决心亲自出马，武装禁烟。7 月，杨复兴召集司令部官员决定在迭部铲烟，派参谋长刘济清，团长雷兆祥带领警卫连，经达子多，进卡车沟直抵光盖山下。杨复兴由团长杨景华，安绪嗣陪同，调集拜来达架、桑旺盆多、善札、迭当、车巴沟、脑索、土桥、日完玛、角缠、阿科等旗藏兵千余人，经麻路、进车巴沟、石巴沟，在买日松多与雷兆祥、刘济清拜会。哇巴沟群众事先做了预防工事，打算抵制禁烟活动，但杨复兴率领的禁烟部队，快枪利炮，哇巴沟群众抵不过，所以就派哇巴旗总管只子，电尕上寺温布旦子桑盖，电尕下寺温布苏奴旦巴等前来哇巴梁指挥部营地，承认种烟不对，表示愿意铲烟接受处罚。之后杨复兴及禁烟指挥部遂禁烟成功先后移住丁岗寺、电尕寺。在电尕寺，一方面继续进行谈判，另一方面由于杨复兴第一次进迭部沟，受到了各旗总管头人和寺院代表的隆重欢迎，杨复兴泪陈种烟之害，铲烟之必要，哇巴沟群众承认错误，愿意受罚二千银元，上交已收烟浆，铲除剩余生长的罂粟，答应今后再不种植。

杨复兴正在迭部哇巴旗铲烟之时，国民党卓尼设治局在黑番四旗的插岗进行编制保甲，结果发生了当地百姓抗编保甲的事变，岷县专署专员张仰文险被当地群众击毙，卓尼设治局长刘修月差专人给杨复兴送信告急，杨复兴派参谋长刘济清，书记员吴国屏带警卫连一班人前去插岗。收拾残局，通过召开群众会并商请张仰文委员及王泽勉团长同意，以接受罚款十五万元，并由插岗四旗总管代表反抗群众向张仰文专员及王团长牵羊捧酒道歉了事。编保之事，至此完全破产。

哇巴沟铲烟问题解决后，杨复兴带领人马赴下迭达拉沟铲烟，达拉沟群众一方面做好动员，严阵以待，另一方面推举代表，争取和平。由于达拉沟地形复杂，因此采取了和平解决的方式，在达拉沟口进行谈判达成协议。至此，迭部铲烟任务基本完成。杨复兴由卡巴路寺移住旺藏寺，派团长杨景华，雷兆祥和秘书张志平、杨礼去插岗协助处理抗编保甲事件。杨复兴继续接见下迭各旗总管、头人和寺院代表。10月，插岗抗编保甲事件已经解决。杨景华、雷兆祥等协助调处的人回到多儿沟与杨复兴会合后经麻牙、曹日仓、买日松多到车巴沟返回卓尼。

杨复兴寻求复兴之路　赴宁晋见蒋介石

1945年4月，国民党倡议“还政于民”，县设治局临时参议会成立。5 月，从地方较有声望人士中，物色遴选合格人员充任参议员。公推马全仁为正议长，郝应隆为副议长，李宗宪兼常务秘书。1947 年，为国民党大选问题，即立法委员，国大代表之产生工作，开始物色人选，整理材料，初审候选人资格，选出杨复兴为安多藏区性的国大代表，马全仁为地方性的国大代表，杨生华选为国民党立法委员，并报省选举事务所审核。

杨家统治着的卓尼四十八旗，在博峪事变以后，国民党虽然没有达到改土司为归流的目的，但由于设治局的成立，对土司领导下的政教合一制度带来很多不利，国民党岷县专署和卓尼设治局都想在杨复兴头上动刀。北山事变，插岗编制保甲和严令迭部铲烟，都是针对卓尼杨氏政权的一种挑衅和对杨复兴的生命威胁，经过北山事变和插岗编保这两起东窗犯事后的敲诈赔款，使群众穷困至极，司令部也陷于困境。而且杨复兴的行动也受人监视。为此，性命像洪水中的稻草，时刻都有消失的可能，杨复兴部下杨景华、雷兆祥等纷纷建议，寻求一条不受人欺负的出路，必须壮大自己的武装力量，寻找政治靠山。时国民党甘肃省保安司令部为充实地方武装，加强反共力量，发出“自卫特捐”命令，卓尼借机也发起自卫特捐。

杨复兴在这一时期名义是洮岷路保安司令部司令，实际上由于国民党卓尼设治局的监视和压制使其武装力量极为薄弱，为此，1946 年春，杨复兴的部下参谋长杨生华主持，召开了卓尼党政机关团体负责人座谈会，杨复兴在会上介绍了“特捐”的目的与用途，与会者表示拥护，遂达成共识，并成立了自卫特捐委员会。杨复兴任主任委员，杨生华任副主任，雷兆祥、杨景华、赵国璋、陈国瑞等任委员，经半年时间，捐集白洋二万余枚。

之后杨复兴派人用一万二千白洋从甘肃省保安司令部购进步枪二百杆、子弹二万发，其余白洋作为杨复兴寻找政治靠山，晋见和购买蒋介石的盘缠及礼品。

1947年春，杨复兴、杨生华等一行七人，先到兰州见省政府主席郭寄峤。向郭提出晋见蒋介石的打算，郭言还都南京不久，委员长现忙……以此为借口阻挠前往。杨复兴、姚天骥、杨生华等人共同商量疏通关节，郭寄峤才同意让杨复兴、杨生华、姚天骥等三四人去南京参观。并以个人的名义给南京蒙藏委员会写了介绍信。

杨复兴等在欲赴南京的前夕在兰州遇见了落难的阿拉善亲王达理札雅，夏河吴振纲，合作寺锁藏活佛，他们要求随同杨复兴等人一起去南京参观。经共同协商，遂以“卓尼四十八旗三十多座寺院代表致敬团”的名义去南京祝抗战胜利。乘民航班机到南京后，住蒙藏委员会，见会长徐世英，向徐提出要求晋见蒋介石，徐转告国民政府后，蒋介石同意召见。8月15日，在徐世英的引导下，蒋介石在南京邸宫召见了杨复兴、杨生华、锁藏活佛、姚天骥、吴振纲。杨复兴在召见时向蒋介石汇报了卓尼四十八旗的情况并要求上陆军大学深造。当时杨复兴虽年仅17岁，但身躯高大、少年英俊，举止大方，蒋介石便说“可以考虑，待后决定”。接见后与蒋介石一同照了相，并在南京几家报纸上显著版面登载。

杨复兴在南京等待蒋介石接见之前，拜会了在南京主办《国际新闻通讯》刊物的甘肃乡亲罗伟。借罗伟的光在该刊的头版头条，登载了甘肃藏族领袖世袭土司洮岷路保安司令杨复兴一行莅京的新闻报道，并会见了于右任、邵力子、田昆山等政界要人。在南京介寿堂举行了记者招待会；在国民党日报西北文艺副刊上发表了题为《安多藏区卓尼之现状》的文章。

杨复兴晋见蒋介石后，乘飞机返回兰州，谒见了省政府主席郭寄峤，然后转赴卓尼。

1947年冬，国民政府国防部电调杨复兴赴南京“陆军大学”受训，接电后洮岷路保安司令部开会研究，决定杨复兴司令受训期间部务由雷兆祥、杨景华二人代理。抽驻兰办事处长姚天骥，部属杨国华陪同。从兰州乘飞机赴南京“陆军大学”报到。到了南京杨复兴上陆大乙级将官班，杨国华上步兵学校，姚天骥住蒙藏委员会招待所照顾杨复兴。在陆大受训期间，杨复兴被选为藏族地区国大代表，参加了 1948 年在南京召开的竞选总统的国民代表大会，大会结束后杨复兴继续在陆大受训。

1949 年农历一月十五日，杨复兴“陆军大学”毕业，授予洮岷路陆军少将保安司令之衔。在毕业典礼上蒋介石接见全体毕业学员，并给杨复兴赠送了题字为“复兴同志存念，蒋中正赠”的总统照。之后杨复兴从南京飞返兰州，谒见兰州党政各界要人，并电告卓尼。雷兆祥、杨景华等得悉司令归来的消息后，即调集各旗青年骑民千余人，前往岷县隆重迎接杨复兴。岷县专员孙阳升，也召集岷县各级机关团体以及汉回各族群众数千人举行欢迎大会，并盛宴招待。之后在众多马队骑兵的护卫下由岷县返回，沿途均受到藏、汉、回群众的热烈欢迎和茶点招待。到达卓尼城时，各机关、团体、学校及僧俗群众列队欢迎，盛宴招待。临潭县回族伊斯兰教新旧教主丁立夫、马福春等人也前来卓尼送礼送匾，表示庆贺。卓尼四十八旗三十多寺院选派代表，亦前来卓尼城表示庆祝。3 月，省保安司令部派刘济清任洮岷路保安副司令，使设治局与司令部的关系有所缓和。

1949 年夏，兰州发生震惊全国的“邱宅大血案”，“特高组”人员在立案侦破中查知案犯蒋德裕隐匿于卓尼博峪的其小老婆处。甘肃省保安司令责令卓尼洮岷路保安司令部司令杨复兴指挥逮捕蒋德裕。恰在此时杨复兴来兰，省政府主席兼保安司令的郭寄峤召请杨复兴面授机宜，令其负责将蒋德裕缉拿归案。

杨复兴接受郭寄峤的命令后，速返卓尼，以迅雷不及掩耳之势，在卓尼博峪将蒋德裕捕获，并电告省府派员前来押解。省府派大队副队长刘玉泉率十三人前来卓尼押解。国民党蒋云台军长给杨复兴亲笔信，嘱咐杨复兴协助完成押解任务。押解队于 7 月 5 日由刘玉泉带队，杨复兴协送，7 月 8 日到达兰州，顺利完成押解任务。这是杨复兴就职以来的首次出手。之后杨复兴的名望，地位都相应得到提高，国民党卓尼设治局也刮目相看。

杨复兴乘这一有利形势，着手整顿军务以求进一步发展。在副司令刘济清和参谋长杨生华的协助下，一是举办了“卓尼军官训练班”。招收洮、岷、卓三县藏汉族学员六十名受训四个月。由杨国华任大队长，马毅（岷县人），昝振华（临潭昝土司）、刘德祥（卓尼人）任分队长，按军校教材，严格训练。二是组建了特务营，由军官训练班毕业的学员分配到特务营担任排副或司务长职务。特务营辖三个连共三百多人，均系民兵中抽调的义务兵，规定一年一换，营长杨国华。三是充实了军事装备，派副司令刘济清前往西安晋见西北军政长官兼西安绥靖公署主任胡宗南，甘肃省政府主席郭寄峤，先后通过各种渠道得到步枪三百多杆，子弹三万余发。杨复兴即其洮岷路保安司令基本上达到了守土自保的目的。可是国内政治、军事形势正发生着急剧的变化。1949 年 4 月杨复兴参加甘肃省主席郭寄峤召开的军事会议。5 月，杨复兴还在兰州逗留之际，中国人民解放军解放了西安，蒋介石企图在西北负隅顽抗，遂将西北军政副长官、青海省主席马步芳任命为西北军政长官。甘肃各地国民党高级军政官员，纷纷向马步芳献旗纳马，表示祝贺。5 月底，杨复兴在姚天骥、杨生华的陪同下，前往兰州西北军政长官公署，晋见了马步芳，马步芳表示欢迎。之后便于随行人员吴国屏一同返回卓尼。不久马步芳着手在临潭回族和卓尼藏族中组建两个骑兵旅，委任杨复兴和临潭西道堂马树常为骑兵旅旅长。

国共两党问鼎天下 杨复兴待机而动

杨复兴返回卓尼不久，中国人民解放军千军万马，以排山倒海、雷霆万钧之势进军大西北。国民党部队无论是嫡系或是杂牌，有的一触即溃，有的望风而逃，有的迫于形势，放下武器，向人民军队投诚。在中国人民解放军迅猛推进的形势下，1949 年 7 月间，国民党陇南行署主任赵龙文从武都发来急电，令杨复兴率部撤离卓尼，退守迭部，以作后图。杨复兴当即召集参谋长杨生华，民兵团长雷兆祥、杨景华、赵国璋等进行商讨研究，最后取得一致意见。认为中国人民解放军长驱挺进，所向披靡，以区区卓尼之武力，进行抵抗，犹如以卵击石，自取灭亡。如果根据赵龙文之令，撤退迭部的话，卓尼军政职工连同家属不下千人，即是想法通过险山栈道，抵达迭部，由于道路险阻，运输困难，生活就会发生问题。再则将来迭部四周解放，虽有天险，也只好坐以待毙，撤退迭部不是办法。其次，当年红军长征经过卓尼地区，所到之地，宣传民族平等政策，纪律严明，秋毫无犯。红军在紧邻的卓尼临潭一带休整一个多月，也遵守民族政策，对藏族聚集居地区未踏一步。老司令杨积庆在红军经过迭部时没有进行堵截，而且暗中开仓供应粮食。鉴于以往历史，今天共产党解放军如此强大，受到全国人民的拥护……估计解放军来了，不会对藏族人为难的。再则卓尼政治背景并不复杂。根据以上分析，决定不去迭部，解放军来了准备迎接、投诚。

在这种思想的指导下，杨复兴等一面复电应付赵龙文说“正在设法准备撤退迭部”，并在迭部达拉沟和靠近迭山的仓科沟脑札娄梁一带虚设帐房，制造声势，一面通过各种渠道暗中活动，想法和共产党取得联系。1949 年 8 月上旬，一野第一兵团司令员王震将军率部向临洮、临夏进军之际，派军部政工人员刘玉华由会川土司赵天乙领路来到卓尼，秘密策动杨复兴起义，首先同杨生华进行了会谈。杨复兴根据司令部的决定，表示了投诚共产党、解放军的意见。刘玉华才说明了自己是共产党员的身份，是奉令策动起义来的，并从棉衣夹缝中取出王震司令员给杨复兴，杨生华的两封信和解放军进军布告等，并讲了共产党对少数民族和平起义人员的宽大政策。翌日黎明，杨复兴派民兵司令部营长杨才华（此人解放前任卓尼民兵司令部藏族独立营营长、善札旗旗长，解放后为卓尼政治协商委员会委员，政协卓尼第一、二届委员会常委、副主席）带领几个民兵，把刘玉华、赵天乙送到了夏河。

9月3日，第一野战军彭德怀司令员，派任谦到达岷县，与周祥初商谈后，于5日即派工作人员陆聚贤带王震、任谦、周祥初的信件，由杨子华、王克仁带路来卓尼和杨复兴商谈起义事宜。7日上午会见了杨复兴后，杨复兴表示起义，并说我们已决定起义，至于时间问题，请任代表、周司令决定。9月9日任谦又派康君实同志来卓尼向杨复兴、杨生华通知起义时间为9月11日。9月8日，正待起义之时，卓尼设治局警察队警佐冯震祥哄骗全体官警去贡目柴纳煽动部下与解放军对抗，若要被打败，以进山为匪，后被杨复兴觉察，当晚包围了警察队，收缴了全部枪支弹药，冯见势不妙，携警二十八人逃跑，其余部溃散。9月10日，洮岷路保安司令杨复兴率参谋长杨生华、团长杨景华、雷兆祥、赵国璋、参谋张志平、副官陈世昌和禅定寺僧官杨丹珠，头目乔都盖等官员赴岷。到达岷县后杨复兴等受到了党组织的热情接待。9月11日，同住岷县的国民党部周祥初、孙伯泉等在岷县简营校场召开大会，正式宣布起义。杨复兴与国民党异流同归融容到中国共产党的汪洋大海之中，国民党在卓尼的统治到此时全面彻底地烟消云散了。国民党卓尼的末任局长薛进文在庆祝大会上说：我是国民党的败家子，先人（薛达）创业我（薛进文）踢业。

总之，国民党在1937年以“博峪事变”为导火线，以“改土归流”为目的，以设治局为指挥部，以“薛”姓薛达为首领，插足卓尼，统治卓尼，践踏蹂躏卓尼人民。时隔十二年之后，复以“薛”姓薛进文拱手向卓尼人民归还卓尼，致歉卓尼人民。如此奇迹，虽翻遍历史，也难以找到相似的巧合。野心家所栽下的苦果也只能自己吞下。

本文选自《卓尼文史资料选辑》，第八辑，2010年10月。

陈宗周及其有关甘南诗作

张俊立[①]

陈宗周（1914.5—1991.3），名守礼，字宗周。甘肃陇西人。1942年毕业于“国立”中央大学中文系，曾与旅渝同学创建《陇铎》杂志，号召振兴桑梓，弘扬西北文化。后任南京教育部编辑等职。1947.7—1948.6任临潭县长，其间，对临潭一中的创建，多有贡献；曾追缴盗伐森林罚没款用于临潭一中的筹建，解决了当时临潭一中筹建中的燃眉之急。解放后，在兰州大、中学校任教，著有《古汉语词组》等书。1987年被聘为甘肃省文史馆馆员，专门从事地方文史研究和著述，积极为《甘肃文史资料》撰文，著有《甘肃历代郡县考略》《甘肃政区备志》等。已故陇上诗界名流、甘肃省诗词学会原会长袁第锐公有言：“夫甘肃之言方志学者，首推临洮张鸿汀先生，以其主持志馆，不特总纂巨制，其于方志之学，尤多发明也。今者，聚全省之精英、事省志之修纂，其为功也，宜盖古今。然而私家著述，殚竭心力以求一砖一瓦之助者，环视省内，则宗周之《甘肃政区备志》宜与焉！”陈宗周先生去世后，所著《栗荆诗文选》一书，由其夫人杨素宜女士（原兰州大学图书馆采编）整理校注，并予出版。现将其中所收陈宗周任职临潭县长期间，咏及甘南的诗词作品，辑录于此，以飨州内各界读者，

① 张俊立，临潭县档案局原局长。

亦作为对其造福地方之功的纪念。

访石门[①]

一九四七年

鬼斧神工劈石门，秋风拂马到山村。
逢人惯说长征事，箪食壶浆细柳屯。

访卓尼禅定寺僧纲杨丹珠活佛二首

一九四七年

重门隔绝尘世华，窃窃梵音伴寒鸦。
寄意丹青销岁月，叠山洮水好生涯。

金幢玉柱羡年华，天纵聪明一袈裟。
枯坐参禅寒复暑，漫漫长夜对灯花。

观洮水流珠

一九四七年

谷深水陡寒气殊，激石冰凌凝蚌珠。
万斗千斛昼夜涌，空山玉响诧鹜鹕。

扎尕那铁索撑渡，藏族少妇主其事

一九四七年

铁弦悬系木兰舟，点水蜻蜓跨急流。
明月耳珰裘领幌，流珠声脆歌声柔。

---

① 石门：红军长征过洮岷，朱总司令曾屯兵于临潭石门乡。

访铁城[1]

一九四七年

列嶂崔巍拥铁城，荒烟蔓草总关情。
当年古迹今何在，禾黍夕阳鸟数声。

赴甘南采画者

一九四七年

此日相逢忆溪沙，嘉陵春色笔生华。
苍茫烟雨任挥染，洮水叠山散彩霞。

忆江南·临潭莲花、妙华二山

妙华望，冶海高山头。云淡蓝天浸明镜，泉清白练下荒陬，晃荡广寒秋。

凭关望，崄巇是莲花。玉嶂娉婷冲霄汉，松涛浩渺走天涯，歌响遏云霞。

陈宗周先生学深德高，素负报国之志，视篆洮地，有功于吾乡。其志其行，令人仰慕。笔者在撰写《临潭金石文钞》（甘肃文化出版社于 2011 年正式出版）时，为调查《临潭一中奠基石铭文》中的缺失文字，颇费周折，最终查明缺文即为“陈守礼”等三位奠基人姓名。2013 年年末，笔者在甘肃省诗词学会幸遇赵幼诚先生，赵先生得知笔者为临潭籍，即告诉笔者其同窗陈胜先生之父陈宗周先辈曾任临潭县长，其间创立临潭一中之事，其所著《栗荆诗文选》现流传于世。当笔者翻阅由赵幼诚先生转赠之此书，尤其是看到著者在任职临潭县长期间咏及甘南的诗作时，不胜感慨。斯人往矣，斯文犹存。后来者虽不能耳聆面教，但读其文亦可想见其为人，遂赋小诗一首，呈于赵幼诚先生清正。兹录之于此，

① 铁城：临潭铁城乡，即宋铁城堡，元铁州。

并以结束此文。

吾生不敏且来迟，欲拜仙容缘数奇。
洮水流珠鸿迹远，高明说与有心知。

历史珍档

甘肃洮砚志

韩军一①

序一 丁序

丙寅冬，予始获识韩子军一于春明。其人笃交而嗜古，雅爱重之。丁卯春，交既稔，昕夕过从，殆无虚日。乃出其所著《甘肃洮砚志》属余检校，且为序以弁其首。余既受而卒读之，见其考据精审，访采周详，窃自叹异：向虽缔交于韩子，而所以知韩子者，尚未尽也。

谨按石之以砚名者，曰端曰歙。洮石之质，介乎端歙，而其名则远逊，夷考其故，不禁慨然。凡物产于舟车交经之区，则其名易彰，而播易远。产于梯航难及之乡，则其名不彰，而播不速，物因有幸有不幸欤！陇上鄙处西北，关山险阻，而彼洮石之绿沉泽腻天然胎孕者，实不幸产于斯土，则其名不若端与歙之彰，其播之不若端与歙之远且速，自不待论，此洮石之一厄也。虽然，龙泉之剑，不能长埋于丰城，卞和之璞，不能久委于荆山，天之生材，必有其用，而况洮石之绿沉泽腻天然胎孕者，足为文房之

① 韩军一（1895—1977），祖籍河南开封，曾任甘肃省文史研究馆馆员，著有《甘肃洮砚志》《洮砚小记》，撰写过《介绍五泉山名胜古刹和一般情况》《梨园花光》《龙尾秋谷》《黄河铁桥》等文史资料。

至宝，足供秘阁之清玩者哉。用是虽产于陇上，前贤颇已歌咏，惟断章遗句，终不敌端与歙之专书记载，故虽有耽嗜砚石者，言及洮石之音声色泽，终属茫然。遂使市者以赝冒真，而洮之实不见，购者以赝为真，而洮之名不振，职此之故，虽有超类轶伦之质，竟不能与端歙之石争短长于文房。此洮石之又一厄也。之二厄者，石不克自谋，必待有心人出，为之代谋焉。此韩子军一所以有洮砚志之作也。嗟呼，鼙鼓之声不绝，砚田之岁将荒，趋时者流，竞欲投笔以逐中原之鹿，独韩子军一，硁硁于此，乐之不疲，诚有心人哉。或曰：西施、太真，不待揄扬而后美，洮石而信美者，有目共见，何以志为！余曰：不然，使西施、太真从无人揄扬之者，则亦如空谷之佳人，随草木以零落已耳。安能供凭吊于千秋，留声容于万世。今之洮石，苧罗之西施，宏农之太真也。不揄扬之，其何以膺妙选。然则韩子此书之作，非苟焉而已也。此书也出，将见洮石之绿沉泽腻天然胎孕者，从此身价飞以腾，而端歙有不足贵；流播远且速，为端歙所不能进，负贩者无以售其奸，收藏者无所致其惑，为文房之至宝，供秘阁之清玩，俾洮石千有余年之厄运，一旦挽回，宁非世间一大快事耶！虽然，物之产于陇上，其名湮减不彰者，岂第洮河之石，安能尽得有心人如韩子者，一一为之志，而使其名得彰于当世也哉。因慨然书此，以为之序。

中华民国十六年三月武威丁旭载序于宣南之秋水寓庐

序二　孙序

乙丑仲夏，遇韩子军一于京师。予与军一总角缔交，苔岑结契，陇中一别，忽忽已十五年矣。予学既不修，德亦未进，性难随俗，独醒弥忧。适遭意外，避地全身，沉冤在抱，良友欣逢，刻烛论文，煮茗话旧，军一出其所著《甘肃洮砚志》，属任检校之役，且以弁言为责。时方竞异，君乃抱残。文献将绝，顽石奚重！予频年奔走，学殖荒落。君主作，既不足见重于人，仆之文，复不克发抒伟抱，其亦可以已乎！虽然，焦桐和璞，无识斯悲，结绿青萍，得名乃著。沉国粹有将表之忧，金石多沉埋之感，吾辈躬逢其会，当思振兴之方，洮砚虽古，已见称，而流行至今未广。采取有临渊之惧，考据乏寿世之书。重以视同禁脔，稀若凤毛，若不公诸当世，何以企图传播。近顷日本文人后藤石农，复有展览名砚之会，益增吾人不克自谋之羞。则军一是书之作，不特结同志翰墨之缘，亦所以扬吾国文化之光。予虽不敏，又何能辞！

是为序。

乙丑秋粱溪孙金范识

叙　意

石之可为砚者，有广东端州石，安徽歙溪石及甘肃洮州绿石。甘肃旧属之宁夏及阶州，亦皆产砚。《明一统志》：“成县黄蜃洞中有砚石，其色青黄，其形夭矫若蜃然。”而名驰今古受人品藻者，厥惟洮河之绿石。端砚歙砚，代有通人著述。约如《文房肆谱》，宋苏易简撰。其卷三为砚谱。《砚史》，宋米芾撰。海岳精翰墨……日以砚相亲。此史，于端歙石辩解甚详。所论用品、性品、样品，皆从亲历所得，非揣摩臆度之作。《端溪砚谱》，旧题，宋叶樾撰。论石性、石色、石眼、石病及砚价、形制。《歙砚图谱》，宋唐积撰。

书分十门，为采发、石坑、攻取、品目、修斫、名状、石病、道路、匠手、攻器，所记悉备。

后来各家撰谱，皆以此推衍之。《砚笺》，宋高似孙撰。记端砚、歙砚、诸品砚。《砚谱》，宋李之彦撰。李一字东谷，浙江永嘉人。并著《东谷所见》，记古砚故事。《歙砚记》《辨歙砚说》，未著撰人名氏。记石之出产、品类、形制、纹晕等条。《春风堂随笔》一卷，附《歙砚志》一篇，明陆深撰。专记歙砚。《砚录》，清曹溶撰。为端溪砚石而作。分山川、神埋、采凿、品类、别种、辨讹、鉴戒等七门。于采砚、造砚、试砚，叙述备详。录后附朱竹　说砚。凡此砚谱著录及宋明清以来诗人之咏端咏歙者，流布广远，不可悉举，历代名家，莫不争相传睹。至洮河绿石砚，亦文房所珍，而为上述各家所略。书既简，说亦阙，尚未闻有知洮砚者考其品状，记其出处，发其殊胜，归入砚史，实亦艺林中之一缺事也。纵有见于题咏可以诒示吾人者，亦不过佚闻散言，出之于诗词杂说间，讴吟所发，考征未周，抑且讹误迭见，各自不同，未足为鉴。即洮州旧州志，亦只单词片语，略而未详，世之有心洮砚者，仍未可究知洮砚之实，此固予之所为绻绻往来，于胸中者数十年而竟至不能忘者。民国十年，予初识卓尼杨子余（名积庆，卓尼土司兼洮岷路保安司令）先生于河州，每与语及此意，彼此尚有同感。

盖产石之区，舟车难及，虽有珍珉，其美莫彰。吾人若不附志以行，则久将无考，必亦随诸寻常瓦石零落湮灭已耳。殆民国十三年予再以参事挂名河州镇守使署，小驻未久，曾遍访故家，或就阅坊肆间，凡洮砚之经属意者，心窃识之。河州、洮州、临洮，均相毗近，贩砚小商，往来不乏，而求其石之绿沉，镌工形制无失者，并未数数覯也。未几即返汴梁省母，旋复寄迹首都，虽时形困顿，而好砚如故，于故宫及各图书馆辄过往无虚。耳目所接，见闻较多，有自备遗忘者，虽微文碎义，罔不随得随记，笔之于书。洮砚之志，至此已粗具考订。然犹虑稽之未详，尚未及产地身亲考查，殊非可草草即以完篇。吾友丁旭载、孙润生两人，时方在京，遂以此将成而未成之手稿，请为题序，以弁诸首。其序中关情予之所志，并勉予奋笔之意，具殷切之至。民国二十三年，余自太原第五军参谋辞职回甘，尘装甫卸，即以暂编秘书随同邓宝珊军长查办双岔寺土官与唐隆郭哇争双岔大林案（双岔与唐隆，在临潭西南。郭哇为头人之通称）。因是多年企望，方得一过洮西。逢子余先生，复促予洮砚志之作。然职司所系，未能逗留。又后三年予再至洮州，于是从平日所道于口者，而得亲至喇嘛崖石窟中周历考查矣。此行赖党、冯二君，致之以力，有足匡古人所论之失者。而宋明以来，稽古采今，探原竟委，循实向考之者，又适可置予为第一次先驱者。昔人书中知而未确者，至此乃不能眩疑于我而谬误于词矣。是年流连于洮城，奄忽数月，洮砚之志，至是始得延续成篇。一己宿愿，乃克以偿。惜子余先生，已归道山，怅触中怀，不能自已。适近乡民间有良砚工，党明正姚万福二君，辄来就予索阅砚图，因与推论取石、琢磨、削划诸法，并出示手边端歙诸谱，任自选拣描画。党姚治砚图样，悉有旧摹本，而犹喜命予能为绘制新样。乃举宋人王安石玉堂新样绿石砚为其略述梗概：所谓新样者，不外从旧谱中新出之样。花样不必趋于习俗所欲，亦不可泥陷于古板样本。只须窥仿谱录图意，兼抚古砚制作法式，此为造砚者之所本。至形模思意，不必其定在于拔俗，而雕奏之力，则必不可失诸名家之榘。宋陈师道谢惠端砚诗有“琢为时样供翰墨，十袭包藏百金贵”句，谓制作必从时宜，质文所以迭用也。玉堂新样，为砚之佳，虽未可睹，必其意趣超逸，能不囿于常格，斯为世人所争传矣。二君为予琢出之砚，虽非新鲜，亦不著流俗市气。予得籍砚田之磨炼，思于灌溉自修之中，能作出长养克己与努力为学之工夫耳。予于离洮之后，自民国二十六年起即从朱子桥先生逐岁办赈，辗转天水、徽县、两当间，设立赈济委员会抗日战地运送配置难民站。救赈事务，运配往来，已匆无暇晷，对于砚石之好，卒不如往日之胥心寻索矣。窃所谓志者，乃纪事之通称。与史之有褒贬者，本为两途。洮砚志，记洮砚之事，应本其事而直书以记之。予以砚缺考述，凡散见于他书可以备见闻，资引用者，并力搜罗，褒损悉入，名为洮砚志，乃亦洮砚小史。夹叙带写，系以史实，事鄙亦登，取其实，不取其文，凡有事可相证，或需连类并及，而言又有所妨者，则别为附注或小注眷于行间。

如入原书之注，则标出原注二字。若有注词较整或转为繁碎者，则另述于每节之后。容亦有于纪载之外，观风徵俗，兼及得失而私立语论者。因此，既不能拘于通常史，志之例，则务求阅者易于参互寻原，一览而得。不为臆说，不待复绎他书为准。此志之旨，义取于是。

而编排取决与文字芜漫之处，自亦无一可惬。视之为方物类杂记，或变体缀杂之砚志，都无不可。大抵导游杂志之作，不难于博采，而难于徵实。此志，足迹所涉，见闻所及，一书名，一人名，一地名，一事一物，都实而未虚。如其有沿误与疵缪之处，尤望鉴阅者匡正之。

洮　州

洮州为古代先民弯弓跃马之战区。宋明间于此用兵尤多。如在迭州之北拉家寺、纳郎寨等地，古城故垒，今犹若可见。清置洮州厅。民国复之。改称临潭县。（韩注：县西南古儿站，有古洮阳故城。东汉时，羌攻临洮，马防救之，诸羌退据洮阳）东西广一百三十里，南北袤一百五十里。东接岷县，西南界洮岷路巡防司令部所辖藏民区。距兰州省会四百五十里。中古以前，为禹贡雍州城。秦汉为诸戎地。晋为吐谷浑所据，筑旧洮城。后周武帝逐吐谷浑，置洮阳郡。唐初为洮州，后改为临洮郡，李晟出大胜关，至临洮破吐蕃即此地也。唐改郡后领县一，曰临潭。唐末复陷吐蕃，宋大观间收复，改称洮州。自秦汉，迄金元，其间废置无常。明洪武初，隶河州卫，置洮州军民千户所守之，专以防番。

自番民内附后，遂为西番门户。西控藏番，东蔽湟陇，极边防之重镇。

今汉藏交通，畅达无阻，临潭新旧两城，迄为买卖牛马商务会辏之要市焉。

洮 水

洮水一名巴尔西河。源出临潭县西南之西倾山，径县南东流，蜒婉曲折入岷县，又北出临洮县西南境。盘束山中数百里，沿途容纳小河流二十余道，如宗丹河、末邦河、东峪河、红道峪诸水皆汇之。然后始径临洮城南，又西北入皋兰县境，合湟水注于黄河。水之上源，在夏河县极南边境外思牧地，名漒川，出口即名洮河。又《沙州记》：洮水出漒台山，漒台山即西倾也。故洮水亦兼有漒川之名。以其西接黄沙，又谓之沙漒。又《水经注》：洮水与蜀白水俱出西倾山。洮水东北流径吐谷浑中，又东北径狄道，又北至枹罕，而入于河。蜀汉姜维与魏将郭淮，夏侯霸战于洮西。洮西即此洮河之西也。洮河于严冬之季，因地高流疾，珠大如冬青子，累累相积，尽满河际，故俗谓珠子凌。又名麻浮洮水，又称洮水流珠。为洮州八景之一。诚亦山川风物之佳话也。

【韩注】洮阳八景中，亦有洮水流珠。今临洮县古称洮阳，清为狄道州。州志所载：洮水一名恒水。洮阳俗称小西天。冬月水流冰珠云云。王维新咏洮水流珠五言诗：冬月河流急，浮波珠粒粒。不劳象罔求，自有鲛人泣。（《记事珠》云：鲛人之泪圆者成明珠，长者成玉筋）又有吴松崖先生所赋长句：流澌寒月溅崇巅，化作明珠颗颗圆。笑杀鲛人空泣泪，摩尼光射小西天。诗见《临川阁集咏》。予自游至斯土者，如珠如珞之粒粒，身亲古人所咏者而阙见之矣。

土 司

洮州土司官杨积庆，又字子余。于清光绪二十八年承袭世袭指挥众事兼护国禅师。民国十年，以土官兼任南路游击司令，归河州镇总兵官管领。民国十二年为河州南路巡防军统领，民国十七年，晋为洮岷路保安司令，直隶甘肃省政府。民国二十六年，杨复兴袭土官职，仍兼洮岷路保安司令。日行常务，由原参谋长杨一隽签行摄代。历年承理土务，安定藏区，选拔民兵，尚属尽力。所管地方为四十八旗，共计五百二十族。洮砚崖石，现仍归卓尼土司官衙门管理，禁人毋得私取。卓尼族名，又以名其地，天然风景亦最瑰美。出卓尼南门，山翠水绿，颇足娱目。南门外路旁，有地甚广，植红柳数万棵，为土官杨子余向所力殖者。

其地旧有三句俚谚，至今沿诵其言。谚曰：扯巴沟犏牛，拉力沟木头，卓尼族丫头。扯巴沟所产犏牛，骨力殊异于常。拉力沟产松木，坚实不裂，结疤少。在卓尼西南边角，沟逶长约一百二十里，木材盛，多油松，山岭嶙峻。土官喇嘛，禁止砍伐。卓尼女，什九得山水自然之胜。其地葱郁清旷之气，使人陶然自乐，居之久，固甚有益于其聪慧也。旧谚虽俚俗，已可想见其地风土之美，至今，恒供人以为美谈。喇嘛崖石头，亦卓尼名产，连属即可凑成四语矣。藏文马尾松曰卓尼，卓尼于永乐六年依马尾松树建寺，即以卓尼名其寺，名其地，又名其族。

石 窟

洮砚石窟，向有多处，如喇嘛崖附近石壁，青龙山连界诸山，水城右边邻接山中，皆有佳苗，各能觅得治砚之石。石之优恶，并不止于一窟一孔。然开发最早，石质清润可贵者，惟喇嘛崖老石窟资用为著。喇嘛崖老窟，自宋代已采其石，石之清标，多在他山之上。故晁无咎有洮之厓铭。今洞口高七尺余，洞广长七丈八尺，洞深一丈五尺。居喇嘛崖山之腰，洞外边际，崖如峭壁，势极峻拔。上至山巅五十多丈，下与洮水亦三十丈余。乔松周遍山坡，一望密茂，高下无垠际，皆桢干材也。且产麻黄、大黄、党参、甘草诸药。自远瞩望，三峰峙立，屹然若喇嘛僧帽，故曰喇嘛崖。从旧窟北行，转小弯角，约三四十步，有新窟两处，取石未久，洞亦不广，洞前崖边，平置紫石两大条，饶可为制砚用材。旧窟之旁，立有石刻喇嘛爷神碑。凡持有洮岷路巡防司令部官文尕书来此取石者，得先与常住纳儿之包总管接洽妥帖，然后由总管通知达窝土民，方可如期持器来打石头。打石之前，必先照旧例宰羊一只，祭祀喇嘛爷，采石者诚以求之，则神将相之，土人启之，石乃兴发。如是所取之石，当不至过于粗枯，而且不至击碎击裂，不成坯材。(韩按：古祭歌有：实发实秀，实坚实好）否则岂止不得佳石，有时且可出现黄蛇及石块坠落，创损人体诸患。予尝考，中国厥初，祭郊祭社，祀神祀祖，所产生的原因和目的：在原始任何祭祀中，都曾联系到生产与社会生活方面的盈利目的。也犹如《国语·鲁语》所说：“祀及天之三辰，所以瞻仰也。及地之五行，所以生殖也。及九州名山川泽，所以出财用也。非是，不在祭典。”乃不难看出，在此酬祭“地畔神，喇嘛爷”者，正是因为喇嘛崖出产财物，通过祭祀乃可得到“神致庇佑”，而取出优质石产，并消灭有害于人的自然现象。这个，当然不是迷信不可知之神权，而是由于人对生产一面的一种希望念头。高尔基曾经明晰说过：“古代劳动者们渴望减轻自己的劳动，增强他们的生产率，防御四脚和两脚的敌人。以及用语言的力量，魔术和咒语的手段以控制自发的害人的自然现象……”这就更可想到，我国古代民族，对劳动确具有一种自信的概念和收获增多的乐观力量，以战胜有害于人的自然灾害。所谓喇嘛爷者，自当是那一生产低落时代的虚妄产物。我们今天来到此处，自然不能听信这一块虚妄的石刻神碑，而是通过这块石刻，着重能看到前人在神话时代中的荒诞遗留。石刻上称云为喇嘛爷，是荒幻，是故神其说，都不合乎在大自然中一切存在的物理。在中国许多文史诗篇中，都不能寻到任何神的理论信据。特写及此。

又据达窝土民言："现今屡次打石，无论新坑旧窟，皆找不出佳石。佳石渐将竭矣。"早年旧窟外沿，偶出紫石一块，今并取竭。紫石细腻，较绿石软滑，尚有前人弃置之紫石道旁砾砾皆是，拾之即见其滑腻也。从旧窟北上，行三十余步有紫石露出地石，今人或不知，尚未经凿发耳。洮人称紫石为红石。其色淡者，如桦木皮，色深者，若银红鸽子。又与贺兰紫砚石色相似。言洮砚者知其为绿石，而不知其有紫石也。距喇嘛崖约二里，有山名水泉湾，亦产绿石，佳者秀嫩不亚崖石。具有白膘，为他山之石所无。惟山势崭峨，高不可攀，冬季皆冰，春夏方能取其石，复次为纳儿石，又名新山石，又名水城右边石，有绿紫二色。其色绿者，石性坚粗，而多斑类。间有佳晶，略与崖石仿佛。再次为哈古族石，其石色青白，然较青龙山所产者稍佳。再次为青龙山石，其石粗糙如砖，且多斑疵，则又下于哈古之石矣。再次则青龙山附近之上下巴都亦产石，与青龙山石、圆诸山石质良窳，另于下文详述，于此仅言大略，不多赘。青龙山、水泉湾、水城右边诸石材，虽相距远近不同，然与喇嘛崖脉路悠通，故诸山所出之石，大致颇有所似，今洮城坊市中所售之洮砚，率多哈古、纳儿、青龙山劣石制成。不善熟视，乍难辨认，价唯求昂，估测赝此，甚有贬于洮砚之声容矣。又有古儿站石及压马石，亦可制砚。古儿站在旧城西南十里，其石摩之光细，向作砥砺用。因其采取甚便，常有以之作砚者。压马石，俗称本山石，产于新城北门外五里之党家沟。数年前本地小学校生皆用此石作砚。质粗性硬，故发墨迅厉，有蓝色者为佳，紫红色者次之。今洮州砚工取此石，作上光石使用。上光石者，为刺切砚坯过程中由粗磨已成，而更以此石再加细工磨之使其光泽耳。

途　程

喇嘛崖，在临潭新城东北，距城九十余里。有两路可通：一路由城至石门口渡洮河，经过岷县属地哇儿沟，再入临潭属之下石门峡，交昝土司官及杨土司官地界，再经拉布什旗境，通丁尕族、哈古族、纳儿族，历重峡而至喇嘛崖；另一路：由新城出东门，行十里尕家滩，经红土坡，山行四里，至千马杓，过李歧山，行六里至马营河，过庙儿山，行十里，至黑石嘴，其南山松林荫翳，举目可见。行五里至大沟门。又五里至王家坟，其南山亦有大松林。又五里至巴街。又五里，至草厂门口。又五里至边墙河。又五里至中寨、五旗集。又五里至陈旗口。沿洮河西，崖行一里至五旗船渡。于此过河后，沿岸北行五里至东石旗，又四里至杜家川。又四里至小湾。又二里至轱辘沟口。又三里至岷县属地之哇儿沟。经石门峡，此处两壁峭立，中夹洮水，路皆石磴，不敢下瞰，县志称为“石门金锁”，洮州八景之中，山巅水际，斯最胜矣。自是已入昝杨家土民境。行八里至丁尕族，又三里至哈古族，又五里至纳儿族。自石门峡至纳儿族之路，大都峻坡畏途，昼鲜人行，惟鸟鹊翩集，喧聒不绝。颇有人知之亦嚣嚣，人不知也嚣嚣，于意自适之概。其中群山苍翠，松柏随处而有，虽老而青，虽寒而绿，质植不同，出山尽堪为栋梁大材。时见崖下洮泓绿绕，缥碧异常，维时予游，正为隆冬，麻浮洮河，若珠若粒，予徜洋其间，未可久遛，然寸晷间，烦虑顿失。以视世之劳心于势利所治之场者胁其肩，谄而笑，曲意承迎，其相去之远为何如哉！于是复移首暂驻，旷尽层峦，空山岭寂，置身其间，爽然猖洁，飘然欲仙矣。盖仙境原去人不远，人自不觉，遂谓神仙天台，隔弱水三千。舍此而求长生不死，岂不失之。导予游者，冯儒庵及砚工党明正二君，上下山水，日昃而暖，促步陟登，倚马远眺，耳畔忽闻引吭歌声，悠扬殊可悦耳，极目视云，遥见山林中有二藏女，被白色长褐，递相转手其樵薪于路旁，长辫缓步，且行且歌，以为抵暮待归状。此殆藏族妇女力作任勤之习性。凡驱牛、牧羊、力农、樵采、纺车、汲瓮、刀砧、杵臼皆其主务。俯仰掇拾，事无大小，悉以委之。然其重重负重已不恶其劳矣。藏女体态，一般皆瑰健，此二女风姿，则尤修美也。不多时，已抵纳儿。洮河经过纳儿族，环其境而围绕之，适成门字形，故纳儿有水抱城庄之名。居其中者，山送青来，水将绿绕，清幽沉寂，无半点尘迹可入眼睫，避世于此，又毋胜过长安富家多矣。自新城往返取崖石者，夜必止宿于纳儿，予等乃投憩卢总管家。女主人特烹鲜河鱼款予。其法至易，以菜油煎熟，蘸盐末食之，风味隽永，雅恣馋吻。女主人，是北京旗籍，又以罂粟籽油做家常饼，其香不逊芝麻油，款客亲炙，得再餍足。次日频行，纳绅孙禹臣，具食相邀，供予等早餐。复以冰鱼数尾，及砚材多方见遗。两家嘉惠，铭感固尝在胸臆间也。饭时，孙卢家人旨出接待，昨于林中所见二女，由此始知为孙卢两君家之少妇也。由纳儿起程，经过水城右边，路旁弃置之石有绿色者，有紫色者，随手掇取，辄成砚材。再顺洮河前进，山径曲折，垒石当路，行人甚少。但见山际寒松苍茂，林木相属不绝。有土人方析薪破木，另于山足下筑窑聚火，将以燃烧木炭者。自纳儿起，经过几曲罗圈水湾，共八里而至喇嘛崖。其崖石壁削立，崖半凿劈一仄径，崖径盘绕于空际，缘崖逶步陟而上，石窟即在径侧。凭高临流而俯视，洮河盘行萦旋，尽在履舄之下。此间危耸万状，趋步自当小心。予今兹来此，倘非致心者察崖畔蕴藏之砚材，何可冒此惊心之险，而轻试于是哉。他山之石，迄无采取之禁。惟喇嘛崖石，由洮岷路巡防司令部派人保护，非经土司证明许可，无论何人皆不得随便入窟凿取一石，即洮州砚工，亦不能任己之欲，擅自崖上挞石也。由喇嘛崖向东北行二里，至达窝。达窝产松，诸山蔚然。闻此间有一佛刹，佛像雕塑，出自名手，予乃前往观看。薄暮候僧至，启门入寺，见佛堂中央以金粟如来坐像为主，高一丈许，颜面服装，全躯金色晃煜，衣纹栩然生动，在佛教艺术上来论，洵美且都。比归舍，啜麦面条饭两盂，具足餍饫人意。食讫，复就主人所问者，签述一二。达窝森林繁茂，草深，畜牧甚丰饶，而童稚皆失村塾。劳力妇女，被人踏践，亦惘然少所知识。应尽先办起简易小学或识字练习，民绅官商，尽可通力合作普及小学教育。尤不当漠视藏族儿童，驯至要也。否则，徒言开发，莫切实际，在宗教统制束之缚之之下，从喇嘛僧传习经文，迄今不改，势不能改变生活不足与现在之闭塞如故。据谈卓尼拔海为若干英里，甚不确实。在六百年前，山上山下，沿洮河起，建有颇多寺院，但予于途中经过各地，都未能看到有小学设备，寺宇空房，何不可改立小学。予尝参稽通鉴及中国民族史，在唐开元十九年之世，尚资吐蕃以《春秋》《礼记》诸诗书。而今藏民氏族，所止之所，不设学校，达窝子女，自必逐渐向下颓废，成为愚蠢之民。所以谈到人口者，信矣，犹未繁衍也。共言移晷，乃就寂。古人桦皮卷蜡，可以代烛（蜡质在皮，干则自卷），所谓桦烛。予向闻之书中，今于达窝始见。陆放翁《剑南诗钞雪夜感旧》诗曰：“江月亭前桦烛香，龙门阁上驮声长。乱山古驿经三折，小市孤城宿两当。晚岁犹思事鞍马，当时那信老耕桑。绿沉重锁俱尘委，雪沥寒灯泪数行。”诗中所谓桦烛，即桦皮所卷之烛，燃之确有香气发散，即桦烛香也。陇中风物之美，早经采入放翁诗句中矣。绿沉重锁句，亦暗然指洮城事物也。又，土民以油松木本（松木树油根），劈为细条棒，燃火照明，曰“松亮子”，皆所罕见，故述之。达窝中年女藏民，多于晓起出外担水，平明景色，似亦寻常，而每家皆在朝爽中取水于溪边，乃表明山中生活，亦洁然安恬也。专供打石之土民，即居于是。自洮州新城至喇嘛崖者，此为必由之路程。

再说，自兰州至喇嘛崖，其里程为由兰州至临洮，在临洮易车乘马，出临洮南门，经烧瓦窑、烟坊堡、白塔、店子街，行四十里至陈家嘴。又八里至高家窑，又二里至侯家坪，又五里至刘家铺。再前经姬家磨、高家楼、魏家河，共二十里而至高石崖。这二十里地旷人稀少。再前经过官山，行二十五里至杨家大庄。沿途有匪害，防劫。再经磨下滩，入磨沟峡。峡山青苍对峙，峡中松多茂密，在横嶂绝壁间，倚险而生。于此纵目观赏，心旷神怡，疆可以寄傲。在两峰峡谷中行十里，然后出峡口向西行，至鸦儿括，又七里至柳林，又五里至宗石。由宗石入久奠峡。久奠峡，又名九甸峡。峡中壁立千仞，初无路径可循，缘绝壁旁凿石眼，架木为栈道数处，以通人行。惜官府不问，护持无人，古道日益颓毁，不禁为之痛唏。不为国办事，设官尸其位，何善于民！凡至此者，青杉迎面，放览不暇，在悬崖绝壁中，冬时松柏，矗然千章。

独路径倾仄，愈转愈曲，惊心骇目，不敢苟有仆㦬。洮水至此，为两山所约，窅冥而深，几可一跃而通。沿石徐步缓行，一步陡绝一步，其石上万松与洮水之频荡，喧静不同，耳目清奇。予徘徊其间，久而方去。出九甸峡，经苦麻窝而达包舍口。宗石至包佘口凡二十里。包佘口又名包舍口。亦曰宝石口。由包舍口沿洮河边进行，紧迫水际，路旁盈溢，荆榛丛聚，道途为之梗塞，夏秋水涨被淹没，尤不易行。共三十里至达窝。由达窝向西南，仍顺洮河行二里，而至喇嘛崖焉。喇嘛崖山脊背后，为青龙山，但在深山叠岩中，无从可以穿越。闻其路程，须于石门口渡河后，逾山越谷，行若干里，入轱辘沟，沿山转向北行，约二十里，乃至其处。此外，水泉湾与喇嘛崖相毗连。纳儿附近，即水城右边。哈古之路，则同如以上所述。

采 取

喇嘛崖向为杨土司官所辖，据说自有土官后，禁闭乃严密。相传崖上初无路径可通，取石者，乘船至崖下，以土枪轰击，石落船上，载之以还。然此处之石，皆为波涛所冲，风雨摧挫，粗爆顽恶，不足以言砚材。其远处者，水流疾急，船不可到，所以旧制洮砚，多无佳石。如是说者，殆闻者未确，讹以传误之言也。盖予亲至喇嘛崖下，曾见水流奋迅，中多碛石，行舟误触，可立遭破沉，安得石落船上，从容载之以出也。但耳尝闻木商运木者，偶以甚少木料编成小木筏或短木排，可从崖下放运。然亦无土枪轰击之事。此崖之石，近代以来，亦止本管土司官随时可采，常人则不得往取。或有行人，经过喇嘛崖，仅可摭拾一二弃在道旁之碎石。若自携斧凿，自行锤击者，至须提防为人窥见。否则土人守护，示禁有责，但闻有声，立即赶来阻挠。戒人窃自椎敲。纵有窃者，忽遽间，不遑细择，甚难获得佳石。夏秋间，禁止尤其严。盖俗传山高隆峻，石不有语，山岂无灵，且石窟中有毒蛇，色黄，长四尺余，不时出现。若不以时取石，或无故而加斧凿。神将立有谴谪，辄降冰雹为灾，数十里地方咸受其害云。此自系藏族先民长期以来对自然显现神秘流传之说法也。今者，欲需石几多，先期向洮岷路或卓尼土司衙门，征取同意后，由土官牒知驻纳儿总管，总管奉到上意，当为索石者料量采掘。任何人取石至喇嘛崖后，必循旧规，具绵羊一只祭祷山神及喇嘛爷碑前，并以祭肉随地分饷土民，借以酬其锤凿之劳。采取时间，宜在秋后，或为春仲，若在严冬时，石方经冻，不受斧凿，易为破碎。又谓夏秋间，洮水暴涨，佳石即取不得。或又谓崖底有石，质润美。然洮水至此，急流如箭，波浪激崖而转，不可至也。必待冬令水落时，偶有所得，则津润无比。此语或似近是，与真实则又不为然。凡冬气水落，在崖下得石，大抵皆为窟内劣石弃诸河中者。抑知古人所云，亦只耳鉴，而未曾目及也。盖喇嘛崖僻处山陬，非当孔道，不与世通，鲜有人至，传言之讹，良有以也。况产石洞窟，在喇嘛崖山之中腰，距水面高约三十余丈，水之涨落，与在洞窟取石，高下羌不相及也。喇嘛崖石窟，旧有一处，向时犹浅，今已渐深，洞中砚材，乃夹生于青粗石间，另成一脉，循脉而掘，延续不绝，故愈入愈深。砚脉既为青石所夹，有厚重如磐，不可摇曳者。采取之法：宜先将外层粗砺劈剥净尽，俟佳石出露，再视其重叠比次，纹络肌理，然后运用小凿解截，使成为大小各适用之砚材。往者划去粗砺，尝倾至崖下，摈于河水，人或不察，误以为石在临洮大河深水之底者，或即此欤！挞石用具，多为达窝土民家中所有，亦未拘定何器，但能令石断裂，如长短刀凿及大铁锤、小铁斧、铁錾、草畚等，皆可为助力破石应持用具。然若持之笨重，锤之迅厉，石为猛力急骤震动，虽已脱解，往往尽成摧毁断裂之迹痕。偌大一石，去其破裂，琢成砚形，已所得无几，故谚有曰：十个石头九不全。谓及取石粗犷所致。稳妥方法，惟有多备尖锐小钢利凿，先将石之周匝镌为解槽，槽须深陷，然后徐徐启劈，不可使猛解猛脱，则肌理之间，自少裂痕矣。石未治时，砚工恒用小铁锤敲数响，有无裂缝，闻叩声即知。若已切劘成砚者，须将砚入浸水中，片时，然后取出觇视，凡有裂痕处，其缝间着水不干，如是觇验，最显而易见。对此裂缝，亦复有髹饰方法：取黄蜡少许，熔化注之，则浑然含蓄，不外露痕迹矣。砚工谓之“灌蜡”。

石　品

熟悉洮石者，莫不称赞喇嘛崖旧窟中所产石为第一。其石嫩，其色绿，朗润清华，略无片瑕。如握之稍久，掌中水滋，按之温润，呵之成液，真文明之璞，圭璋之质，未可与水泉、青龙诸山石并语而称者也。此窟所产砚石，其材质亦不能尽居上品，粗涩者充盈其间，举凡皆是。清润者不过十之二三，固寥落无其几。盖璞中砚材，久已不易多得矣。窟之近旁，崖之左右，可供研磨刻削为砚者皆有之。然大都为风日所曝，顽粗干枯，不堪作砚材。水泉湾石，虽其石较逊于喇嘛崖，然润丽之质，常有不减于崖石者，亦上品也。水城右边石，有莹致可爱者，有坚粗枯燥者，有遍满黑类者，有色如砖灰者，中下品也。哈古及青龙山石，虽亦灵秀之脉，然石质粗糙，多有斑玷，色虽绿而不洁，终鲜润理，石之下品矣。有乡人故将劣石染作绿色，伪以取胜于人者，购者或未辨识，便以其赝误为真矣。其染法略述于下文。

纹　色

喇嘛崖砚材，俗称绿歌石，以细润蕴藉，明净而绿者为上品，前已言之。而石皮有黄膘者，尤为珍异，不可多得。黄膘与黄霞不同。黄霞者，石上有黑色麻点，恒常可见。黄膘乃膏之所凝，肥饶若脂，其状斑蚀如虫啮。或斑驳如松皮之鳞片；或黄色光泽，厚凝如松脂，皆可贵。治其石为砚，曰黄膘砚。此为洮人共所欣赏，视为洮砚石之玫美者，故向有黄膘绿砚之称。尝考端溪下岩旧坑石，亦有黄膘，然皆追琢去膘，方得砚材，非若洮石之膘以为可贵也。此外，水泉湾砚石有带白膘者，亦颇美观。崖石之纹理佳者，如薄云散开，缥缈天际。或花纹微细，隐约浮出；或有水波莹回，似川流一脉；或色沉绿，通体纯洁无痕，莹润可观；或水汽浮津，金星点缀，石嫩如膏，按之温软而不滑者。凡此数类，皆津润涓洁。绿颜如茵，虽暑之盛至，储水犹不耗，发墨庶乎有光。墨沉所积，细密而薄，拨之随手脱落。石有脉络者则不佳。脉络大抵为白色、青色、铁黑色、灰白色。又或为红线细丝，穿贯石中；或红色脉络斜亘石面，若红丝数缕，皆为石疵。近年哈古及青龙山所产砚石，坚粗如砖，灰暗不绿，铁黑斑类，黝然成片，色纹之劣，俱不足取。乡人往往用此类劣石，以绿颜料轻搽淡染，冒称绿歌石。又或以灰灰条、青蒿、牛鼻子草等物，用手搓出鲜液，染石为绿者。凡经着色清染之石，倘试以水，其色乃褪，真伪不难立见。砚工在洮砚制成之后，即无裂痕，亦辄融蜡涂封，使光莹可观，与石颇为得宜，惟蜡不当热用。曹溶砚录云：“最可恨者，先用烈火炙砚，令极热，然后敷蜡其上，则先融后凝，浑然无迹。石本德水，今乃火攻，芳润之性，十损其五，未审于砚何补。”及炽砚敷蜡，不得不忌。若关中多秦汉砖瓦砚，“土平成质，陶乎成器”之陶灶、陶泓，不得不涂治以蜡，然后始浑朴可观也。予又见，今洮砚制成后，辄用菜油附抹于石面，取其动目，明洁可爱，而不宜于发墨，亦非所适也。洮石中，坚粗者，尝发现石结，最难削去。石结，犹木之结疤，去之不可，钻之弥坚，砚工谓为“硬筋”，凿刃逢之，辄为所崩，故石结较石脉络更有碍于刻削也。金星者稀少，只偶见。

音　声

洮石品上者，扣之清越铿亮，有玉振之声。着水磨墨，相恋不舍，但觉细腻，不闻磨声。上品石砚，亦可从其音声中辨其异同而判别其出产于何处。顾非久验，莫能辨。须用上等精制香墨，注凉水研磨。不可恣用恶墨，或粗制锭子墨。不惟损砚，而摩擦发声，宜忌之。

斫　工

唐宋时，洮砚雕斫匠思冥奥，多尽其妙。故可为文房雅器。

予与古贡砚及故宫所藏旧砚，接目甚众。要皆中规中矩，不苟不梳略，尝亦不期而有笔牍未可能毕其事而书录之者，概可见，古砚工之斫一砚，必有如此而力臻其极，执艺高下，良有以也。洮砚制裁，良工所传，久患无者，已荒远莫知人所归往。今闻清同治年有李大爷者，为洮州新城药王庙住持，琢石治砚，富有巧思。后久于其事，学之者，乃尊为能手。所以至今推为治砚之宗匠。其后又有李郁香、王式彦诸人，继执其艺，既师心而能法古，亦标新而自述其能，传至今日，乃有新城东南沟姚万福，党家沟党明正，扁都台子汪同泰，下扁都董家、石家，此地砚工众多，不及备详。又下川杜家、王家，皆务农而并为砚工者，农事有间，琢砚数枚，逢营入城，挟以求售，或为肆贾收贮，待有善价，而再售出。秋冬无农事，才能打石治砚。若春夏力穑陇亩，则屡月难成一砚矣。

【韩注】洮州新城，旧历每月一日、十一日、廿一日为营期。商贾货物，藏汉农民，数十里内，皆于是日聚集于市，即曰逢营。于农村经济，相关实切。惜治理不善，无济于民。河南、河北两省，谓之赶集，或曰逢集，广东、广西称为墟市，云贵、湖南、四川，则曰赶场。郎葆辰《黔中杂咏》有“荒寨夜深闻犬吠，有人踏月赶场还”句。甘肃武都、文县及陕西宁羌一带，亦曰赶场。盖地接川边，有用蜀语也。甘肃陇东各县及临洮等地，亦称逢集。如苏家集、马家集，以其地有集市，因而得名。惟洮州、岷县等地，与他县不同，不称集场，而曰逢营。盖宋明屯垦时期，迁内地人民实边洮岷，其人民集居之地曰营，每逢集日，贸易聚于营地，因曰逢营。至今犹沿用此语也。近倾，洮州新城南后街，将有右文堂洮砚庄之设，主人姓傅，代人作砚，砚式雅驯，不徇庸俗。往来觅砚者，可称其便。向者，洮州土司官杨子余氏，谋艺术之改善，曾觅名工砚匠在卓尼衙内，亲自督工监作，并由其考图谱，定式容，留青纯，去枯恶，或盂方，或盘圆，或象物赋形，一时颇不乏佳制。今砚工姚万福及党明正，昔从李郁香学技多年，不但传授师承，且能妙随其用而不废于材，选石追琢，多成其章，亦杰出之匠才也。

仇　直

洮砚买卖所聚之处为营，雅俗由人选择，索直多寡，价至不一，可以自由索价，也可自由偿仇。石幽式雅者，约银币十之七八元。干枯劣品充盈营肆者，索值亦不下三四元。大小高下，随价仇直，各论等次不同。予阅肆见一砚，山水树木，楼宇桥禽，人物顾盼相接，无不尽妙，石质似精洁可观。在一个集场中独异于众，贾人索直四十元。观者有许以十数元者，贾终默然，未始以为动。行常来说，仇直标格，颇不易估测耳。高价格者，亦恒有之，就予所知，大率不过如此。蚤年土司官署命工镂制者，大都以饷“贵人”，从未受直。今者老农穷乏，觅石琢砚，陈集市中价售者，类多庸工粗糙，石质黯黝不洁，真赏家指为粗顽，曾不是求。然，数寸片石，最少谐价三四元，然后方得到手。

式　样

洮石授工，大抵因材取式。其式有：石外缘略铲削，不论方圆，而中心墨堂隆起，作圆形，为底盖相扣合之墨池者，砚工统名曰“石形带盖”。其盖外面，用凸铲法，浮雕麒麟，梅花鹿、风喈瑞草、渔樵人物、月中姮娥、叶公好龙，二十四孝图。此不过熟于样谱，所传极尽雕云镂月之能，转不若一云一月乃见淳朴，各砚工手中所依样本，泰半陈故相因，复欠洁矩。虽有方圆中式，面錾法多忽失古砚器局。此外见于象物者，有凤宇、瓢瓜、荷叶、瓶花、钟鼎、斧钺、云龙、鱼水、犀象、瓦脊、风田、桃蟹、琴笏多有产制之法。至规而画圆，矩以作方，不施饰雕，亦多有之。再重言“石形带盖”。石形带盖颇见出名，为洮砚传世悠久，发端最早名称，特异于各地制砚式法。端、歙、贺兰，少有此风格，盖就石形裁成，另配补相适石盖，合成有底有盖中心圆起之圆池研，不亏损周边原材，不抛失天然黄膘，斯为可贵，亦洮人之所好。然砚工磋劘，皆惯用薄浅石材为之，殊非造砚所宜。又有端方一石，就其中间之隆起，刻成园池，池上有盖，池外水环之，如辟雍之圆顶方宇，周以环水者，谓之辟雍砚。至天然卵形，不尽琢磨，只划石而成石子砚者，未之有也，斫砚之石，自宜厚而重，不宜薄而浅。厚则崇质，浅则荡漾，凭案浮动。式样似宜于多仿古制，或常看常参均旧谱录，但亦勿涂泥。袁少修尝出家藏黄莘田、井田砚，咐予鉴定。玉田商李振明出示一枚吴门顾二娘砚，皆端凝浑实，纯淳无华，无雕镂之纷纭。吾人仿古谱者，宁求悃悃款款朴以敦，不必纤纤细细，刻羽雕叶以见巧。若求其慧，反见其拙，失之则远矣。

砚　展

民国十四年九月，有旅次北京，日本大学文学教授后藤石农者，邀约在京知名人周养庵、杨诵庄、林白水、许卓然及诸士行，于东城大和俱乐部，举行“古今名砚展览会”。予被邵飘萍先生来邀，即携洮砚数方，同往陈列。在这日展览，颇受称赞。别有他人洮石砚数枚，代远工精，不似近制，至可珍贵。标签书“陕西洮砚”。砚石展览，向甚少经见，此则，自有其一时兴会之所致耳。亦概然可见，我国文物，久为识者所赏，搜陈之砚，又多是宋唐名人手迹，素有砚石之好者，藉砚展大观，得尽其一一数之，博览多矣。洮砚与端歙砚，在近今为第一次媲美于此，或受识者之面誉，或为止步而摩挲，洮砚之名，由是愈彰，洮石之砚，亦自无疑为陇中文物之名产矣。惟端石，贵在有眼，洮石乃所不及。端石眼有阴阳、死活、晕多、晕少者；有青、绿、黄各色相间者，洮石则全无此种特色。即有一二圆点，亦属纹理成之斑漪，不能形成眼状。然洮石绿质黄章，秀而多姿。津润之材，直将竞美于端石。若并与歙石同媲，则洮石玙琪之可珍，又胜过东方歙石之美者多矣。砚展会兼列图、史备资考，有日文书一卷，书面签“砚の粟”三字，书内叙及洮州，洮河产绿石，可以作砚云。

选自王玉明：《洮砚的鉴别与欣赏》，兰州，甘肃人民美术出版社，2014。

扫描关注公众号
回复 5 位书号 16937
阅读电子书

百年甘南实录．3卷

策划编辑：李万瑛　才让加　罗焰
责任编辑：乔丽
字数：325 千字
印张：25